AN INTRODUCTION TO
THE THOTH TAROT
EXPANDED EDITION

増補改訂

決定版

トート・タロット入門

ONE PUBLISHING

HEITH NAKAMURA

ヘイズ中村

An Introduction to the Thoth Tarot
Expanded Edition
by
HEITH NAKAMURA

cover & book design
by
MAI SAKANE
(Inoue Design Co., Ltd.)

illustrations
by
FRANCOISE YOSHIMOTO

edited
by
YUKO HOSOE

expanded second edition
One Publishing Co., Ltd.

はじめに

20世紀最大の魔術師が生んだ「トート・タロット」

アレイスター・クロウリーの「トート・タロット」は、20世紀最大の魔術師とも呼ばれた不世出の天才、アレイスター・クロウリーの指導のもと、フリーダ・ハリスが1938年から1943年の約5年という月日をかけて制作した、壮大なタロットである。

だが、そのあまりにも美しく精緻な図柄は、当時の印刷技術では再現できず、完成はしたものの、出版・販売ができないまま25年以上も秘蔵されていた幻のカードでもあった。

その後、私家版としてモノクロ印刷で出版されたり、粗悪なカラー印刷での少数出版などが行われたりしたが、できあがったカードはどれも粗雑で、使い物にはならなかったという。1979年になって、ようやく使用に耐える品質でのフルカラー印刷が実現し、商業出版が開始されることになった。

精密に計算された幾何学的で独特な絵柄、華麗な色使い、そして首尾一貫した魔術哲学に貫かれているということで、史上最高のタロットだとする声も高い。そしてもちろん、その評判にひかれて、タロット初心者から上級者、そしてコレクターにいたるまで、非常に多くのタロット愛好家が手に取るカードとなり、発売以来、タロット・カードのベストセラーの地位に君臨しつづけているのである。

トート・タロットの実物を初めて手に取った人の反応はさまざまだ。その美麗な図柄に見とれる人、一般的なタロットとの違いに違和感を感じる人。さまざまな伝説に彩られたこのタロットをマスターすれば、神秘的な力が身につくと信じて、胸をときめかせる人も少なくない。白状すれば、筆者もかつてはそのひとりだった。

そして、トート・タロットを手にしたほぼすべての人に共通する反応が、ひとつある。それは、「いったいどうやって使い方を学べばいいのだ?」という当惑だろう。

タロット・カードに小さな解説書がついてくることもあるが、本当に最小限の情報しか記載されていない。その解説書だけで使いこなせるようになるのは難しいうえ、読めば読むほど膨大な学習が必要であり、しかもそれをどこから始めればよいのかさえ見当がつかないという実感が増すばかりなのだ。

参考資料として、作者クロウリー自身が著した『トートの書』が存在してはいる。本来ならば、作者自身が書いた解説書ほど、心強いタロットの参考書はないものだ。

だが、『トートの書』には非常に難解な魔術用語や神名などが、ほとんど何の説明もなく所狭しと詰め込まれているうえ、一般的なタロット解説書にあるような、わかりやすい占い方やカードの意味さえ載っていない。そのため、しっかりとした基礎知識がないかぎり、『トートの書』を片手にトート・タロットを使おうとしても、ますます何が何だかわからなくなってしまうというのが正直なところだろう。

たとえるなら、トート・タロットを入手した人は、見たこともない絢爛豪華なフルコース・ディナーのテーブルについているのに、どこから食べ始めたらよいのかわからないような状態なのだ。美しいカードの正しい使い方や、深遠な意味を理解して、神秘的な知識を貪欲に吸収し、満腹になるまで堪能したい！　という強い欲求にさいなまれているというのに、目の前の料理を切り分けるナイフやフォークがどこにも見当たらないばかりか、おいしそうなことはわかっても、実際のところ何の料理なのか見当もつかないので怖くて食べられない、と途方に暮れるばかりである。

そのため、多くの人が、カードは買ったものの使わずにしまい込むか、ときどき取りだして眺めるだけのコレクターズ・アイテムにしてしまうことになる。逆に、知識的な飢餓状態に耐えることができずに、こんなに資料がそろっていないのは、このタロットには学習が不要だからだ、自分の感性で自由に使っていけばよいのだ！　という、ぶっ飛んだ発想にいきつく人も少なくない。実際、市場にはこうした自由な発想、独自の発想にもとづいて著されたトート・タロットの解説書もけっこう出回っているため、そのように考える人が出てくるのも仕方がないのかもしれないが……。

確かに、理論は無視して感性だけでもなんとか使用できるのが、タロット・カードの利点のひとつではある。しかし、そうした感性重視、理論無視の立場を取ると、自分が気になった情報だけを取捨選択するようにもなりやすい。

さらに、感性だけを重んじると、どうしても刺激が強いセンセーショナルなエピソードに反応しやすくなるものだ。そのため「トートは黒魔術のタロットだから、注意して使わないと自分も呪われる」だとか、「作者のクロウリーは、性魔術ばかりしていた変態なので、その理論を学ぶと自分もそうした魔術狂になる」などといった誤情報にも振り回されやすくなる。

結果的に、巷ではいまだにトート・タロットに関する無用な恐怖感や、誤った思い込みがまことしやかに伝播されつづけ、正しい情報が埋もれてしまいがちなのが実状だ。

クロウリーはスキャンダラスな人物ではあったが、彼の魔術哲学そのものは、長年の西洋神秘学伝統の研究に裏打ちされた精妙なものだ。そして彼は生涯をかけて習得した知識を、このタロットにすべて投入した。そのため、トート・タロットは西洋神秘学の集大成ともいえるカードになっているのである。

つまり、たんなるタロットという単品料理ではなく、これを学べば、西洋神秘学の全貌も理解できるほど栄養満点のフルコース料理なのだ。だが、あまりにも皿数が多いため、多くの人は自分が消化しやすそうな部分、おいしそうに見えるエキセントリックな部分だけをつまみ食いしている状態だ、と考えるとわかりやすいのではないだろうか。

別の角度から見れば、理論を無視して感性だけで読み解こうとするのは、せっかくのフルコースをファスト・フードのように取り扱ってしまうに等しいともいえるだろう。これではあまりにももったいない！

では、このボリュームのあるフルコースに、消化不良を起こさずに挑戦するにはどうしたらよいのだろうか。当然すぎる答えかもしれないが、好き嫌いをせず、ひと皿ずつゆっくりと、ということしか手段はない。地道に学ぶしかないのである。

本書は、そのように辛抱強くトート・タロットに取り組もうと考えている人を対象に書かれた。トート・タロット本来の意図をできるだけ詳しく解説する本であり、制作者のアレイスター・クロウリーがこのカードに込めた象徴の意味や、その根拠などをできるだけわかりやすく説明し、さらなる学習への道を示すように構成してある。

西洋神秘学は、その学習に一生を費やしても学びきれないほど膨大な学問であるが、少なくともこの書籍を読了したころには、次にどの扉をたたけばよいのかという見当はつくはずだ。

もちろん、カード全体の構成から、個々のカードの象徴、占いに際しての意味や解釈方法などもしっかり記述してあるので、まずはカードの正しい意味が知りたいという人にも満足してもらえることだろう。このような方々は、最初から順番に読み進めてほしい。トート特有の用語などに戸惑ったら、第3章「トート・タロットの背景」を参照していただければ疑問は解消するだろう。

トート・タロットを用いた特別な占い方法も詳しく解説してある。意味はある程度わかっていて、より専門的な占法を極めたいならば、第2章「トート・タロットによる占いの技法」から読んでいただいてもよいだろう。

そして、トート・タロットの深遠な哲学は前出の第3章に、魔術的な使用法などは第4章「スクライングとパス・ワーキング」にまとめた。哲学的な部分により興味がある読者の方は、そちらから探求を始めていただくことも可能だ。

最後に。この本は、筆者独自の解釈は極力入れずに、クロウリーやハリスの意図を平易に説明することを主な目的としている。

ただ、じつは作者のクロウリー自身が、トート・タロットを占いに用いていなかったという大きな問題点がある。彼の死去は１９４７年、カードの出版より32年も前のことだ。そのため、実際にトート・タロットで占いを行うと、クロウリーの説明だけでは不足する点や矛盾点がかなり出てきてしまう。さらに、基礎的な知識の説明にも欠けているところが多い。

このような不明点は、筆者自身の研究によって補うしかなく、補った点については、筆者の意見だとわかるような書き方を心がけたつもりだ。筆者の解釈は、クロウリーの意図とは無関係であり、かつ、それが唯一の正しい解釈だと主張するつもりもない。また、象徴などの説明についても、よりわかりやすくするために、あえて日本的なたとえをした箇所もある。こうした部分も、学習のヒント、占いをする際のヒントにしていただければ幸いである。

用語解説

トート・タロットを学ぶにあたり、あらかじめ知っておくとよい用語を集めた。本文を読む前に、ざっと目を通しておくとよいだろう。各用語解説の末尾に、その用語について、より詳しく述べている頁を示した。

カードの呼び方や種類に関する用語

【デッキ】 タロット・カードの1パック全体を指す一般的な言葉。「タロット・デッキ」などのように使う。

【スート】 トランプでいえば、クラブ、ハート、スペード、ダイヤなどの「種類」。トート・タロットでは「ワンド（棒）」「カップ（杯）」「ソード（剣）」「ディスク（円盤）」の4種類となる。

【アテュ】 78枚のカードのうち、象徴的寓意がより強い22枚のカードのこと。一般的なタロット・カードの「大アルカナ」に相当する。27頁参照。

【コート・カード】 各スートに1枚ずつある「ナイト」「クイーン」「プリンス」「プリンセス」の、計16枚のカードのこと。占うテーマに関係する人物を示すことが多い。「コート」は「宮廷」を意味する言葉で、宮廷の中心となる高貴な人々が描かれていることから、このようにいう。一般には「人物札」ともいわれる。145頁参照。

【スモール・カード】 各スートにあるAから10までの、計40枚のカードのこと。一般的なタロット・カードの「小アルカナ」に相当する。「数札」ともいう。196頁参照。

カードを使った占いに関する用語

【シャッフル】 占いをする前に、カードを混ぜる動作のこと。281頁参照。

【カット】 カードをシャッフル（前項）した後、いくつかに大きく分け、またひとまとめにする動作のこと。282頁参照。

【スプレッド】 シャッフルとカットのすんだカードを、占うために広げること。占いに使用する枚数や、占いの方法などの種別もスプレッドと呼ぶことがある。283頁参照。

【正位置】 スプレッドされたカードの上下が、絵柄の上下のとおりに出てきた場合をいう。

【逆位置】 スプレッドされたカードの上下が、絵柄の上下とは逆に出てきた場合をいう。

【好品位】 魔術系タロット独特の用語。複数枚のカードをスプレッドしたときに、あるカードに対して、隣接するカードのエレメントが同じか「友好」の関係である場合をいう。吉の意味をもつ。283頁参照。

【悪品位】 魔術系タロット独特の用語。複数枚のカードをスプレッドしたときに、あるカードに対して、隣接するカードのエレメントが「敵対」の関係である場合をいう。凶の意味をもつ。283頁参照。

【シグニフィケーター】　トート・タロットで占いをする際に、質問者自身を示すカード。コート・カードから一定の法則によって選出する。280頁参照。

【マジョリティー】　一度のスプレッドで、同じ数値のカードなどが3枚以上、出てきたときに使う。もともとは占星術用語。284頁参照。

魔術と西洋占星術に関する用語

【カバラ】　ユダヤ教の神秘思想。カバラとは「口伝」あるいは「伝授」という意味。

【生命の樹】　カバラの思想を表す図。10個のセフィラーと22本の径（パス）を体系化した図として知られている。「セフィロトの樹」ともいう。28頁、330頁参照。

【対応】　個々のカードが、カバラや西洋占星術などにおいて、どの要素に関連するのかを考慮する場合に使う言葉。西洋占星術の惑星との関連であれば「占星術対応」などといわれる。

【デカン】　占星術用語。黄道《こうどう》（太陽の見かけの軌道）上に並ぶ十二星座は、一星座につき30度を占める。それを10度ずつに分割したものを「デカン」といい、0～9度を第1デカン、10～19度を第2デカン、20～29度を第3デカンと称する。日本語での上旬、中旬、下旬と、感覚的にはほぼ同じ。198頁参照。

クロウリーの哲学に関する用語

【『法の書』】 クロウリーが20代のころ、エジプトへ新婚旅行をした際に、ホール・パール・クラート神の使者「アイワス」と名乗る存在の口述を受けて書きあげた著書。357頁参照。

【アイオーン】「時代」や「ある期間」を意味する古代ギリシア語。クロウリーは、文明の歴史を2000年（アイオーン）ごとに、「母なる女神イシスの時代」「死せる神オシリスの時代」「征服せし子ホルスの時代」という、3つの時代に分けて考えた。360頁参照。

【テレーマの法】「テレーマ」とは、「意志」を意味する古代ギリシア語。クロウリーは、これを「征服せし子ホルスの時代」の基礎的な理念とした。362頁参照。

【『トートの書』】 クロウリーが、自らの弟子向けに、トート・タロットを解説した書物の名称。また、トート・タロットの正式名称でもある。神話学やインド哲学、易、相対性理論にいたるまで、幅広い知識が駆使された、非常に難解な書物として知られている。

増補改訂

決定版 トート・タロット入門◆目次

第1章 カードの意味と解釈

第2章 トート・タロットによる占いの技法

第3章 トート・タロットの背景

第4章　スクライングとパス・ワーキング

第5章　リーディングに関するQ&A

本書は、2018年に株式会社 学研プラスより発行された『決定版 トート・タロット入門』に、第5章と「増補改訂版に寄せて」を加筆したものです。

《第1章》

カードの意味と解釈

トート・タロット全78枚の構成と世界観

一般にタロット・カードは、1セット78枚が、宇宙全体を示す構成になっているといわれる。もちろんトートも例外ではなく、非常に緻密な世界観・宇宙観を描きだしている。詳細は、それぞれの解説ページに譲るとして、ここではカードの構成を俯瞰的に説明しておこう。

じつはクロウリーは、各カードに対応する象徴などについては詳細に決定したが、それをどのように組み立てるのかについては、『トートの書』でも言及していない。そうした「言及されなかった情報」は、大方のクロウリー研究者によれば「あえて書かなくてもわかるはず、と彼（クロウリー）が判断した事柄」に分類される。つまり、西洋魔術団体「ヘルメス結社ゴールデン・ドーン（以下ゴールデン・ドーン）」（↓351頁）で、団員に教えられていたタロット教義と同じだと考えればよいのだ。それを踏まえて考察すると、全78枚のカードは、以下のグループに分類できる。

なお、各グループの名称は『トートの書』に従った。

アテュ（一般の大アルカナに相当）

「0・愚者」から「21・万物」にいたる、22枚のカードである。

占う内容に関与する神々の計らい、星座や惑星の力、エレメントの力といった、人間の手が届かない超常的な力を表す。

コート・カード（人物札）

ナイト、クイーン、プリンス、プリンセスを指す。合計16枚。
占う内容に関与する人物の性格や特徴、行動パターンなどを示す。

スモール・カード（一般の小アルカナに相当）

A《エース》から10までの、いわゆる数札である。合計40枚。
占う内容に関与しうる人間の行動や状態のほか、特定の日時や時間の経過などを示す。

これらのカードは、それぞれが四大エレメント（火・水・風・地）、七惑星（太陽・月・水星・金星・火星・木星・土星）、十二星座、地球と天空に対応している。次頁には、Aとプリンセスが、地球や天空とどう対応しているかを示した。さらに詳細な対応は、個別の解説を参照してほしい。
27頁からは、78枚のカードについて個々に解説していくが、解説の内容は、カードにより少しずつ異なる。たとえば、コート・カードでは該当する人物の行動を、Aやアテュではそのカードが示す使命を、スモール・カードでは対人関係での出来事を説明している。

A・プリンセスと地球・天空との関係

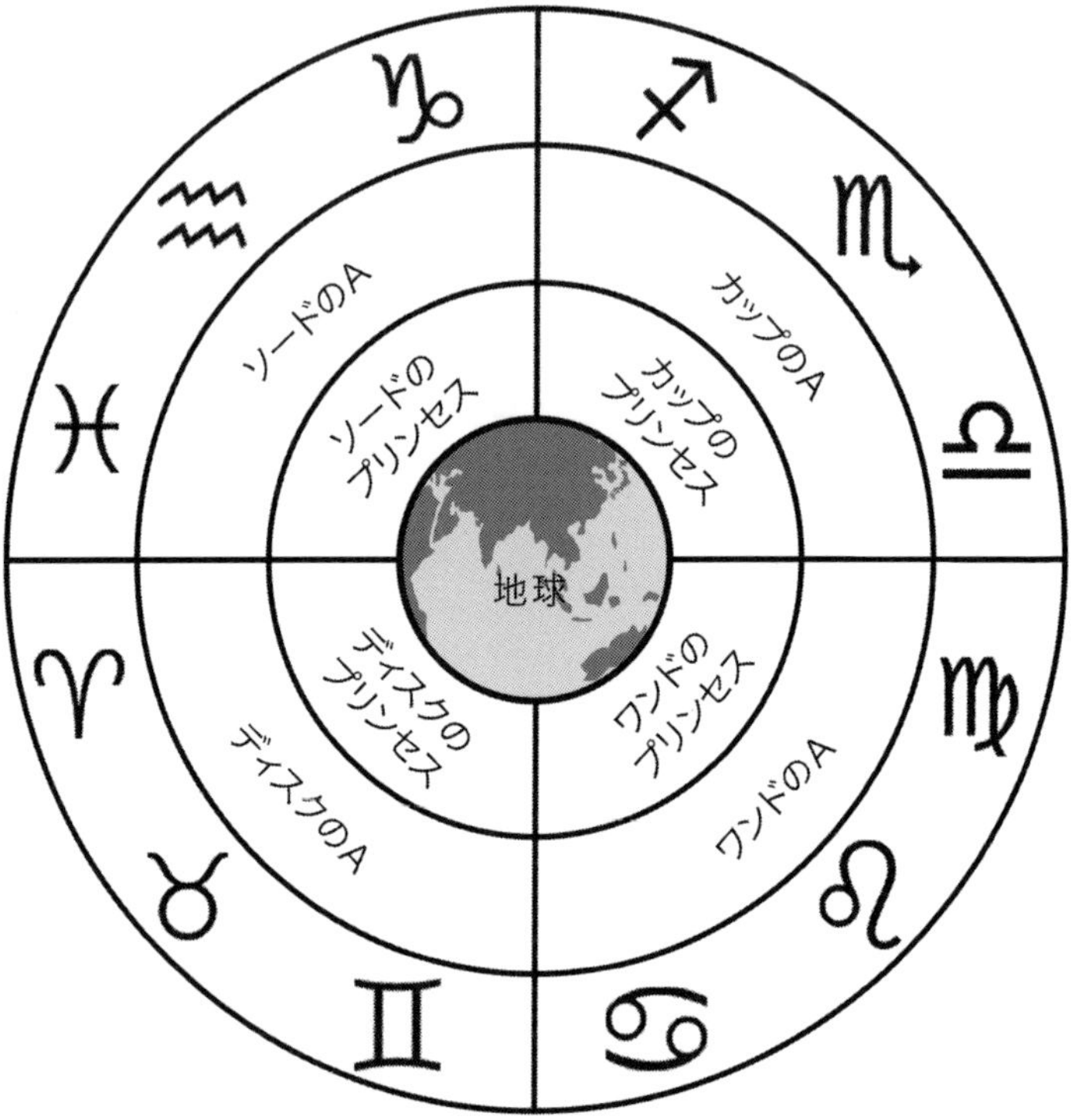

♈牡羊座　♉牡牛座　♊双子座　♋蟹座
♌獅子座　♍乙女座　♎天秤座　♏蠍座
♐射手座　♑山羊座　♒水瓶座　♓魚座

22枚の象徴画「アテュ」

「アテュ」は、一般のタロットであれば、大アルカナ、メジャー・カード、あるいはトランプ（切り札）と呼ばれる22枚の象徴画のカードだ。クロウリーはこれを「タフティのアテュ」と呼んだ。タフティとはエジプト神話のトート神であり、彼によれば、アテュとは古代エジプト語で「家」または「鍵」を意味するという。つまりは「トート神の鍵」と解釈できる。

のっけから申し訳ないが、トート・タロットのアテュは、どの一枚をとっても、解説するだけで数冊の書籍になるほどの情報を含んでいるため、すべてを本書で解説するのは不可能だ。よってここでは、トート・タロット全体の理解と、占いをする際に必要な項目を重点的に解説し、それ以外の部分は、読者諸氏の研究に役立つような糸口を記してある。ご了承願いたい。

さて、アテュにはさまざまな意匠が描かれているが、共通する要素は、以下の４つである。これら4つについては、個々のカードの解説で詳しく述べていく。

①古代宗教などに登場する秘教的人物像……神々もこの範疇に入れてある。古代宗教では、神々が特定の人間的性質や能力を象徴していることが多いので、あえて「人物」とした。

②錬金術と性魔術……このふたつは、相反する力の合一を意味する。そこから生まれる意味や象徴を取りあげる項目だ。なお、錬金術と性魔術については346頁で詳述する。

③トート・タロットの万物論……トート・タロットに包含される、西洋神秘学のさまざまな理論を解釈する一助として、それぞれのカードに付随する万物論的象徴を取りあげた。

④『法の書』……クロウリーの著作である『法の書』から、トート・タロットに不可欠な思想が示されている箇所を引用した。特記のないものは、筆者の私見で引用箇所を選んだ。『法の書』については、357頁で詳述する。

ほか、「愛情」や「対人関係」をはじめとする各項目については、「好品位」と「悪品位」（↓283頁）に分けて解釈を記載した。占う際のヒントにしてほしい。

まずは、アテュ全体の構成から説明していこう。

クロウリーによれば、アテュは「生命の樹」（↓330頁）を宇宙規模で表現したものだという。

「生命の樹」の径とアテュの対応

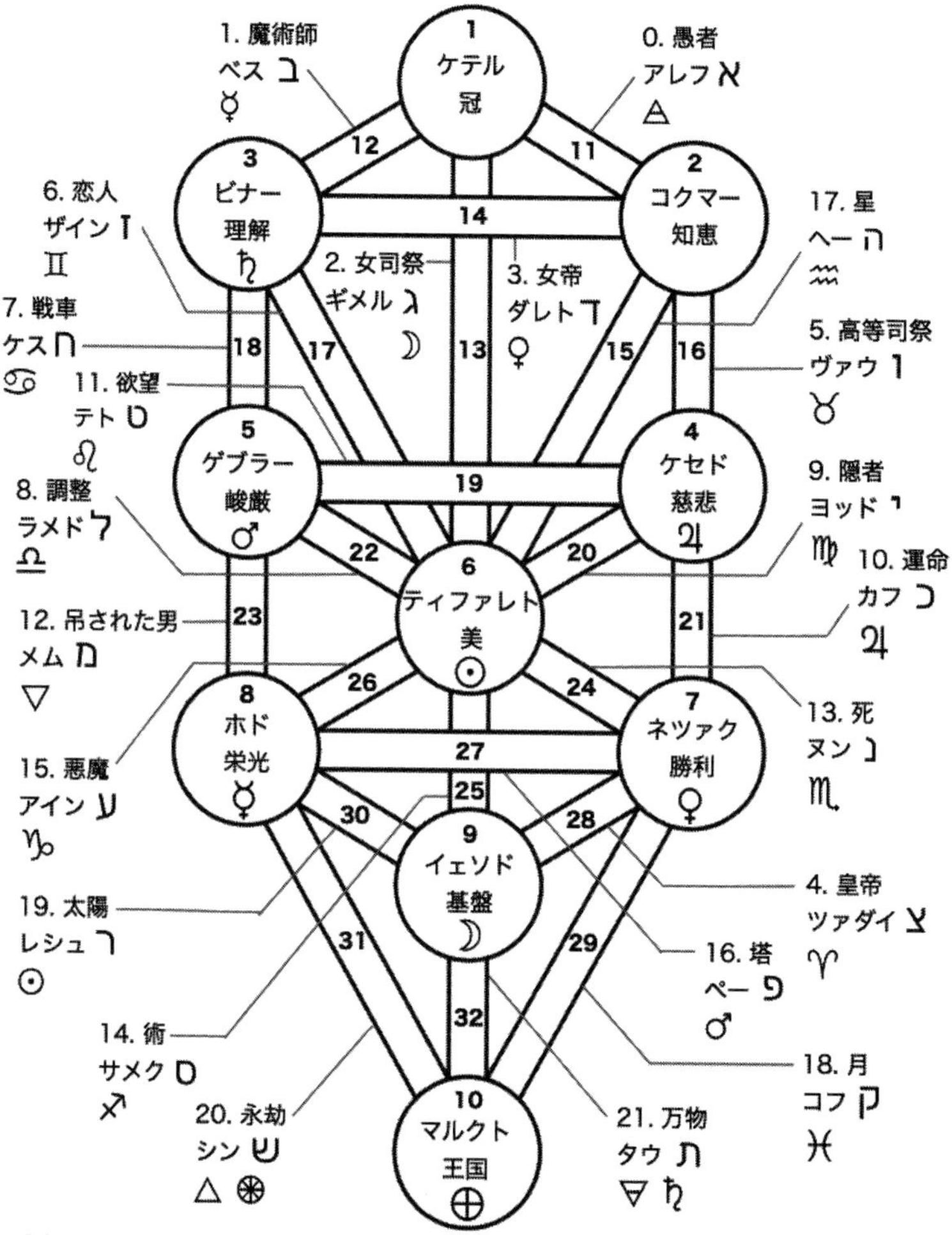

♈ 牡羊座　♉ 牡牛座　♊ 双子座　♋ 蟹座　♌ 獅子座　♍ 乙女座　♎ 天秤座
♏ 蠍座　♐ 射手座　♑ 山羊座　♒ 水瓶座　♓ 魚座　☉ 太陽　☽ 月
☿ 水星　♀ 金星　♂ 火星　♃ 木星　♄ 土星　⊕ 地球　△ 火
▽ 水　🜁 風　🜃 地　❋ 精霊

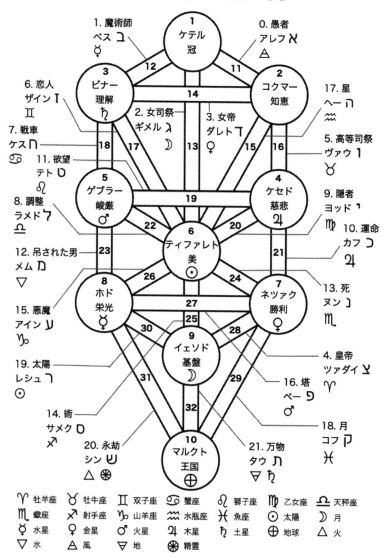

つまり、ほかのカードよりも深く、生命の樹の象徴に関連していることになる。アテュは、生命の樹のセフィラー同士をつなぐ径《パス》に対応し、つながれたセフィラーの性質が流れ込むという。径とカードとの対応については、前頁に示した。

ちなみに、昨今ではヘブライ文字やセフィラーの名称の正確な発音もわかってはいるが、日本語のカタカナ表記では正しさの追求にも限度があるので、あえてこれまでの魔術書でよく使われている発音で表記してある。

こうした対応は、最古のカバラ文献ともいわれる『セフェール・イェツィラー』を淵源《えんげん》とする。これは、神が万物創造に使った「言葉」を詳細に分析した文書で、10の数（セフィラー）と22のヘブライ文字が示す、合計32の神秘的な知恵の道が語られている。

そこでは、22のヘブライ文字が、大きく3つの性質に分けられている。

①3つの母文字……アレフ、メム、シンが、それぞれ風、水、火の元素に対応
②7つの複音文字……七惑星や七曜日などに対応
③12の単音文字……十二星座や十二か月などに対応

ゴールデン・ドーン（→351頁）が、この分類を大アルカナの意味づけに採用したわけだが、ひ

とつ問題があった。文字と星座との対応を完成させるには、昔からのマルセイユ版の大アルカナの順番が邪魔になったのである。

十二星座を順番に大アルカナに対応させると、８番目の「正義」が、19の径＝テト＝獅子座に、11番目の「力」が、22の径＝ラメド＝天秤座に対応してしまう。正義が獅子座、力が天秤座では、星座の意味が乱れると考えたゴールデン・ドーンは、この２枚を入れ替えたわけだ。これで星座の対応は完璧になったのだが、大アルカナが伝えてきた「物語」が乱れてしまうという問題が生じた。クロウリーは、元来の大アルカナの順番を維持したかったし、何よりも『法の書』で伝えられた女神の言葉を実現せねばならなかった。いわく、

「妾《わらわ》が『書』のこれら古き文字はすべて正しけれど、צ（ツァダイ）は星にあらず」（Ⅰ：57）

それまでツァダイは「星」のカードに当てはめられてきたが、それは違う、というのだ。

クロウリーは長年、この言葉を実現するために試行錯誤を重ね、結局、以下の解決策を編みだした。

まず「調整」と「欲望」に対応しているヘブライ文字と星座を本来の語順や星座の順番から入れ替え、さらに「皇帝」と「星」のヘブライ文字と径を入れ替えたのである。これを十二星座に

「正義」と「力」、「皇帝」と「星」の入れ替え

【十二星座をそのまま大アルカナに対応させた場合】

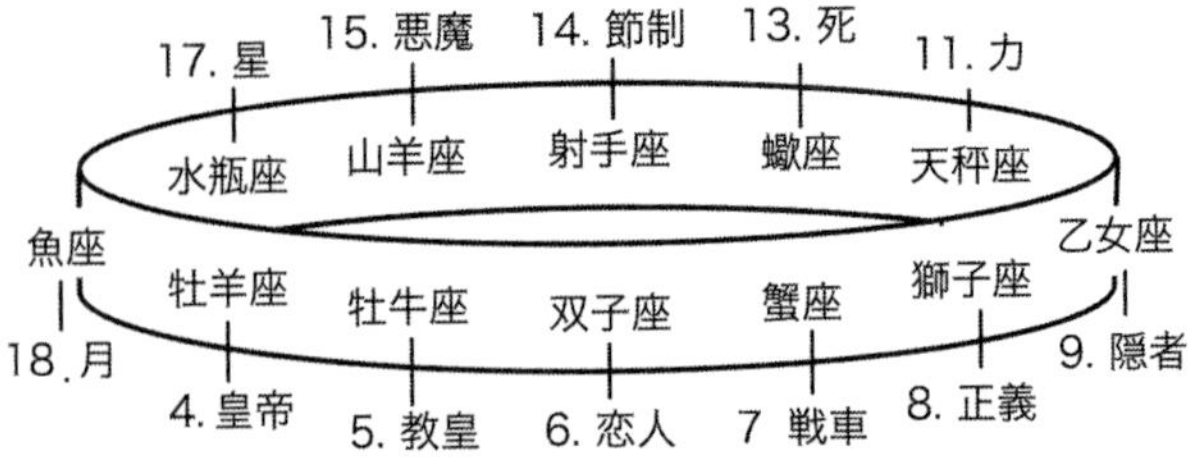

【ゴールデン・ドーンによる「正義」と「力」の入れ替え】

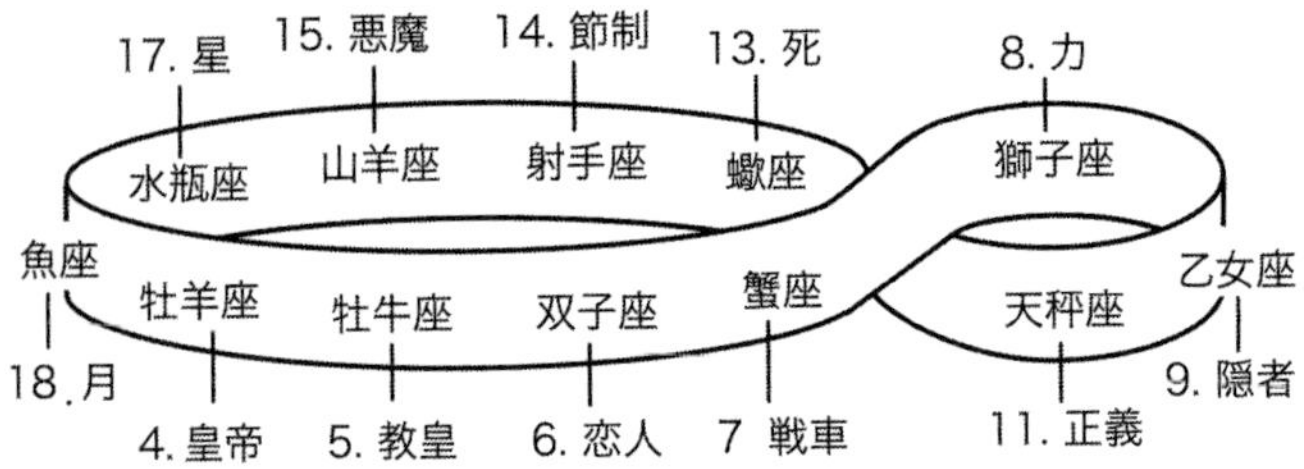

【クロウリーによる「皇帝」と「星」の入れ替え】

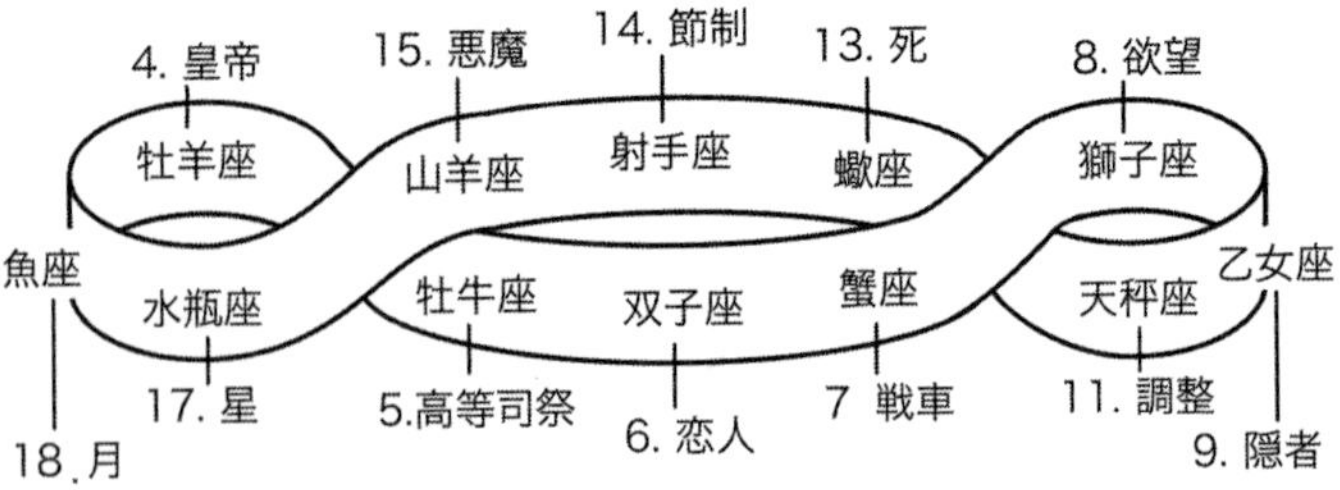

当てはめ直して輪にしてみると、秋分点がある乙女座と春分点がある魚座の前後の星座が入れ替わって、均等なダブル・ループを描くことになる（右図）。

カバラでは、「均衡」が非常に重要視されるため、クロウリーは最終的にこれをよい解決策だと考え、満足したようだ。ちなみに彼は、本当に長い間この解決策に悩んでいたらしく、著作の中でも対応が一貫していない部分が見受けられるほどだ。

アテュと生命の樹との対応がダブル・ループを描くということは、トートを占いだけに使用するならば、取り立てて意味のないことではある。だが、トートを魔術的に学びたいと思うのであれば、非常に重要になってくる。とくに現代のパス・ワーキング（↓375頁）では、クロウリー流の対応が主流になっているので、こちらを覚えておくべきだろう。

いささか面倒な話がつづいたが、占いをする場合、アテュは「人間の行動よりもはるかにスケールが大きな運命、神々などの働き」を示すカードだ、と意識しておくことが大切だ。

つまり、アテュは質問者に降りかかる天災や天候のようなものであり、それに対してどうするかについては、他の種類のカードから読み取らねばならない。この点をしっかりと頭にたたき込んでおかないと、アテュもスモール・カードもコート・カードも、ダラダラと同じレベルで解読してしまって、メリハリのない占いしかできなくなる。これがタロット占いをする場合に、よくある落とし穴でもある。アテュは神々の意志だ。敬意を持って扱うこと！

さて、クロウリーは、ハリスが描いたアテュの絵柄を、1枚ごとに独立した芸術品と呼んでいた。だが、哲学的には複数枚がひとつのテーマに関連しているものもある。とはいえ、この点でも彼の著述は断片的で、あまり理解の助けにはならない。『トートの書』によれば、愚者、魔術師、女司祭、女帝、皇帝、高等司祭、隠者、星の8枚は、アテュのなかでも特別だとされているが、その理由は不明だ。わかっているのは、次の対応である。

愚者・魔術師……両性具有者を象徴する。
女司祭・女帝・星……女性性の三形態（処女・母・老婆）を象徴する。
皇帝・高等司祭・隠者……男性性の三形態（戦士・父・老賢者）を象徴する。

ただ、女性性と男性性の三形態については、どのカードがどの形態に対応するのかなどの詳細は説明されていない。アテュ同士の関連についても、研究者たちがさまざまな説を展開しているが、どれも決定打には欠ける。カードを使いながら、生命の樹の図とアテュを見比べて、自分自身の理論を構築していくのも面白いだろう。

0
愚者

【秘密の称号】
エーテルの精霊

【属性】 風

【ヘブライ文字】 アレフ（א）

【対応する径】

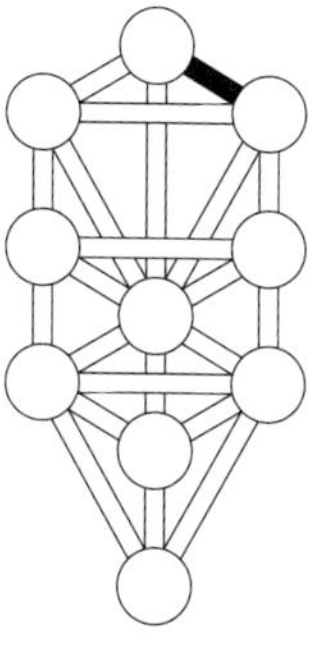

【概説】

　トート・タロットに限らず、魔術系のタロットでは、22枚のアテュ（大アルカナ）の意匠すべてが「愚者」のカードに込められているという。それは、生命の樹の最も上の径《パス》に当てはめられたこのカードから、すべての影響が流出していくからだ。これは、愚者が背負っている袋の中に、惑星や星座の記号がついたコインがぎっしりと詰め込まれていることからもよくわかる。愚者は、自らのカードも含めた22枚を、ほかの世界から運んでいるところなのだろうか。

　クロウリーは『トートの書』で、「愚者」の説明にほかのアテュの10倍以上の紙幅をさいた。この事実だけでも、このカードの重要さが知れる。

　だが、「愚者はすべてを含んでいる偉大なカードだ」と念頭に置くだけで、理解したつもりになってはいけない。アテュは、いわば神々の意志のようなカードである。その根源となっている愚者は、神そのものを飛び越え、神を生みだす源ともいえるのだ。

では、どんな力が神々を生みだすのだろうか？　それはすべてを含みながらも無であり、無でありながらも可能性に満ちあふれるエネルギーだとクロウリーはいう。これは、宇宙規模の陰と陽が合致した状態だと考えてもよいだろう。プラス1とマイナス1が結合すれば0になるが、それはまったくの虚無ではなく、結合によって生じたエネルギーに満ちあふれているはずだ。

それ以外にも、男性でありかつ女性である、道化であり聖人であるなど、両極性をあわせ持つのが愚者の特徴だという。こうした記述を見るだけでも、大脳の合理的な判断を司る部分が、抗議の悲鳴をあげはじめるかもしれない。だが、神を生みだすほどのエネルギー源に、理性的な解釈が当てはまるのだろうか？

ここは、型にはまった理解の枠を飛び越えて、あるがままにこの両極性を受け入れておこう。やがて、あなたなりに納得のいく解釈にいきつく日がくるだろう。

【秘教的人物像】

非常に多くの人物像が当てはめられているが、重要な象徴としては以下の4つに絞れる。

グリーン・マン

ケルト文化などの古き信仰で、自然の力を擬人化したもの。男性の豊穣神でもある。

両性具有者

完全性の象徴。しかしここでは、たんなる両性具有者ではなく、父と母の両性を兼ね備えている状態を示す。男でも女でもないのではなく、男でも女でもある状態。

道化

伝統的タロットの愚者を継承する。道化は、宮廷で最も地位が低い者でありながら、王に何をいってもかまわないという特権がある。人間界で見られる両極性の代表だろう。

二重の特性を持つ神々

神であり子供でもあるホール・パール・クラート（→365頁）、すなわちギリシア神話に登場する沈黙の神ハルポクラテスが、愚者に対応している。新時代の主神ラー・ホール・クイト（→365頁）の双子神であり、これもまた二重性を持つ神だ。

さらに、男女両性であるバフォメット（黒ミサを司るとされた山羊の頭を持った悪魔）、両性愛のバッカス・ディフュエスといった両極性の神々がここに対応している。

また、古代ギリシアの密儀宗教オルペウス教の主神であったディオニソス・ザグレウスは、３度死んで生まれ変わりながら、タイタン神たちの肉と自らの霊性という二重性を人類に提供した神である。愚者の頭の角は、このディオニソス・ザグレウスの角であり、トート・タロットの秘教性をより強める象徴だ。

【錬金術と性魔術】

硫黄・塩・水銀の三位一体性を示す。男性原理の「火」を左手で、女性原理の「水」を右手で扱っている。通常は、右が男性、左が女性とされるが、ここではその左右の男女極性も入れ替わっていることに注目。

【万物論】

万物を生みだす至高の女神ヌイト（→364頁）からハディト（→364頁）が分裂したときのように、これからすべての事象が顕現していくプロセスを示している。螺旋を描いて飛ぶハディトの姿が象徴的だ。

【法の書】

妾《わらわ》の預言者は、その一、一、一とで愚者なり。

それらは「雄牛」にて、「書」に寄れば無ではあ

らぬか。（Ⅰ：48）

まるで暗号のような文章だが、ひとつずつ解読していこう。

まず、『法の書』で「書」と呼ばれるのは、トート・タロットのことである。そして、クロウリー魔術では常識なのだが、「愚者」に対応するヘブライ文字アレフの数値は111で、それは牡牛でもある。そのことを表した文章なのだ。

だが、「書」（トート・タロット）では「無」、つまり愚者の「0」になる、とも宣言している。111と0は、数値としては一致していないが、女神ヌイトが発したこの言葉によって、「愚者が、テレーマの法（→362頁）を広める預言者の姿を表現していることがわかる。

【その他の重要な象徴】

蝶

螺旋を描いて飛び回る蝶は、魂や精霊を示す伝統的な象徴である。

鳥

螺旋上にいる鳥は、風のエレメントの象徴であり、愚者の身軽さを強調する。

ワニと虎

愚者は、ワニと虎に脅かされている。ワニは、人類の進化という視点からいえば、最も低次元な状態を示し、神経への刺激による反射的な行動を意味するという。それよりやや進化した生き物である虎は、人間の中に眠る獣性、おもに性的衝動を意味する。

だが、愚者はどちらの生き物の存在も気にかけてはいない。彼はそのような衝動を無視することなく、やすやすとコントロールし、かつ超越しているのである。

【愛情】

［好品位］子供のように無邪気な恋愛。ストレートな愛情表現。宗教的な慈愛。成就を求めない恋愛。複数の人を同時かつ公平に愛する。性別にこ

だわらない恋愛。

［悪品位］狂気じみた愛情表現。一般には通じない恋愛。成就する可能性がなくても無理に推し進める恋愛。芸能人や有名人、アニメの主人公などへの恋愛感情。

【対人関係】

［好品位］虹のようにきらめいて動き回っているが、何を考えているのかつかみどころがない。親族も赤の他人も同等に扱う。社会的地位などを完全に無視する。だれとでも仲よくなれる。

［悪品位］危険なカルト思想にひかれる。極端な個人主義か、軍隊のような厳しい規律の団体主義に傾倒する。サークル活動のような、暗黙のルールに縛られたつきあいが理解できない。

【仕事・学業】

［好品位］予期せぬ不思議な方面からの援助や引き立て。思考力。精神性の重視。宗教的修行や学習。遠く離れた異国や宇宙についての研究。

［悪品位］予期せぬ不思議な方面からのダメージ。採算や時間の計算が不可能。ひとつの分野に偏執的にこだわる。

【財運】

［好品位］人のためにお金を使う。無一文でも幸福でいられる。貧富の差を気にしない。

［悪品位］くり返す借金。計画性のなさ。自分で稼ぐことができない。

【願望】

［好品位］願望はない。現実を素直に受け入れる。人の願望を叶えてあげるのは好き。

［悪品位］身近な人の成功を妬み、その上にいくことを望む。願いがくるくると変わりつづける。

【使命】

［好品位］現世的な思考から離れて霊的高次元へと上昇していく。

［悪品位］自分以外のことにはかまわず、精神世界の作業に没頭する。

1
魔術師

【秘密の称号】
力の魔術師

【属性】 水星

【ヘブライ文字】 ベス（ב）

【対応する径】

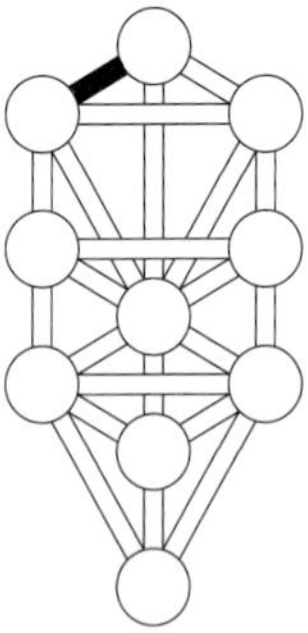

【概説】

クロウリーは『トートの書』で、このカードを「The Juggler」、つまり曲芸師と呼んでいる。これはタロットで最も伝統的な呼び名でもある。また、彼が学んだゴールデン・ドーン（↓351頁）のタロットでは「The Magician」で、魔術師、奇術師を意味する。

トート・タロットでは、このカードを「The Magus」としている。ゾロアスター教の司祭や、『聖書』に出てくる東方の三賢人を指す言葉であり、このカードに描かれているのはオカルティックな人物なのだと、誤解の余地なく規定した感が強い。

とはいえ、曲芸師も奇術師も、象徴学的には高次の魂を表す。クロウリーがずさんだから、『トートの書』とトート・タロットにおける名称が一致していないと早合点するよりは、曲芸師から魔術師までが示す幅広い象徴をここに込めたかった、と解釈したほうがよい。

このアテュで重視されているのは、以下に挙げる3種類の「三重のシンボル」である。

ひとつは、「錬金術の三元素のひとつ水銀＝水星＝メルクリウス」という三重のつながりだ。英語では、これらはどれも「Mercury」で、西洋魔術を学ぶ人たちに共通する性質を表す言葉のひとつが、ここから派生した「mercurial」である。知的だが移り気、新奇を好み、いたずら好きで、何をしでかすかわからない……といった意味だ。そこから、このカードの意味としては、知性とそれを弄《もてあそ》んだ結果の善悪両面が挙げられている。

もうひとつは「メルクリウス＝ヘルメス＝トート」という三重の神の姿だ。メルクリウスは魔術的な神であり、ヘルメス神は太陽神の伝令で、魔術の守護神だ。その関係の深さは、魔術が「ヘルメス学」と呼ばれることからもわかる。そしてトート神は、エジプト神話における叡知と読み書きと科学、魔術などの神。カードにはこれら三神を表すシンボルが、所狭しと描かれている。

最後のひとつは、伝説上の神人ヘルメス・トリスメギストスだ。魔術師の典型とされる人物で、その名は「三重に偉大なるヘルメス」を意味する。彼の周囲には、ワンド、カップ、ソード、ディスクが飛びかう。神から魔術師へと位相が移っていく状態を示唆しているのだろうか。

……と説明すると、魔術・魔術師という言葉が頻出することにイライラする人が出てくるかもしれない。だが、魔術師とは達観した人格者などではなく、徹頭徹尾、自我の塊だ。魔術師は、自分のまわりの世界をその自我と志にもとづいてつくりあげ、ある意味では、ミニチュア版の神のような存在を目指す。このアテュは、その魔術師の世界観を描ききっているのだ。

【秘教的人物像】

ヘルメス神

大きな羽のついたサンダルをはき、蛇が巻きついた杖（カドゥケス）を背にしていることから、中心の人物像にはヘルメス神の性格が最も強く投影されていると考えられる。その笑顔からは、ヘルメス的世界、つまり魔術を学ぶことを謳歌している様子がうかがえる。

トート神

カード上方に描かれた石筆とパピルスは、ヒエログリフを編みだし、読み書きや書記の保護神であったトート神を示唆する。古代では、読み書きそのものが科学と魔術であったことを忘れてはならない。

ヘルメス・トリスメギストス

歴史的には、ヘルメス神とトート神、そして魔術師のヘルメスが融合した神人である。「三重に偉大なる」という呼び名の根拠は複数あるが、エメラルド・タブレット（錬金術の重要な原理が彫り込まれているという伝説の板）に、世界の３つの叡知、すなわち錬金術、占星術、神動術《テウルギア》（神像などに命を込める術）を司ると記載されているためという説が有力であり、このカードの解釈としてもふさわしいだろう。

【錬金術と性魔術】

水銀

錬金術において水銀は、すべての鉱物の原料となる物質だ。中央の魔術師が、四大元素の魔術武器（ワンド、カップ、ソード、ディスク）や松明《たいまつ》などを水銀からつくりだしているところであり、次の万物論にもつながっていく。

【万物論】

「1」

カードに示された数字は「１」である。水銀とのかかわりから、ここがすべての始まりであり、すべての世界はこの魔術師がつくりだすという宣言であることがわかる。

有翼の卵

オルペウス教では、卵とはそこから新しい命が生まれてくるもの、つまり完全な世界を示すシンボルだ。そのため、これは「世界卵」と呼ばれている。ここに「愚者」とのつながりが感じられる。さらに、その卵に翼がつくことで、生命力の強さが加味される。この有翼の卵は進化し、やがて「恋人」や「隠者」に描かれる世界卵になっていく。

【法の書】

汝が志すことを行え、これぞ「法」の全体とならん。（Ⅰ：40）

説明は不要かもしれない。クロウリーが定義する魔術とは、自分の志を見つけ、それを実施することに尽きる。オカルティックなことだとはかぎらない。自分の真の志を行うとき、人は皆、新たな世界をつくりだす魔術師となるのである。

【その他の重要な象徴】

猿

右下に猿が描かれている。よく見れば、犬の顔をした類人猿であり、トート神の別の形態だ。厳密には、猿のトートは均衡の神なのだが、ここでは知性の中に潜む身勝手さといった獣的、本能的な側面を示すと考えられている。

松明

燃えあがる炎は、ワンドと同様、情熱や志を表す。四大魔術武器では足りず、さらに松明を付加して、その重要性を強調したのだろう。そして、カドゥケスの頭部には祝福をもって降りてくる鳩が描かれ、ここでの情熱が、低次の自我の暴走ではないことを保証しているのである。

【愛情】

［好品位］同じ考え方や人生観の相手と、友情からじっくりと愛を育む。遠距離恋愛でも密に連絡を取るので大丈夫。平等な夫婦関係。

［悪品位］結婚詐欺。出会い系サイトなど、デジタルを介した怪しい関係。利害の一致だけでの交際や結婚。

【対人関係】

［好品位］融通が利く。ちょっとずる賢い。自分の伝えたいことを上手に伝えるので、中心的な人物になれる。あっさりとした交流。

［悪品位］マルチ商法など、友情を詐欺的に利用する関係。その場その場で都合のよい自分になりきってつきあう。

【仕事・学業】

［好品位］熟練。知恵。器用。要領がよくテストなどはやすやすとこなしてしまう。オカルティックな事柄に関する知識や学習。教師。作家。執筆家。医師。研究職。

［悪品位］つけ焼き刃の勉強。カンニング。知性や教養が邪魔をして、問題の解決に向かいあえない。デート商法など人の弱みを利用するビジネス。

【財運】

［好品位］遺産など譲り受けるものはないが、逆に束縛もされないため、本人は満足。仮想通貨など最新の投資アイテムから、金のような伝統的な蓄財まで幅広くラッキー。

［悪品位］財運はかなり貧しく、それがコンプレックスになりがち。電話を使った詐欺や、ＩＴによる犯罪からの収入。戦略的に養子になるなどして遺産を相続する。

【願望】

［好品位］興味のあることをどこまでも追求したい。一生、学びつづけたい。新しい情報を常に取り入れたい。若々しくありたい。

［悪品位］要領よく立ち回れるような情報がほしい。人より一歩先んじて得をしたい。

【使命】

［好品位］自分の真の志を見つけること。

［悪品位］苦労をせず生きる道を見つけること。

2
女司祭

【秘密の称号】
銀の星の女司祭

【属性】 月

【ヘブライ文字】 ギメル（ג）

【対応する径】

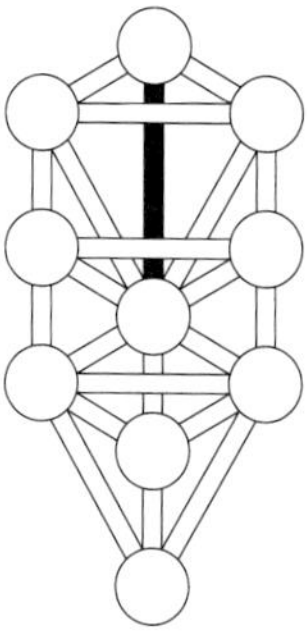

【概説】

完全な左右対称の美しい放射状のライン、抑えた色彩、どこか東洋的なアルカイック・スマイルなど、神秘的な女司祭を描ききったともいえるカードだ。

クロウリーは、この女司祭を「月の最も高次の位相」を示すと説明している。満ち欠けする月はそのときどきで異なる意味を示してくれる惑星である。これと反対の、低次の位相の月についてはアテュ18の「月」で説明していこう。

高次の月は、高潔で聡明な女神たちに対応している。なかでも、直感を司る処女神アルテミス、魔術の守護女神イシス、そして至高の女神ヌイト（→364頁）が、このカードに強く結びつく。

特徴的なのは、アルテミス以外は豊穣を司る大地母神であるにもかかわらず、ここでは処女としての側面が強調されていることだろう。ただ、ここでの処女性とは、従来のような「性行為をしたことのない女性は汚れなく高潔だ」という単純な視点からの意味ではない。他者を受け入れないまま完結し、機能している高潔さなのだ。

そして高次の月は、直視できないほど強く激しい太陽の光をいったん受けとめ、柔らかく、人を傷つけずに癒やす月光として、地上に降り注ぐものでもある。月光が人間の神秘能力を覚醒させることは、よく知られている。

伝統的な女司祭は、書物を持った姿で描かれ、女教皇とも呼ばれる宗教的権威者であり、その意味する内容もかなり排他的だ。だが、トートの女司祭は、両腕を高く大きく広げ、すべてを迎え入れるかのように寛容なポーズをとっている。それは彼女が学習の道を選んだ志願者を迎え入れる参入伝授者《イニシエイター》だからだ。

ここで重要なのが「Initiation（イニシエーション）」という概念だ。この言葉は、「秘儀伝授」「通過儀礼」などと翻訳されることが多い。その手伝いをするのが参入伝授者、直訳すれば「開始する人」であるイニシエイターだ。

クロウリーが考えたのだから、ここでのイニシエーションとは、魔術的な知識を授かるための秘儀伝授だろう……そう推測するのは早計だ。もうひとつの訳語である通過儀礼は、人生の節目で特別な体験をして、新たな視点や社会的役割を得ることだ。共同体での成人式、結婚や出産、近親者の死去などもこの通過儀礼に入るだろう。

実際の魔術修行では「秘儀伝授」と「通過儀礼」をさほど分けて考えない。毎日の生活の中での気づき、目覚めがなければ、奥義を受け取っても理解することはできないのだ。

ゆえに、参入伝授者も、魔術的な知恵を授けるだけではなく、日々の過ごし方や生き方全般を見届けることにもなる。毎日が試練であり、毎日が秘儀伝授。そんな淡々とした求道の日々を見守る女司祭でもあるのだろう。

【秘教的人物像】

アルテミス

最も有名な処女神で、狩猟神でもある。後述する三弦の弓は、魅惑の力で男性を狩る、彼女の能力を示唆している。

イシス

処女としてのイシス。のちに聖母マリアの原型ともなった。最愛の夫オシリスとの息子ホルスを産むも、他者なしで充足できる処女神としての性質を保ちつづけた女神である。

ヌイト

女神ヌイト（↓364頁）は、『法の書』の中でトート・タロットのことを「姿《わらわ》が『書』」と表現している。そこから、トート・タロットはヌイトの本であり、女神の姿を描くアテュには、大なり小なり彼女がオーバーラップする。ここでのヌイトは、すべての存在を照らしだす創造的な光を発するものとして描かれている。

【錬金術と性魔術】

三弦の弓

膝に置かれた三弦の弓は、楽器でもある。このシンボルが、処女神であり狩猟神でもあるアルテミスを示すことは一目瞭然だが、それだけではない。置かれた場所と弓の形態を見れば、これが卵巣を象徴しているのは明白であり、そこにはたんなる処女性を超えたポテンシャルが示唆されている。また、三弦の弓ということで、女性の三形態である処女・母・老婆のすべてがここに込められているのだ。

【万物論】

水晶と果実

カードの下方に描かれているものは、水晶と果実に見えるかもしれないが、実際には鉱物と種子であり、オカルティックな意味での生命の起源を示唆している。「魔術師」のカードで始まった物質的な創造が、このアテュで具体化し、万物が広がっていく原点になるのがよくわかる。これをさらに発展させて物質的な命を吹き込むのは、次のアテュ「女帝」である。

【法の書】

汝らと妾《わらわ》のすべての集いにて、女司祭は妾の秘密の神殿に一糸まとわず歓喜して立ち、その瞳に熱望の炎を宿しつつ、かく述べるがよい、妾がもとへ！　妾がもとへ！　と。（Ⅰ：62）

クロウリーが創出した「グノーシスのミサ」では、この状況が再現されている。その儀式に登場する女司祭は、すべての衣装を脱ぎ捨ててから、女神ヌイトを体現する存在となる。それは、衣服などという世俗的な小道具が不要な神々しい姿であり、その微笑みは、自らの意思で魔術作業に従事する喜びをも感じさせるものだ。

トートの女司祭は、伝統的なタロットのように冷静な女性の象徴であるだけではなく、女神の霊的パワーに満たされながらも、血の通った温かい身体を持つ人間の女性でもあるのだ。

【その他の重要な象徴】

ラクダ

女司祭のカードに対応するヘブライ文字のギメルには、ラクダという意味がある。ラクダは、「砂漠の船」とも呼ばれてきた生き物だ。このカードは、生命の樹では、頂上のケテルと中央のティファレトを結ぶ径《パス》に対応しており、その径は精神的な死を経験する場所、深淵《アビス》を横切っている。砂漠を渡る船であるラクダは、深淵を渡るカードにもふさわしいだろう。

【愛情】

［好品位］現実離れしているほど純粋な愛情を抱き、捧げる。プラトニックな愛情が先行するため、セックスと愛情の強さが比例しない。相手の親に気に入られての結婚。友情と区別しにくい淡

泊な恋愛感情。

［悪品位］セックスに関して独自の哲学があり、パートナーにそれを強制する。性魔術など、特殊な性エネルギーの使用法に興味を持つ。相手の愛情を当然のことと軽く見る。


【対人関係】

［好品位］上品で高尚な人々とつきあい、自分の周囲にもそうした影響を与える。真面目な趣味を通して知りあう友人。仲がよいがクールな関係。

［悪品位］常に上下関係で相手を区別する。困っている人をすぐに切り捨てる。気分が変わりやすく友達を失いがち。ゴシップ好き。


【仕事・学業】

［好品位］変化や改造に才能を発揮する。古典や歴史に強い。超常現象や宗教の研究にいそしむ。綿密なルーティンワーク。祭祀にかかわる職業。宗教的なボランティア活動。教師。占い師。

［悪品位］学校の勉強には優れても、現実的な行動に生かせない。不平不満が多く、周囲と衝突しがち。枝葉末節にこだわりすぎて仕事が遅い、ミスが多すぎる。売れない芸能人。


【財運】

［好品位］あまり金銭には執着しない。増加と減少にうまく対応できる。書籍を買うなど、学習のためなら無制限にお金を使う。

［悪品位］財運アップの願かけなどで散財する。増収を夢見てマルチ商法に引っかかる。


【願望】

［好品位］さまざまな知識を吸収したい。精神的に人の上に立ちたい。

［悪品位］自分自身の願望が希薄なので、注意深くバランスをとっていないと、他人の熱意に引きずられやすい。


【使命】

［好品位］神秘的な知識を探求する。

［悪品位］俗世の欲望から脱却する。

3
女帝

【秘密の称号】
力強きものたちの娘

【属性】 金星

【ヘブライ文字】 ダレト（ד）

【対応する径】

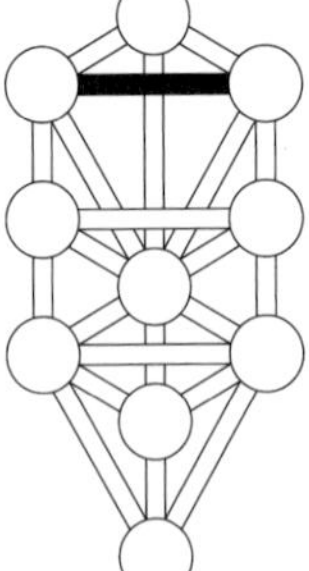

【概説】

このアテュが、次にくる「皇帝」と対になることは明白だ。通常のタロットでは、この2枚を配偶者同士としてとらえることも多い。

だが、トートでは、女帝は皇帝よりも多岐にわたるさまざまな象徴を含んでいる。これは、皇帝が意味する「男性」の役割に比べて、女帝が広範な「女性」の象徴を負わされているからにほかならない。それは、処女・母・老婆という女性の三形態に始まり、天界の女神にまで及ぶ。

伝統的に「女帝」のカードは、妊娠や母性を意味するが、それを拡張して、作物の豊穣といった意味も強調されてきた。トート・タロットの「女帝」にもそうした意味があるが、人間の母性以外の意味はかなり薄まっている。これはクロウリーやハリスが「愛」に重点を置いたからかもしれない。

クロウリーは、女帝を「ゼウスの娘」だと語っているが、あの好色なゼウスが、どれだけの娘をもうけたというのか？　知恵の女神アテネ、狩人で処女神のアルテミス、愛らしいペルセポネと、そのリストは延々とつづいていく。女帝は、それだけ多くの意味を含み、それらすべてを統合して余りある「女性」なのだ。

そして、その広範な象意をまとめあげるのが、対応する金星が示す「愛」である。「愛し、愛されよ」。これもクロウリーがこのカードに与えた言葉だが、これもまた、ひとつの型に押し込めることが無理な概念だ。

ゆえに、このカードを読み解こうとすれば、必然的に各個人の女性観と愛情観が問われることになるだろうし、占者の成長につれて、理解の度合いが変わっていくカードなのである。

【秘教的人物像】

アフロディーテ

オリュンポス十二柱に数えられる女神であり、通常、愛と豊穣と性を司る。勝ち気で、ヘラやアテナと美しさを競ってみるようなところもある。

アフロディーテには、純粋でプラトニックな愛（アガペー）を司る天上のアフロディーテ・ウラニアと、世俗的な肉欲を司るアフロディーテ・パンデモスの二面があるともされており、このアテュの奥深さにふさわしい。

イシスとネフティス

「白き母」とも呼ばれ、ポジティブな女性性を示す女神イシスは、ここではわが子を抱くかのような姿勢で、その母性を最も強調する形で表現されている。それと対をなすのは、死者の守護女神、「黒き母」のネフティスだ。

命の与え手と奪い手。どちらも片方だけでは成り立たない。命は循環させねばならない。そのための両極でもあるのだ。

【錬金術と性魔術】

意外なことに、強い性的象徴は描かれていない。それより顕著なのは、女帝のポーズ全体が錬金術の「塩」のシジル（西洋魔術で用いられる記号）をかたどっている点だ。この塩は、すべての物質の母体となる象徴的な物質を示す。つまり、ひとつ前の「女司祭」で始まったさまざまな創造が、ここで物質化へと移行していくことになる。

【万物論】

扉

女神ヌイト（↓364頁）が、『法の書』において全存在の生みの親であることはいうまでもない。さらに、このアトゥに対応しているヘブライ文字は「ダレト」、つまり「扉」である。すべての命は女性という扉を通って物質界に現れねばならない。そして、その生を終えたときには、前述した黒き母ネフティスのような死の女神たちが開く死の扉を通って、次の段階へと進んでいくことになる。女帝のアテュは、その限りない愛をもって、生と死の変容を見守る門番でもあるのだ。

【法の書】

妾《わらわ》が与えるは、地上にては想像も及ばぬ喜び。死にては、命ある間の信仰にあらず確信。また、言い表せぬ平和、休息、絶頂なり……（Ⅰ：58）

ヌイトとしての女帝は、恐れよりは喜びを、未来への不安よりは現在への確信を与えてくれる存在であり、いわば究極の「Be here now（今、ここにいる）」を体現しているともいえる。

【その他の重要な象徴】

ペリカン

左下に描かれた薄桃色の鳥は、親から子に与える愛情を象徴するペリカンだ。これまでは、「女帝だから母性愛の象徴」という、通り一遍の解釈がなされてきたものでもある。

じつは、ペリカンが羽繕いをする姿から、この鳥は自分の右胸をくちばしでつついて血を流し、その血を死んだ雛に浴びせて生き返らせるという言い伝えが生まれた。このことから、錬金術的には、ペリカンは変成の器の象徴ともされる。つまり、すべての物質は、女帝の通過儀礼を受けることで、新たな存在へと生まれ変わるのである。

力強きものたちの娘

22枚のアテュすべてに「秘密の称号」がついている。どれもカードを解釈するためのよいヒントになるのだが、どうしてそのような称号なのか、どうやって解釈したらよいのかと、疑問が増えてしまうかもしれない。この女帝の秘密の称号は、とてもわかりやすい仕組みになっているので、ここでじっくり説明しておこう。

秘密の称号は、生命の樹の対応などに由来することが多い。そこで生命の樹を見てみると（↓29頁）、女帝は14番目の径に対応しているのがわかる。この径は、2番目のセフィラーである「コクマー」と、3番目の「ビナー」を結んでいる。

コクマーの性質のなかで最も顕著なのは、最初に表出する「最も強力な男性的力」であり、同じくビナーは最初に表出する「最も強力な女性的力」が顕著となる。心理学的な言葉に置き換えれば、元型的な父と元型的な母ともいえる。

このふたつを結びつける径に対応する女帝が「力強きものたちの娘」となる。わざわざ「ものたち」という複数形が用いられているのは、このふたつのセフィラーの結びつきを強調するためにほかならない。

女帝の称号の由来は、だいたい理解できただろうか？　次は、称号の意味をカードの解釈に当てはめる番だ。クロウリーは、女帝を「ゼウスの娘」と表現している。そこからすると、女帝の母親も、普通の女性ではなく女神だと考えるのが妥当だ。これによって、あまたいる「ゼウスの娘」のなかから、女帝を表す「娘」をある程度絞り込んでいくことができるのだ。

【愛情】

［好品位］愛し、愛される。幸福な恋愛と結婚。望まれた妊娠と出産、多産。エレガントな愛情表現。美しいパートナー。

［悪品位］快楽だけを求める関係。お金目当ての結婚。不倫など他者を傷つけての恋愛。ずさんな避妊からの堕胎や授かり婚。売春。

【対人関係】

［好品位］さまざまな意味で美しい人たちとの交流。たおやかで上品な態度。芸術的な活動を通しての交流。リッチでおっとりした友人や知人。

［悪品位］放蕩仲間。酒やドラッグを介しての友情。親のすねかじり的な生活や遊行。勉強や仕事の妨げになるような友情。

【仕事・学業】

［好品位］成功。高収入。合格。研究が認められる。安定したホワイト企業での仕事。音楽や美術の学習。清潔で美麗な環境での仕事や学習。美食家向きのレストラン。

［悪品位］怠惰。人の成果を横取りする。遅刻や欠勤が多く、結果的に成果が上がらない。カンニングや盗作。

【財運】

［好品位］豊かさ。高収入だが人に妬まれない。もめ事のない遺産相続。美麗な不動産や美術品に恵まれる。リッチな配偶者。

［悪品位］浪費。借金。身の丈に合わない贅沢からの破産。親族や配偶者の借財に苦しむ。

【願望】

［好品位］自分だけではなく、周囲の人々全員が穏やかかつ健やかに過ごせるように願う。

［悪品位］周囲の人に苦労をかけても、自分が快適に過ごせるように願う。

【使命】

［好品位］愛と美を広め、幸福を追求する。

［悪品位］快適な状態に浸ることをよしとする。

4
皇帝

【秘密の称号】
朝の息子
強者の中の族長

【属性】 牡羊座

【ヘブライ文字】 ツァダイ（צ）

【対応する径】

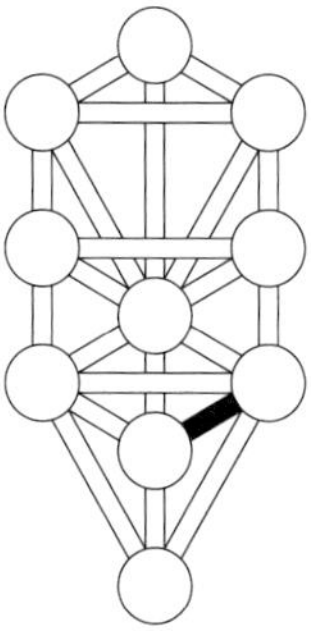

【概説】

ひとつ前の「女帝」との婚姻関係が連想されるカードである。アテュの「皇帝」が担う象徴は「現実世界の男性指導者」「権力者」という比較的シンプルなもので、直線的な男性性のみといっても過言ではない。

多様な象徴に彩られた女帝が、ひとつの目標に向かって燃えあがりながら突っ走る皇帝の精を受けるのは、まさに卵子と精子による受精のイメージそのままかもしれない。

【秘教的人物像】

ゼウスあたりが参照されてもよさそうなアテュなのだが、とくにこれといった神や人物は当てはめられていないようだ。

これはおそらく、トート以前からあるマルセイユ版タロットの影響が残っているからだと考えてもよいだろう。

通常の大アルカナでは、長い間、この後につづく「高等司祭」（一般には「法皇」）が秘教的男性像を担い、皇帝は現世の男性支配者を象徴してきた。このアテュに描かれているのは、今の治世に満足している俗世の指導者の姿なのである。

【錬金術と性魔術】

硫黄

クロウリーは『トートの書』で、アテュ2（女司祭）およびアテュ3（女帝）と皇帝で、錬金術の水銀・塩・硫黄という三原理が完成すると述べている。しかし実際には、水銀に対応しているのはアテュ1（魔術師）である。

これは、たんなる誤記なのだろうか？　第三者による編集や校正がなされていないという事実を考えれば、その可能性も排除できないが、研究者たちから決定的な回答は出ていない。

とはいえ、皇帝が硫黄に対応するのは間違いない。上半身で三角形をかたどり、足を十字に組んだポーズは、硫黄のシジル（西洋魔術で用いられる記号）そのままだ。そして錬金術の硫黄は、燃えあがり、突進する男性的な力、父性的な力の代表である。

双頭の赤鷲

前項の父性的な力を示すのが、左下の紋章に描かれた双頭の赤鷲だ。錬金術では金を示し、女帝が持つ双頭の白鷲、つまり銀の象徴とペアになっていることを見逃してはならない。

【万物論】

カードの上方には、近寄ったら攻撃してきそうな2頭の牡羊が描かれ、牡羊座との関連を強く示唆している。しかし、その対極にあるような子羊が、皇帝の足もとでまどろんでいる。家畜化された羊もまた、皇帝のカードが宇宙規模の力を示しているのではなく、現実的な象徴を多く担っていることを表すものである。

【法の書】

妾《わらわ》が「書」のこれら古き文字はすべて正しけれど、צ（ツァダイ）は「星」にあらず。（I：57）

あまりにも有名な一節であり、そのために、このアテュのほかの意味がおざなりにされている感すらある。

ただし、トート・タロットを占いだけに用いるならば、この一節によってカードに対応するヘブライ文字や生命の樹のセフィラー、あるいは十二星座が変更された（↓31頁）ということは、あまり気にしなくてもよい。

ここで最低限、理解しておくとよいのは、この変更によって、皇帝のカードは生命の樹のティファレトより上の15番目の小径から、ティファレトより下の28番目の小径へ下げられたということだろう。理想的、概念的な象徴から、現実的、物質的な象徴を表すカードへと変容したのである。

【その他の重要な象徴】

赤

あまりにも多く使われているので、逆に見すごしやすいが、カード全体を覆う「赤」の効果に注目しよう。牡羊座の支配星である火星と、錬金術の硫黄の双方を象徴する赤。その激しさと熱さの意味をいちばんに考えるべきかもしれない。

皇帝の右肩から差す光

カードの右上に描かれた牡羊が白っぽいことに気がつくだろうか。しかもよく見ると、白い羊が描かれているのではなく、カードの右上から光が差し込み、それが斜めにカードを横切っているから白っぽくなっていることがわかる。

一般的な象徴としては、上から差し込む光は聖霊の恩寵などを示す。だが、クロウリーはそのような現象については言及していないし、斜め上からの象徴的な光というのは、奇妙すぎる。

じつはこの光は、クロウリーが、「ツァダイ」と「ヘー」の置換に、どれだけ迷っていたかを示す名残だという説がある。

クロウリーも、『法の書』の受領以前は、従来どおり「皇帝」に「ヘー」のヘブライ文字を対応させていた。そして「ヘー」は、生命の樹においては、コクマーとティファレトを結ぶ15番目の径に対応する。29頁の生命の樹の画像を見ながら、15番目の径に皇帝のカードを当ててはめてほしい。右上から光が降り注ぐ角度なども含めて、径にピタリと重なることがわかるだろう。

この画像からはっきりとわかるのは、少なくとも皇帝のアテュを作成している時点では、ハリスが旧来の生命の樹の対応を基準に考えていたということだ。

しかし、画像のチェックには厳しかったクロウリーのことなので、この光線の角度を見逃したとは思えない。では、そのままの状態で画像を完成させたのはなぜだろうか。もしかしたら、ヘブライ文字の置換にかかわる問題を、まだ解決できていなかったのではないか？　そして、この問題に決着をつけた時点では、芸術性を優先するということで、光を残したのかもしれない。

これもまた、占いだけに使うのであれば気にしなくてもよい。ただ、研究者たちの間では、終わりなき議論の種になっているのである。

【愛情】

［好品位］エネルギッシュな愛情表現とセックス。相手の上に立ちたがる傾向。安定した交際や結婚。好きになった相手に恋人や配偶者がいても気にせず、正々堂々とアプローチする。

［悪品位］プライド過剰からの孤独やトラブル。いきすぎた支配欲。略奪愛に燃えるが、手に入った時点で飽きてしまう。

【対人関係】

［好品位］対立や不和を恐れないため、必然的に衝突が多いが、たいていは勝利を収めて相手を征服する。幼いころからライバル的な関係の相手

と、長い友情を築く。強い相手、尊敬できる相手には徹底的についていく。

［悪品位］かんしゃくを起こしやすいため、人づきあいはトラブルだらけ。リーダーシップを取りたがるが、責任からは逃れたがる。言葉よりもボディランゲージや険しい表情から対人関係を壊しがち。考える前に行動するタイプと相性がよい。

【仕事・学業】

［好品位］オリジナリティーに富んだ発想。高度な目標を設定して努力し、成功を収める。残業や休日出勤をしても平気。塾や部活をかけもちしても、好きなことは身につける。成績がはっきりと表示されるとエネルギーが湧く。勤め人でいるよりは起業を目指す。

［悪品位］何を学ぶかより、どれだけの得点を得るかを優先しがち。自分の適性よりも有名校かどうかなどの基準で進学先を選ぶ。ハイリスク・ハイリターンの無謀な取引を好みがち。

【財運】

［好品位］紛争時の混乱を利用したり、武器産業などへの投資で財をなすことができる。敵対的M&Aなどによる蓄財。裸一貫から自らの手で高収入をつかむ。

［悪品位］誇大妄想の傾向があり、浪費や過剰な投資をしがち。ギャンブルにはまって抜けだせなくなる。大きく儲けるが、大きな損失もある。

【願望】

［好品位］筋力、知力、権力、財力……とにかく「力」を手に入れる。

［悪品位］世界征服、下克上的な出世など、野望に近い願望を抱く。

【使命】

［好品位］自分の力を最大限に伸ばして、目標に直進していく。

［悪品位］自分の力を最大限に伸ばすためには手段を問わない。

5
高等司祭

【秘密の称号】
永久の魔術師

【属性】 牡牛座

【ヘブライ文字】 ヴァウ（1）

【対応する径】

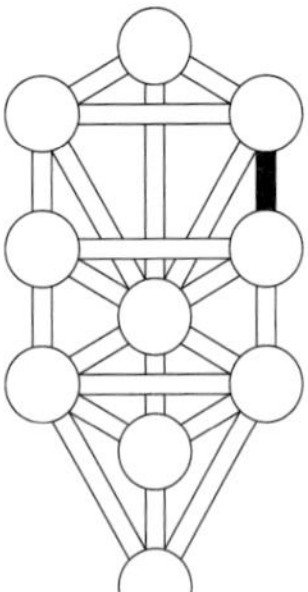

【概説】

太古からの伝統と、ホルスのアイオーン（↓360頁）という新たな伝統が、濃厚かつ複雑に絡みあっているアテュだ。「Hierophant（高等司祭）」という言葉は、古代ギリシアの小都市エレウシスで執り行われた「エレウシスの秘儀」（大地の女神デメテルと、その娘ペルセポネのための祭儀で、農業崇拝を基盤とする）の祭司なども指し、一般のタロットに使われている「Pope（法皇）」より長い歴史がある。

しかし、ここで描かれている高等司祭は、歴史の彼方から引っ張りだされた遺物ではない。

その姿形こそ、古代バビロニアの司祭を思わせるが、胸には新たなるアイオーンの守護者である幼子ホルス神が踊り、周囲も新時代の象徴で固められている。彼は、最新の高等司祭なのだ。

先述のように、皇帝は現世的指導者、高等司祭は精神的指導者の象徴である。時の流れとともに交代する政治的指導者とは異なり、精神世界の指導者は、たとえその肉体が滅んだとしても、より大きなイメージを引き継ぎ、ほぼ不変の象徴的人物として君臨していく。その歴史と記憶の重みが、秘儀伝授者としての威厳を与えるのである。

しかし、いつまでも過去の記憶のみに頼っていては、イメージは硬直化し、霊的効果も化石となってしまう。これは、既存の宗教的指導者を思い浮かべれば実感できることだ。

そのような弊害と劣化を防ぐためにも、このアテュの高等司祭は、ホルスのアイオーンの中で生まれ変わり、新たな教えと秘儀を伝授しつづけていく。隠秘学の悠久の歴史と絶え間ない革新を示し、クロウリーが自身との合一を志した「聖守護天使」の側面を垣間見せるものだ。

クロウリーは、「現時点ではこのアテュについて完全に説明はできない」と述べた。この高等司祭は生まれ変わったばかりだし、アイオーンの動きに沿って、２０００年単位でゆっくりと熟成していくのだから、当然だ。われわれもそうした時間軸でこのカードをとらえねばならないのだ。

【秘教的人物像】

ホルス

カードの中央、五芒星の中に踊る男児として表現されている。ホルスの別名「征服せし子」にふさわしい姿である。

ヴィーナス

ホルスの下、高等司祭の前に立つ小さな女性。これまでのたおやかで美しいヴィーナス像とは異なり、厳しい姿が特徴的だ。この変化の詳細は、次頁の『法の書』の項目で述べよう。

【錬金術と性魔術】

大宇宙と小宇宙の婚姻

カード全体に大きく描かれている六芒星と、その中心に描かれた五芒星。これはたんなる幾何学模様ではなく、魔術的には大宇宙《マクロコスモス》と小宇宙《ミクロコスモス》の婚姻を示すものだ。その意味するところは、宇宙のパワーを取り込んだ状態、崇拝する神々との精神的交合、つまり神聖結婚《ヒエロス・ガモス》を果たして変容を迎える状態など、聖なる合一につながるものばかりである。たんなる肉体の結合ではない、真の性魔術への鍵がここにある。

【万物論】

固定宮の配置

タロット・カードの約束では、カードの四隅に占星術の固定宮シンボルを描き込めば、それが宇宙規模の現象を表すことになる。ここでもその手法が採用されているが、通常の占星術の順番どおり牡牛、獅子、鷹（蠍座を表す）、天使という順番ではなく、牡牛、獅子、天使、鷹という順番で描かれている。

もちろん、ハリスが間違えたわけではない。シンボル入れ替えの根拠は、クロウリーが実践したエノク魔術にある。エノク魔術とは、エリザベス1世お抱えの宮廷占星術師であったジョン・ディーが開発した高等魔術であり、宇宙のさまざまなアエティール（領域）を訪れて、霊的真実を知る手法である。

クロウリーは、23番目のアエティールを訪れた際に、ホルスのアイオーンでは、水の固定宮のシンボルが天使に、風の固定宮のシンボルが鷹に入れ替わっているヴィジョンを見たという。

ふたつの固定宮のシンボルが入れ替わっている……すなわち、時代はすでにホルスのアイオーンへと進んでいるという意味であり、この高等司祭が新時代の司祭だという宣言なのだ。

【法の書】

わが前にて、女は剣を帯びるがよい。わが名に血を流すがよい。（Ⅲ：11）

古きアイオーンでは、女神や女性は配偶者の生殖相手か、意思を伝達するといった二次的な役割に甘んじるしかなかった。だが、新たなアイオーンでは、彼女たちも自らの手で剣を取り、戦うことができる。それを強く示唆するため、これまでたおやかに描かれてきた美と性愛の女神ヴィーナスを武装させているのだろう。

【その他の重要な象徴】

牡牛と白象

ややわかりにくいが、司祭は牡牛に腰かけている。どちらも、このアテュが対応する牡牛座の象徴であり、悠然とした態度を示す。

3つの輪がついた笏《しゃく》

司祭の権限を示す笏についた3つの輪は、オシリス、イシス、ホルスの3神を表す。彼はイシス、オシリスのアイオーンを生き抜き、その記憶をもとに、秘儀を求める者を新たなるホルスのアイオーンへと導いていくのである。

9本の釘

司祭の後ろに開く窓は、9本の釘でとめられている。このアテュに対応するヘブライ文字ヴァウには「釘」という意味がある。それが9本ということは、生命の樹の9番目のセフィラーであるイエソドを示し、そこに対応する月が、牡牛座で高揚することを示唆している。

【愛情】

［好品位］家同士の結びつきが強いが、幸福な結婚。お見合い。目上の人から紹介される縁。教師と生徒、先輩と後輩といった上下関係がはっきりしたふたりの恋愛。宗教的、哲学的な共感で結ばれる縁。同性婚など新たな法的結婚。

［悪品位］強制された結婚。家業の後継ぎなど、出産が最優先される関係。長年の不倫。教師と在学中の生徒の交際など、表沙汰にできない関係。

【対人関係】

［好品位］上司や教師からの助力や、交流に恵まれる。頑固な態度。礼儀正しく、常にそつのない

マナー。同年代からは頼られるが、あまり打ち解けてもらえない。伝統芸能や習い事を通しての交流。

［悪品位］仕事や学校関係のみでのつながり。自分ではよかれと思っても、上から目線で粗探しをしているため、友情は長つづきしない。身だしなみや礼儀にこだわりが強く、理解できる人としか交流できない。相手には礼儀を要求するが、自分はあまり気にしない。

【仕事・学業】

［好品位］伝統的な技能や芸能を学ぶ。組織のルールを尊重する。神聖な知恵や教えの学習と伝授。自然に呼び起こされるオカルティックな能力を生かす。大会社や公共機関などでの仕事。高級料亭の経営。

［悪品位］骨の折れる仕事。持久力だけでがんばるマンネリ化した組織での仕事。学歴のみを求めての学習や受験。詰め込み型の勉強。カルト的な宗教など、うさんくさい神秘学への傾倒。

【財運】

［好品位］一生を通じて安定した給与。乱高下がなく平穏。多額ではなくても価値が下落しない財産や遺産を受け継ぐ。不動産収入。

［悪品位］巨額の遺産を受け継ぐこともあれば、借金を背負わされることもある。揺れ幅が大きな収入源。投資や投機による巨額の富と巨額の損失。マルチ商法など、人心をコントロールすることによる蓄財。

【願望】

［好品位］良心の声に従って高潔に生きたい。

［悪品位］人から尊敬されるように生きたい。

【使命】

［好品位］目先の変転に惑わされず、長期的な視点で人生を歩んでいく。

［悪品位］目先の変化に敏感で、長期的に指導者的な立場にいつづける。

6
恋人

【秘密の称号】
声の子供たち
力強き神々の託宣

【属性】 双子座

【ヘブライ文字】 ザイン（ז）

【対応する径】

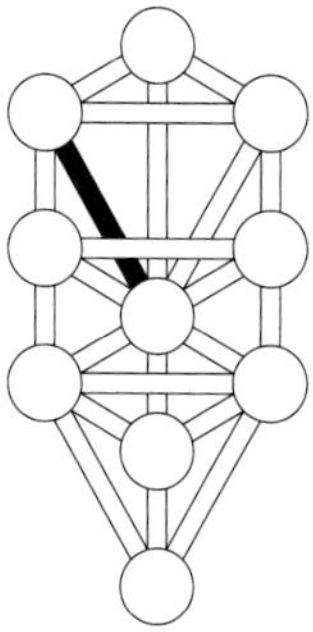

【概説】

ほぼ錬金術の象徴で埋め尽くされているアテュだ。しかも、正反対のものを融合させる錬金術の術式に則り、カード自体も「術」とともに解釈せねばならないようにつくられている。悩んだときは、「恋人」と対をなす「術」、さらには、この2枚をまとめる「隠者」を一緒に見るとよい。

このカードには「分解し、而《しか》して融合せよ」という錬金術の金言が当てはめられており、分解が「恋人」、融合が「術」、そのふたつをとりもつのが「隠者」のアテュだとされている。

カードのすべての象徴がペアで出てくるのは、双子座への対応を強調している。タイトルも実際には「恋人または兄弟」だ。

また、このカードに描かれたさまざまなペアを対極ととらえるのは容易だが、同じ人物像の裏表だと考えたほうが、理解は深まるはずだ。

　前述したように、このアテュは錬金術の最初の段階、物質を分解するレベルに相当している。そのため、あえて多くの事象を理解しやすい両極の側面に分けて表現しているのだ。そこから、カード自体の意味も片われを求め、コミュニケートを図るような内容が多くなっていくのである。

　結婚する男女は、足もとに控える赤獅子や白鷲からわかるように「女帝」と「皇帝」である。しかも、彼らのローブをよく見れば、男性側には皇帝の衣装にあった蛇、女性側には女帝のそばにいた鳩が描かれているのもわかる。

　この婚姻を取り仕切るのは高等司祭……と思いたいところだが、クロウリーはこれが「隠者」であるとしている。一見したところでは、ピンクのスカーフを巻いた華やかな姿と、隠者のイメージとはつながりにくいかもしれない。

　だが、魔術的に観察すれば、この人物は新婚のふたりを祝福するためだけに両手をかざしているのではなく、儀式魔術の会場に入っていくときに行う、「入場のサイン」と呼ばれる姿勢をとっていることがわかる。このことから、新郎新婦はたんに結婚するだけではなく、新たな修行や修練の旅へと歩みだすことが示唆されているのだ。

　また、スカーフのように見えるのは「言葉の巻物」――おそらくは聖なる予言か教えの巻物――だという。この、いわば宇宙的規模の結婚証明書を、隠者はわざわざ永遠を意味するメビウスの輪にして、ふたりの上にかざす。これもまた、ふたりの神秘的修行への旅立ちを象徴している。

　若いふたりに一般的な夫婦という社会的な絆を与えるならば、高等司祭が最も適切な人物ではある。しかし、神秘の探求、求道の道へと誘うのであれば、隠者が最適の人選ではないだろうか。


【秘教的人物像】

リリスとイブ

カードの左上方から婚姻を見守っているのは、アダムの最初の妻の地位から降ろされ、ルシファーやサタンの妻になり、悪女の典型ともされるリリスである。右上方には、愚かではあったがアダムに従いつづけた貞女の鑑、イブの姿が見える。

カインとアベル

カードの下方には、カインとアベルの姿がある。兄のカインは、自分の捧げ物が神に受け入れられなかったことを妬み、善良な弟アベルを殺害した。この兄弟が槍と聖杯を掲げながら、婚姻するふたりを補助している。

キューピッド

カードの上方で、目隠しをしたまま恋の矢を射ろうとしているキューピッド。その姿は、フードをかぶったまま婚姻を執り行う男性に下される霊感を示すともいう。

そこには、孤独を恐れ、だれかと一体化したいという本能的な行動も感じるが、キューピッドが持っている矢筒には、法の言葉「テレーマ（↓362頁）」を刻むべきだと、クロウリーは述べている。闇雲にだれかを求めるのではなく、自らの志を確認したうえで伴侶を求めていく姿なのである。

【錬金術と性魔術】

『化学の結婚』

「恋人」のカードは、この著作を参考に制作したと、クロウリー自身が明言している。この錬金術的な寓話では、3組の王と王妃が結婚式で斬首される。その後、彼らの遺体に錬金術的な作業が施され、殺された王と王妃は美少年と美少女として復活し、城に戻るのである。

王と王妃の婚姻は、錬金術でよく使われる象徴だが、ここで最も重要なのは、婚姻そのものではなく、そこから生まれる子供、つまり「賢者の石」である。このアテュでは、次項で触れる「世界卵」が、両者の子供なのだ。

【万物論】

世界卵

カードの最下部に描かれた、蛇に巻きつかれた卵。この世界が、ひとつの特別な卵から生まれたという神話は、世界中に分布している。

ここでは、この婚姻から新たな世界が始まるという象徴だろう。

また、数ある世界卵のなかでも、オルペウス教が唱えた形式を採用することで、愚者でも取りあげたオルペウス教の主神、ディオニソス・ザグレウスとの関連を強く示唆するものとなっている。

【法の書】

兄弟として戦え!（Ⅲ：59）

紳士として思いきり戦え、戦いとスポーツはよき友をつくると、クロウリーはいう。古きよき時代の残り香を感じる言葉だ。

しかし、前述したカインとアベル、同じく『聖書』で相続権を争ったヤコブとエサウ、そして古代エジプトの神セトとオシリスなど、善と悪に別れて兄弟が争うパターンは、隠秘学の伝統全体にあふれている。そしてどれも、一枚のコインの表裏のように、切っても切れない関係なのである。

【その他の重要な象徴】

剣

華やかな結婚式には似合わない、背景に配置された剣。これは、風の星座である双子座に対応するカードであることを示すものだ。また、このカードに対応するヘブライ文字ザインも、「剣」を意味する。新婚夫婦の未来は、厳しいものになりそうだ。

【愛情】

［好品位］真剣だが子供っぽい愛情表現。魅惑。美しい伴侶。若々しい相手との恋愛や結婚。愛情を隠さない。選ぶ権利がこちらにある恋愛。

［悪品位］うわべだけの交際。選ぶ権利が相手側にある恋愛。複数の異性との混乱した関係。有名

人や芸能人など、知名度に大きな差のある相手との恋愛。ゲーム感覚の不倫。

【対人関係】

［好品位］性別や年齢、社会的地位に関係のないフランクな交流。自分の気持ちをはっきりと表す。嘘をつかない。初対面の人とも楽しく交流できる。さまざまな国の友人や知人。

［悪品位］自己否定。うわすべりな態度。自分では気づかない差別的言動。噂話。言葉によるいじめ。生まれたところからほとんど移動しないことによる狭い人間関係。

【仕事・学業】

［好品位］教養。直感からの行動。霊感に心を解放することによる業績の向上。新旧さまざまなスタイルによる芸術。ＩＴやベンチャー企業。外国での高等教育。自由で活発な校風。

［悪品位］決断力のなさゆえのトラブル。怠惰やわがままによる判断ミス。暗記学習。自分に合わない環境。友達につられて入った学校や職場での苦労。入試や資格試験の失敗。

【財運】

［好品位］遺産など、もらえるものはないが、自分自身で動いて手に入れる収入は多い。輸入や販売など、物を動かすことによる儲けと蓄財。貯めておくよりは投資するほうが幸運。

［悪品位］不安定。衝動買い。友人や知人の借金をかぶりやすい。不勉強なままで投資を行い、大損をする。銀行口座などへの不正アクセスによる被害。

【願望】

［好品位］世界中の人々と友情を築きたい。

［悪品位］心地よい情報に囲まれていたい。

【使命】

［好品位］何事にもとらわれない自由で公平な発想を広める。

［悪品位］何事にもとらわれず自由に生きる。

7
戦車

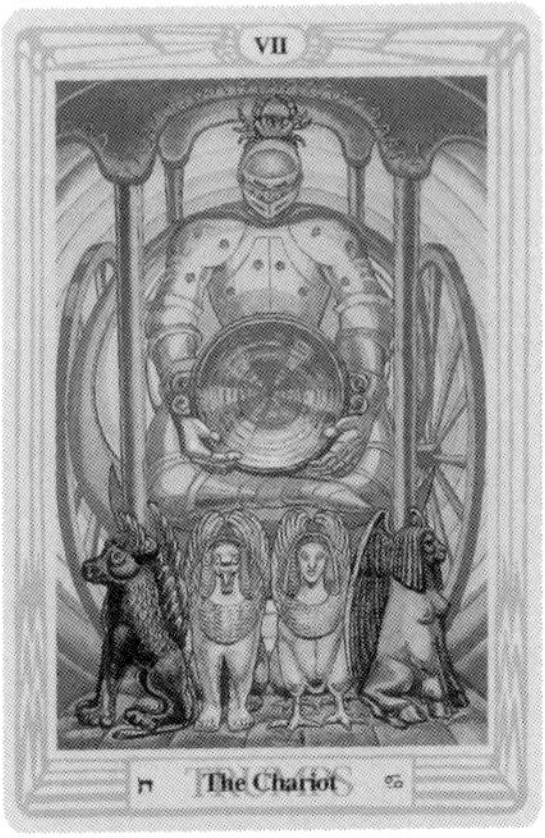

【秘密の称号】
水の力強きものたちの子供
光の勝利の主

【属性】 蟹座

【ヘブライ文字】 ケス（ח）

【対応する径】

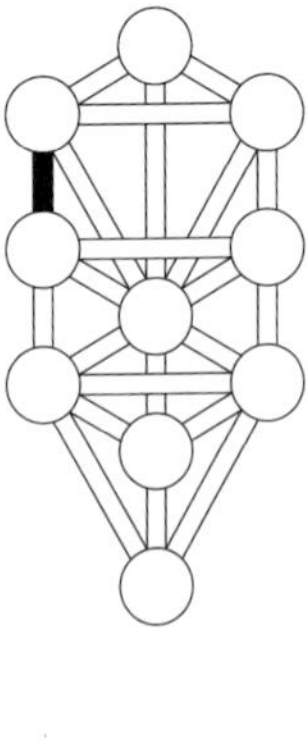

【概説】

伝統的に「戦車」のカードは、ふた通りの意匠で描かれてきた。

ひとつは、戦車の目的そのままに、領土を拡大するために他国へと攻め込んでいく勇壮な姿。もうひとつは、自国の領土を防衛する姿だ。

時代が下るほど守りの表現が多くなり、やがては領土ではなく、自分自身を守る戦車として描かれるようになる。

トートのアテュは、後者のさらに進化した形であり、究極の王国である自分の魂を守る戦車として描かれた。それゆえ、騎士が掲げる武器は、霊的探求の到達を意味する「聖杯」となっている。

当然、このアテュは勇猛果敢に外敵と戦ったころの戦車とは異なり、排他的で内省的な流れを示すようになっている。この戦車が進軍していくのは、内的世界という未踏の地なのである。

【秘教的人物像】

聖なる騎士

アーサー王伝説では、ランスロットの息子であるガラハッドが聖杯探求に成功し、最も汚れなき騎士として天国へ高められたとされる。だが、聖杯を抱いて戦車に座るこの騎士が、ガラハッドであると早合点してはいけない。

『トートの書』には、この騎士を目にした者は死んでしまうので、それを防ぐために全身を鎧《よろい》で覆っている、という記述がある。これではまるで死神であり、聖杯の運び手にはふさわしくない。

じつは、この騎士が死をもたらすのは、恐怖や毒性によってではない。その鎧の下には、純粋なる輝き、フォースが隠されているのである。

俗人が神を直視することができないように、騎士の輝きにも耐えられないのだ。つまり、この騎士は現実の人間ではなく、人知を超えたフォースが人格化した存在なのである。

【錬金術と性魔術】

聖杯

民間伝承では、キリストの臨終の血を受けた聖杯には、不老不死や奇跡的な癒やしの力があるとされてきた。魔術的な伝統では、それに加えて、魔術修行達成の象徴とされてきた。その意味は多岐にわたるが、ここではかなり性魔術的な部分が強調されて使われている。英語では「Two in One」と表現され、二者の合一、性的な合体とその結果を示唆しているのだ。

クロウリーは、さまざまな著作で「聖杯の中にはエリクシール（不老不死の霊薬）が入っている」と述べている。エリクシールは、精液と月経血の混合物とも、精液と女性の絶頂時に分泌される体液の混合物ともいわれる。それにどんな効用と使用法があるのかは不明だが……。

また、クロウリーの魔術体系では、聖杯は女神ババロン（↓91頁）の血で満たされており、そこから醸されるのがエリクシールである。

こうした説明を読み込んでいけば、聖杯に入っているのは、めぐりめぐって魔術師自身が捧げた血液であるかのようにも思える。艱難辛苦に耐えながらさまざまな修行を続けてきた年月、そのために費やしたエネルギーなどを象徴する血液である。このエリクシールを飲み干すことで、魔術師は、大いなる業《わざ》の達成へと王手をかけることになるが、飲み干す際には「一滴でも残してはいけない」のである。

しかし、エリクシールが実際の液体であれば、「一滴も残すな」といわれても不可能な話だ。

不可解に思うかもしれないが、これを日常的なレベルで判断してはいけない。クロウリーのような厳格な魔術師に、しかも大いなる業の達成直前に一滴も残すなといわれたら、文字どおり、わずかな水分も、ひとつの分子も残さないレベルまで飲み干さねば意味がない。だが、実際には、そんなことができるはずはない。そして何かを残せば、これまでの修行は一瞬にして水泡に帰してしまうのである。

【万物論】

戦車の天蓋

一見したところ洞窟の屋根のようにも見えるが、この戦車の天蓋《てんがい》が、女神ヌイト（↓364頁）の色で塗られていることから、夜空そのものであることがわかる。

戦車の４本の柱は、天蓋を支える４つの固定星座（牡牛・獅子・蠍・水瓶）を示しており、この戦車が物理的なレベルを超えた存在であることがよくわかる。

スフィンクス

戦車を引くのは、４頭のスフィンクスだ。だが通常の人面獅子の姿ではなく、１頭ずつが牡牛、鷹、天使、獅子の顔になっている。これもまた、

4つの固定星座を象徴し、戦車の宇宙的な規模を強調しているのである。

【法の書】

成功こそ汝らの証。勇気こそ汝らの鎧。わが力をもって進め、進め。そして、いかなる者のためにも退くことなかれ。（Ⅲ：46）

一見、覇権主義を唱える大国のスローガンのように思えるが、騎士が攻め入るのは、自らの潜在意識である。そこで出合う障害も抵抗も、すべてが自分の一部であり、それを乗り越えるには、第三者と対峙する以上の根気と勇気が必要とされることは明白だ。

そして、たとえ小さくても、成功を収めた経験と記憶が、進む者を勇気づけることになるのは間違いないだろう。

【その他の重要な象徴】

戦車の形態

赤いパイプをグニャリと曲げたような戦車の形は、いくら象徴とはいえ、あまりにも戦いには不向きで、違和感を感じさせる。

これは前述のとおり、この戦車が戦闘機というよりは神殿として描かれているからだ。

さらに、戦車全体が蟹座のシンボル（♋）を形成していることにも注目すべきだろう。蟹は、その柔らかい肉体を堅い甲羅で守っている。それもまた、この戦車が粗暴な戦いの武器ではなく、繊細な神秘性を内包している印なのだ。

【愛情】

［好品位］誠実な愛情。周囲から祝福される恋愛や結婚。実家同士の関係がよい交際。ぎこちないが真摯な愛情表現。いつもそばにいてほしいという欲求。恋愛から結婚への流れ。

［悪品位］服従するか、させるかという愛情表現。望まない妊娠によって結婚するが、結果は悪くない。保護と束縛と愛情が混在する。宙ぶらりんな恋心。離婚。泥沼状態の不倫。

【対人関係】

［好品位］感情的だが、親切で優しいので結果は良好。転居や転職によって友人関係が一掃されがち。第三者に理解されない。孤高の存在。同年代には教師のように慕われる。自宅への招待。

［悪品位］現状を破壊したい欲求。裏切りと、それに対する激怒。年齢差のある人間との実りある交流。第三者の家やパーティーが苦手。皮肉屋。


【仕事・学業】

［好品位］長つづきするとはかぎらない成功。凱旋的な勝利。役職や権威のある人だが、中間管理職的。自分の得意分野における成功やAO入試。要領のよさ。起業や自宅学習など、組織に頼らない生き方。

［悪品位］伝統的な思想や慣習に対する暴力的なまでの反抗と、その反動としての組織への盲従。新しい知識に飛びつくか、極端に拒否する。


【財運】

［好品位］何かを継続することによる高収入や蓄財。財産そのものというより、財運をつかむ基盤の相続。安全な投資やギャンブル。仕事道具や学習資料への際限のない投資。

［悪品位］安物買いの銭失い。趣味への高額な消費。収入の波が激しいが、本人は気にせずに楽しむ。倹約家。目先の損得に一喜一憂して蓄財ができない。


【願望】

［好品位］自分の望む世界をがんばって創造したい。

［悪品位］自分のことを認めてくれる世界で暮らしたい。


【使命】

［好品位］目先の利益にとらわれず、本当に大切なものを探し求める。

［悪品位］人生にとって大切なものとめぐりあうのを待つ。

8
調整

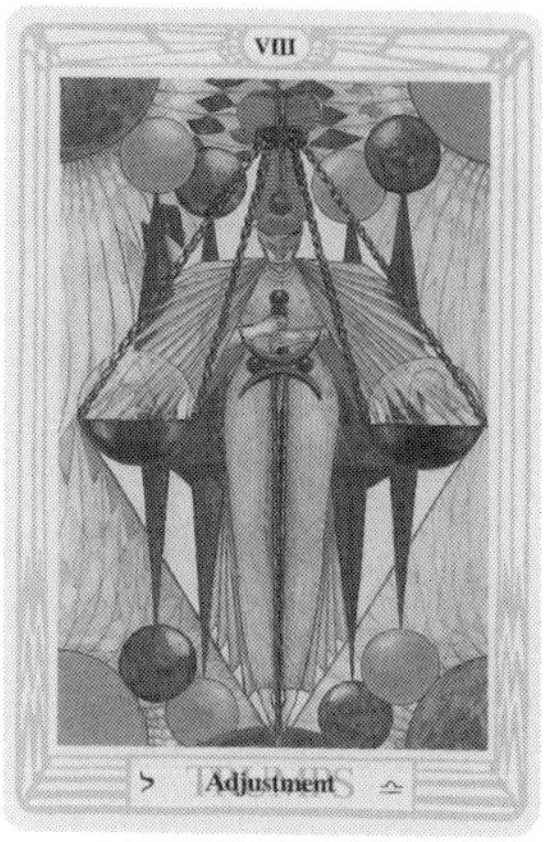

【秘密の称号】
真実の主たちの娘
天秤の支配者

【属性】 天秤座

【ヘブライ文字】 ラメド（ל）

【対応する径】

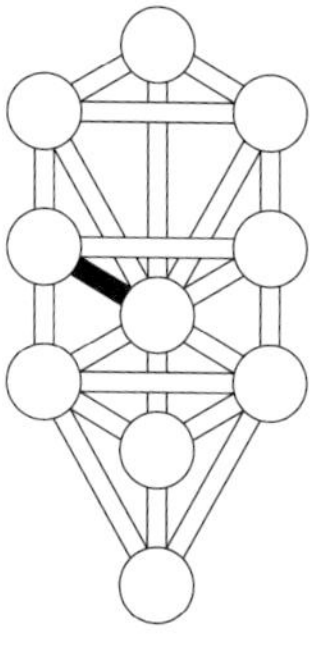

【概説】

満ち足りた女性。このアテュを作成するとき、クロウリーはハリスにそのように指示した。詩的で美しい表現ではあるが、その言葉から想起されるイメージは、男性のクロウリーと女性のハリスでは隔たりがあったようだ。

ふたりが意見の差異を縮め、バランスをとってこの画像にいきついたのは、まさにこのアテュが示す「調整」そのものであり、感慨深い。

カード全体が青系の色で統一されているのは、「満ち足りた」という表現にそぐわないと感じるかもしれない。もっと暖かい色調がふさわしいのではないだろうか、と。

そこで、このアテュは、天秤座に対応することを思いだそう。天秤座は、秋分の日からの約1か月を支配する星座だ。亜熱帯の日本では、秋分といってもまだまだ暑い日がつづくが、イギリスでは、秋の気配が濃厚になるころだ。

つまりこれは、夏の潤沢な恵みを抱きながら、秋の霧という神秘の帳《とばり》に包まれて、充足した冬越えに向かう女性の姿だとも解釈できる。


【秘教的人物像】

ハーレクイン

透けて見えるようなエロティックなドレスと、仮面舞踏会さながらのマスクをつけた女性。

クロウリーは、彼女をハーレクイン（道化）と呼んだ。完全にバランスをとった姿勢で静止しているように見えるが、ハーレクインは、イギリスでは踊りながら演じられる役柄である。そう、彼女は踊りつづけているのである。

その踊りは何を意味するのか？

舞踏には、多くの象徴が込められる。たとえば祝い、解放、求愛……。その多くは、自分とは正反対の性質を持つものを求め、その熱情を体で表現するものだ。

惑星は、恒星の周囲をめぐって踊り、生と死は永遠の循環を舞い、狩人は獲物を求める踊りを奉納し、そしてだれもが愛する人を求めて踊る。この宇宙全体が、大きなダンスによって営まれていると考えてもよいはずだ。

彼女が静止しているように見えるのは、素早く回転する独楽が、とまって見えるのと同じ原理なのだろう。その久遠《くおん》のダンスは、宇宙全体の均衡を保っているのである。

さらに、クロウリーは、彼女が「愚者」の対極にあるともいっている。両性具有者とされるにはやや男性的すぎた愚者を、彼女の踊りが中和するのかもしれない。


【錬金術と性魔術】

中央の剣

クロウリーははっきりと、このアテュの剣の柄を「男根状」だと述べている。そして女性自らが望んで、その男根状の剣を太ももに挟み込む。だれかに強制されたわけでも、恋人を悦《よろこ》ばせるためでもなく、自分がそうしたいからだ。

このカードが描かれたのが、第二次世界大戦のころだと考えれば、女性がセックスの主導権や決定権を握ることが、どれほど異質だったか想像できる。彼女が自ら行動を起こすことが、満ち足りた女性になるための重要な鍵なのである。

【万物論】

女神マアト

頭上を飾るダチョウの羽毛は、この女性がエジプト神話における正義の女神マアトでもあることを示している。ホルスのアイオーン（↓360頁）の次には、このマアトのアイオーンがやってくると考えて、このカードに次のアイオーンの秘密を求める研究者も多い。

エジプト神話では、マアトは死者の過去の罪を暴《あば》くとされている。冥界の王たるオシリス神が使う天秤には、片方に死者の魂、もう片方にマアトの羽がのせられ、心臓のほうが重ければ、生前の罪が重いことを意味するため、その死者は復活できないのだ。

トート以前のタロットでは、8番目にくるカードは「正義」と称されてきた。このことと、正義の女神マアトを結びつけるというのならば、理解しやすい。

だが、ホルスのアイオーンという個人主義の時代には、個人の思想や状況によって、「正義」の定義が揺らぐことがある。それよりは、ここで採用された「調整」の中立性のほうが、ふさわしいといえそうだ。

ゆえに女神は、完璧にバランスを調整し、爪先で立つ。移ろいやすい俗世間の価値観に影響されることなく、平静を保っているのである。

【法の書】

愛こそ法なり、志の下の愛こそが。（Ⅰ：57）

この言葉が示す範囲は広く、深い。ここでは調整のアテュに関することだけに絞ろう。

『法の書』における愛は、基本的に神の慈愛などを示す「アガペー」である。しかし、それを受けとめるわれわれ生身の人間としては、純粋に精神的な愛だけを抱くことは困難だ。そのため、この言葉の裏側には、人間の性愛を指し示す「エロス」があることが読み取れる。

エロスは、生殖という、生物としての人間の存在理由を突き動かす力であることはもちろん、自分以外の人間とつながりたいという欲求の根本をなし、伴侶を求めるために自分を高めようとする原動力にもなる。つまるところ、エロスなくしては、人間は絶滅してしまうのだ。

そして先述したように、このアテュは、そうしたエロスの力を女性が自由に駆使していることを示す。「志の下の愛」の具現化のひとつといって間違いないだろう。

【その他の重要な象徴】

天秤

天秤は、女神マアトとほぼ一体化しているかに見える。この天秤には、心臓と羽毛ではなく、アルファ（A）とオメガ（Ω）という「始まり」と「終わり」を示す文字がのっている。

「黙示録」で神は、「われはアルファでありオメガである」と宣言した。そこにはすべてが包括されている。そしてもちろん、アルファとオメガをのせた天秤もまた、全宇宙のバランスを調整しているのだ。

【愛情】

［好品位］結婚。公平な関係。当事者たちが満足しているグループ恋愛や集団結婚。穏やかでわかりやすい愛情表現。満ち足りた性体験。契約的な結婚。

［悪品位］不倫。重婚。二股の恋愛。どちらかが不満を抱いている内縁関係。コミュニケーション

がうまくいかない。ひとりよがりなセックス。

【対人関係】

［好品位］バランス感覚のよい友人。人と人との間を調整する役割。正しい行い。差別やいじめのない状態。問題が起きてもじっくりと話しあえる信頼関係。

［悪品位］糾弾されたり、いじめられたりしやすい。ささいな行き違いでもめてしまう。誤解。嘘をつかれているか、隠し事がある。仲間はずれ、村八分。

【仕事・学業】

［好品位］裁判、法律関係。論文の執筆。交渉。着実で無理のない学習と、その肯定的な成果。よき教師や先輩、上司。無駄のない行動による成功。落ち着いて挑める試験。

［悪品位］決断が宙ぶらりんになりがち。周囲の意見に惑わされやすい。法律を軽視することによる大損や刑事罰。カンニングや裏口入学と、その失敗。

【財運】

［好品位］大儲けも大損もしないが、必要なだけ手に入る。地道だが定期的な昇給。高級な調度品や美術品の相続。投資などには興味が持てない。

［悪品位］極端な浪費と節約をいったりきたりする。お金の使い方や生かし方がわからない。投資による詐欺やマルチ商法。価値の不明なヴィンテージ品や土地。

【願望】

［好品位］極端な行動や思想に走らず、安定した毎日を送りたい。

［悪品位］エネルギーを使わず気楽に生きたい。

【使命】

［好品位］「足るを知る」という境地で平和な生き方を示す。

［悪品位］余計な努力などはしない、効率的な生き方を示す。

9
隠者

【秘密の称号】
永久の預言者
力の声の魔術師

【属性】乙女座

【ヘブライ文字】ヨッド（י）

【対応する径】

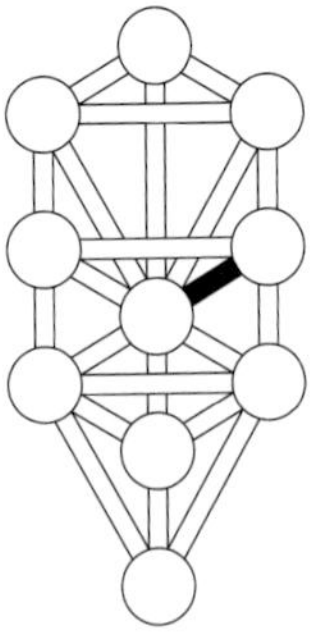

【概説】

従来の「隠者」の意味からは、かなりアクティブかつ男性的に変化しているアテュだ。「恋人」のアテュで結婚式を執り行っていたのが、この「隠者」である。そのつながりは、双方に描かれた世界卵でも示唆されている。

さらにカードの左下には、やや唐突だが精子が描かれている。クロウリーはこのカードを「肥沃」や「受胎」といった言葉で説明しており、かなり精力的な人物であるように思える。これまでの隠者のカードにある、枯れた世捨て人といった風情とは段違いだ。

この変化はおもに、このカードに対応するきわめて男性的なヘブライ文字「ヨッド」と、きわめて女性的な対応星座の「乙女座」との組みあわせから生まれている。両極に存在する力がぶつかれば、そこには真空か、新たな生命が生まれる。

しかし、ここで注意しなければならないのは、それが必ずしも肉体を持った命だとは限らないことだろう。

隠者が対応する乙女座は、地の星座だ。四大理論（↓340頁）でも述べるが、地のエレメントは最も低次元で物質的でありながらも、次の瞬間には高次のレベルへと変化していくという性質がある。物質的な象徴にとらわれてはならない。

乙女座が象徴する処女神ペルセポネは、夫ハデスによって冥界に連れ去られるが、豊穣の女神である母デメテルに救出され、1年のうち9か月は地上で過ごせるようになる。冥界で過ごさねばならない3か月の間は、地上が冬となり、穀物が生育しない時期に該当する。

このことから、乙女座は魂の修行としての冥界への下降や、穀物生育のサイクルなどに強く関連づけられるようになった。

1年というサイクル、あるいは人の一生を通しての実りと刈り入れの象徴でもあることを考えると、ここでの受胎が意味するスケールが想像できるかもしれない。「隠者」は、その静かな外見とは異なり、新たな世界、新たなサイクルを生みだす力を持っているのだ。

【秘教的人物像】

ヘルメス

クロウリーは、この隠者をヘルメスだとは、ひとこともいっていない。しかし、「隠者＝プシュコポンポス」だとは、断言している。プシュコンポスとは、霊魂の導き手であるヘルメスの別名にほかならない。

ヘルメスというと、羽の生えたサンダルで軽々と神々のメッセージを伝える、明るいイメージが強いかもしれない。だが、この隠者は、太陽の光を示唆する六芒星のランプを携え、ペルセポネが与える実りの畑を歩みながらも、そのじつ、冥界の暗闇を切り裂いて進んでいるようにも見える。
このような二極性を持つこと自体、この隠者がヘルメスである証拠ともいえるのだ。

【錬金術と性魔術】
精子と世界卵

これ以上わかりやすい象徴もないので、説明は不要かもしれないが、精子は受胎における男性側の必須要件である。そして隠者は、敬意をもって世界卵を凝視する。その視線は、もうすぐこの卵から新たな生命が生まれてくることを確信しているかのようだ。

余談だが、このカードが描かれたころは、受胎の詳細な過程や、男女双方のＤＮＡの必要性といった知識が、今ほど完成されていなかった。

画像からは、精子が世界卵を受精させるために進んでいるという印象を受ける。だが、世界卵はそれだけで自己完結する卵であり、男性的な力の関与は必要ないのだ。

クロウリーは、科学的な正確さを心がけていたので、現代の知識があれば、このカードの構図はかなり異なったものになったかもしれない。

【万物論】
物質への降下のクライマックス

クロウリーの説明によれば「Climax of the Descent into Matter」である。降下（Descent）も物質（Matter）も大文字で始まっているのは、これが決まり文句となっているからにほかならない。この言葉が示すのは、霊あるいは霊魂がさらなる発展のために、いったん物質界に降下して肉体を持つことである。

こうした霊的進化の典型は、ヘルメス文書（ヘルメス・トリスメギストスの著作と伝えられる、神秘的な古代思想の文献の総称。紀元前3～後2世紀ごろ、エジプトを中心に流布した）にも収録されている。それによれば、宇宙を自在に飛び回っていたある霊《スピリット》が、美しい惑星（地球）にひかれて地上に降り立つ。そこで水面に映った自分自身に恋をして、地球と交わるのである。

この行為の結果、この霊は地球に拘束されてしまうのだが、一方、地球では霊魂を持った生命が誕生する進化のきっかけとなった。その生命から人間が始まり、人間は果てなき上昇を志す。

このすべてが、霊がいったん物質へと降下する瞬間に始まる。ここで描かれるのは、その瞬間でもあるのだ。

【法の書】

われこそ人のどの心にも、どの星の核にも燃ゆる炎なり。われこそ「命」にて「命」を与えし者、だが、それゆえに、われについての知識とは死の知識なり。（Ⅱ：６）

この言葉を語るのはハディト（→364頁）だ。極小の神である彼は、すべての人間の自我でもあり、肉体的な死の後にも継続する「炎」である。

生と死は、コインの表裏のように一体であり、隠者は生者の世界と死者の世界を、炎を運びながら自由に往き来する。死と生の知識の双方を探求しながら……。

【その他の重要な象徴】

ケルベロス

右下に描かれている３つの頭の生き物は、冥界の王ハデスの飼い犬にして、冥界の門の番犬ケルベロスだ。隠者がケルベロスを引き連れているのは、冥界への往き来が自由にできる能力があることを示唆しているのだろう。

【愛情】

［好品位］内面からの輝くような魅力、ただし万人向きではない。真剣だが人には明かせない愛情や恋愛。人ではなく仕事や知識を愛する。地味な結婚。通い婚や週末婚、事実婚などイレギュラーな結婚の形態。

［悪品位］アニメや小説の主人公への恋愛。隠し通したい性癖や同性愛、だが環境しだいで状況は

変わる。婚外子。すすめられるままにする結婚。冷めきった関係。熟年離婚。

【対人関係】

［好品位］思慮分別のある友人や交流態度。礼儀正しい。マニアックな趣味や研究で協力しあう。単独行動をしながらも絆で結ばれた友人。長年の親友。淡々とした友情。ネットを介しての交流。困ったときに助けあえる仲間。人づきあいよりペットとの交流を選ぶ。

［悪品位］共通の目的だけで結ばれたつながり。独特なルールに縛られた交流。カルト的な集団。どちらか一方だけに力がある関係。親子ほど年の離れた友人。人づきあいを極端に避ける。

【仕事・学業】

［好品位］神聖なる知恵の学習や追求。用意周到さで成果を上げていく。現在かかわっている事柄からの戦略的な撤退。周囲の意見を取り入れないことによる成功。単独作業。自宅学習。

［悪品位］寄宿舎や寮に入っての学習生活。肌に合わない分野の学問や仕事。残業や休日出勤。窓際族。職場でのパワハラやセクハラ。

【財運】

［好品位］リッチではないが、本人が満足するだけの収入が得られる。余裕があると趣味や学習に消費するので貯金はできない。先祖伝来の不動産などからの地道な収益。

［悪品位］インターネット事業による大儲け、または大損。イラストや文筆業による収入が期待できるが、不安定。株式投資。

【願望】

［好品位］神秘的な世界の仕組みを解明したい。

［悪品位］願望成就や、それに開運する技術を身につけたい。

【使命】

［好品位］新たな知識や哲学を見いだす。

［悪品位］効率的な学習方法を見いだす。

10 運命

【秘密の称号】
生命の諸力《フォース》の主

【属性】木星

【ヘブライ文字】カフ（כ）

【対応する径】

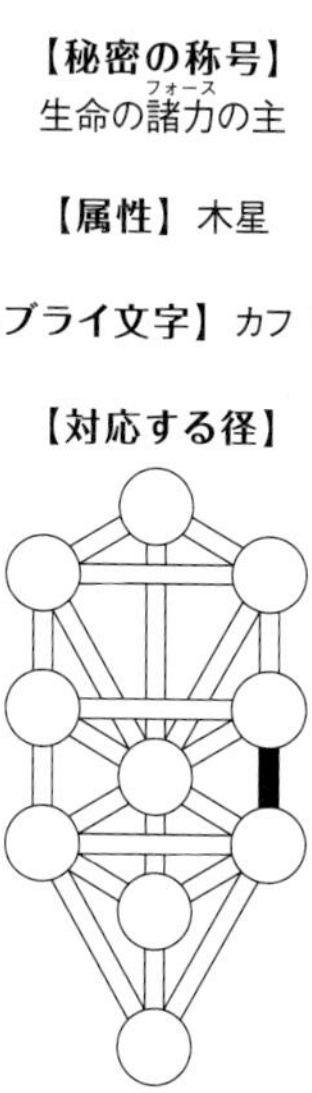

【概説】

一般に「運命」は、タロットの使い手の多くが、幸運の象意として愛するカードだ。だが、実際は幸運というより、運勢の変わり目を示すものである。つまり、よくも変われば悪くも変わる境目なのだ。

　そしてトートのアテュは、その「変わる」という意味をより強調したつくりになっている。中央には、正体不明の輪ではなく、動くためにつくられた輪である「車輪」を配し、背景には、スピード感のある渦巻きが、木星の対応色の濃淡によって描きだされ、運勢の変化をいっそう意識させるものになっている。

　クロウリーとハリスは、すべての物事は変化していくということを、さまざまな象徴を用いながらくり返し描きだしている。その変化をリードするのは、木星に対応する神ゼウスが放つ稲妻だ。オリンポスの頂点に座す神の力は容赦なく車輪を打ち、人間のちっぽけな思惑を超えたところで運命の輪を回しつづけるのである。

【秘教的人物像】

スフィンクス、テュフォン、ヘルマニュビス

人物というには語弊があるかもしれないが、お許し願いたい。歴史的には、王冠をかぶった男性が描かれ、「われは支配する」「かつてわれは支配した」といった看板を持ち、盛者必衰《じょうしゃひっすい》のことわりを示していたのだから。

叡知の象徴でもあるスフィンクスは、一時的に頂点に座し、自らの運勢を制御できるかのようにふるまっている。このスフィンクスは、4つの固定星座（牡牛・獅子・蠍・水瓶）の象徴に対応するとともに、魔術の4つの美徳「知り、志し、実行し、沈黙する」にも対応している。

つまり、自分が実行した術は、気軽に吹聴するようなものではないのだ。しかし、どこかでその教えを守れなかったのか、画面の右下では、原始的なワニの頭部を持つ怪物テュフォンが、車輪から落とされていく。そのテュフォンの姿から何かを学んだのかどうか、将来のスフィンクスの座を目指して、車輪を必死でよじ登っているのが、猿の顔をしたヘルマニュビスだ。彼もまた、一時の栄誉に酔いしれるのだろうか？

【錬金術と性魔術】

Centrum in Centri Trigono

カード中央の車輪の背景に、上向きの三角形があり、その底辺から、放射状に6本の線が伸びている。この図形の意味を示すのが、この言葉だ。

クロウリーは、彼の著作で見出しのように記述しているが、これは錬金術の用語で、たいていの場合は「Centrum in Trigono Centri」という順番で記されることが多い。非常に訳しにくい概念だが、あえて直訳すれば「中心は三角形の中心にあり」となるだろうか。

錬金術では、賢者の石の秘密を示すとされてきた言葉だが、クロウリーは、木星の真の意味として、この図形を採用したようだ。

とはいえ、長らく使われてきた象徴なので、その解釈は各人で異なるだろう。ここでいえるのは、変わりやすい──錬金術的に表現すれば揮発性の高い──ものをとどめる一点は、この中心にあるということくらいだ。

運命とは常に変わりつづけるものだが、無秩序にふらふらと動き回っているわけではない。だからこそ、その中心がどこにあるのかを見きわめることが重要なのだろう。

【万物論】

10本の車軸

永遠に回りつづける運命の車輪には、10本の車軸がはっきりと描かれている。この10本はそのまま、生命の樹のセフィラーであり、この車輪が宇宙全体を包含していることがわかる。

別の視点から見れば、運命はどこかの空の彼方にいるらしい神々の気まぐれで動いているのではなく、この宇宙の躍動そのものから生まれてくる変化なのだ、という表現でもあるはずだ。

【法の書】

まさに！　変化など思い煩うなかれ。汝らは、ほかならぬ汝らのままであろう（略）。落とされたる者も、上げられたる者もなし。すべては常にこれまでのままなり。（Ⅱ：58）

すべてが変化することを示すこのアテュとは、矛盾するように思えるかもしれない。だが、このカードの背景に描かれたのは、その変動のすべてを束ねる一点、「Centrum in Trigono Centri」の三角形であることを忘れてはならない。

物事や状況は絶えず変化する。その変化を受け入れることと、変化に翻弄されることは、まったく別物だ。その差を見きわめなければ、いつまでも人は、無力な状態にとどまるだけだろう。

【その他の重要な象徴】

3つのグナ

クロウリーは変化する3つの形態を、インド哲学のグナにも託している。

グナとは、物事の属性を表す分類法であり、純潔さや調和などを示すサットヴァ、動きや活動などを示すラジャス、不活性や無知などを示すタマスの3つで表される。

グナは、どれも永遠にその状態にとどまるわけではなく、絶え間なく入れ替わりつづける。

また、グナが一定の物質を示すものではなく、あくまでも属性を示すことにも注目しよう。幼稚なたとえかもしれないが、ここでの変化とは、リンゴがミカンに変わるようなものではなく、青いリンゴが熟したリンゴに、熟したリンゴが腐ったリンゴになるように、属性が変化していくことを指す。もちろん、腐ったリンゴからはやがて芽が出て、ふたたび青いリンゴが実る。こうして運命は回りつづけるのである。

カフ

このアテュに対応するヘブライ文字カフの意味は「手」。根本的な占いのひとつ「手相」に関連する文字が当てはめられたわけだ。手は皆に共通だが、逆に指紋などは、個性の象徴でもある。そのような矛盾も、どこか運命に似ている。

【愛情】

［好品位］宿命《カルマ》で結ばれた縁。ひと目惚れ。電撃的な結婚。何もかも捨てられるほどの熱愛。異国や遠く離れた場所での出会い。工夫をしなくても好意が伝わる。相思相愛。トントン拍子で進んでいく恋愛。

［悪品位］腐れ縁。好かれていると勘違いしたことによる暴走。強制されたお見合いや結婚。難航する離婚。なぜか結婚にたどりつかない関係。タイミングの悪さにより恋愛が破綻する。

【対人関係】

［好品位］お互いがリラックスしてコミュニケーションできる。交流することでさまざまな利得がある。知りあったことですべてがうまく動きだすような人。さまざまな手助け。好意的な隣人。長年の親友。外国人の友達。

［悪品位］けんかをしながらもつきあいつづける関係。一緒にいると楽しいが、勉強や仕事など、さまざま事柄の効率が落ちる相手。ご近所とのトラブル。外国人との意思疎通の失敗。


【仕事・学業】

［好品位］これから流れがよいほうに変わる。勉強したところが試験に出る。実力より一段上の学校や資格に合格する。高額の商談。破格の条件でのヘッドハンティング。高等教育での海外留学。外資系の企業。

［悪品位］これから流れが悪いほうに変わる。試験当日にアクシデントが重なる。会社の倒産など、自分とは無関係なレベルでの仕事の不運。同級生や教師に恵まれない学校生活。努力のわりに成績が上がらない。語学留学。


【財運】

［好品位］常に恵まれた状態。必要なときに必要な事柄に出合うため、利益が上がる。なにげなく購入したものに価値が出る。自分が扱いきれない大金には縁がない。外貨貯金。

［悪品位］なんとかやっていけるレベル。大儲けの話がくるが、実現しない。先祖伝来の土地などの値下がり。住宅ローンの返済不履行。為替相場での大損。


【願望】

［好品位］才能や可能性を極限まで広げたい。

［悪品位］才能や可能性を認められたい。


【使命】

［好品位］人間の可能性を極限まで広げる。

［悪品位］人間の可能性を極限まで利用する。

11
欲望

【秘密の称号】
燃えあがる剣の娘

【属性】 獅子座

【ヘブライ文字】 テト（ט）

【対応する径】

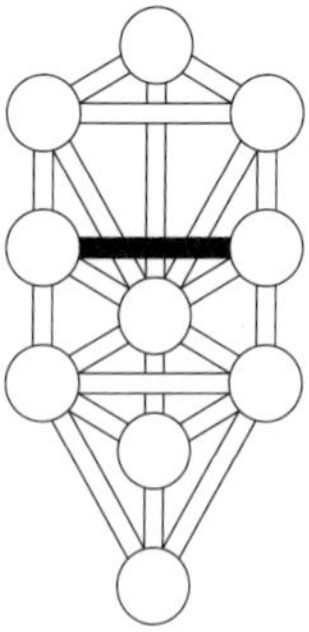

【概説】

『法の書』では男女平等が謳われているが、現実界でのクロウリーの言動からは、かなり女性蔑視的な考え方がうかがえる。女性を見下した暴言とも取れる発言も多ければ、性魔術の実践でも女性パートナーをひとりの人間としてではなく、自分の目的に合った物体のように扱ったという批判もある。まあ、19世紀に生まれた男性であることを考えれば仕方がないのかもしれないが、そのせいで現代の魔術界では「男性至上主義者の豚」という呼び名を献上されることも多い。

しかし、そのような違和感をすべて吹き飛ばしてくれるのが、この「欲望」のアテュである。

伝統的に「力」や「剛毅」と名づけられてきたこのカードには古来、貞淑そうな女性が、バラの花でつくった首輪などで優しく獣をなだめている図柄が描かれてきた。そこで語られるのは、人間の内部に潜む獣的な欲望を、清らかな霊性で抑え込むという古くさいモラルにほかならない。

聖母マリアの処女懐胎伝説といい、長い間、女性は処女であることのみに価値を見いだされつづけてきた。処女性に一定の霊的パワーがあることは確かだが、女性の価値をそこだけに限定するのは間違いだ。しかも、このような考え方は、俗世間だけではなく霊的作業の場でも同じように見られてきたのである。

だが、このアテュは、全裸の女性が獣にまたがって腰を振り、歓喜の絶頂を味わいながらその場のすべてを力強く統制する様子に描き変えられている。獣はもう、なだめられるどころか、彼女に精力を吸い取られる側に回ったかのようだ。

獣の野蛮な力を吸いあげても、彼女が暴力的になるわけではない。彼女はいったん、すべてを内部に取り込み、新たなるエネルギー、新たなる生命へと変換していくからだ。全体的に、女性的な力の数々を賛美するカードへと進化を遂げているのである。

【秘教的人物像】
ババロン、緋色の女

カードの中心となる女性は、クロウリーの魔術体系において、ときには「緋色の女」とも称される大地母神的な女神ババロンだ。ババロンが象徴することをざっくりとまとめれば、解放された女性のセクシャルなパワーや、生きることへ歓喜といったところだろう。

「緋色の女」と呼ばれるときは、このババロンの力を現実界で体現するような女性を指すことが多い。クロウリーが自分の性魔術パートナーを「緋色の女」と呼んでいたことは、有名だ。

ちなみに『聖書』の「ヨハネの黙示録」で「大いなるバビロン、淫婦どもと地の憎むべきものらとの母」（日本聖書教会『聖書』）と呼ばれたバビロンと、クロウリーが唱えるババロンが、ある程度は関連していることは、両者の名前からも明白だ。

しかし、ババロンには性的な奔放さはあっても、『聖書』で語られる大淫婦バビロンのような邪悪さは見られない。古きアイオーン（↓360頁）と新しいアイオーンにおける、女性の姿の差だと考えてもよいだろう。

【錬金術と性魔術】

聖杯

ババロンが掲げる右手には、血で満たされたかのような聖杯が見える。この聖杯には、アイオーンの秘蹟の要素が混合されているという記述から、中の液体はエリクシール（不老不死の霊薬）だと推測できる。

しかし、伝統的な錬金術のそれなのか？　緋色の女の月経血と魔術師の精液を混合した、クロウリーの性魔術的エリクシールなのか？　おそらくは後者だと推測できるが、明確な記述はない。

【万物論】

ホルスのアイオーン

「欲望」は、獅子座に対応するカードだ。このカードの重要性は、クロウリーの魔術では獅子座が最も重要だという説にもとづく。その根拠は、ホルスのアイオーンと水瓶座との関係にある。

ホルスのアイオーンが、水瓶座時代と重なる点が多いことについては、360頁で述べる。

しかし、なぜに獅子座？　と、占星術に詳しくない読者は混乱するかもしれない。ホロスコープ上では、獅子座は水瓶座のちょうど真向かいに位置する。真向かいにあるということは、お互いに影響を与えあい、補いあう関係になる。

また、理論上では、獅子座に太陽が入っているときには水瓶座に光が当たり、その逆の現象も起きることになる。

要は、獅子座の存在なくして、水瓶座の時代＝

ホルスのアイオーンは成り立たないのだ。

【法の書】

美と力、弾ける笑い声と心地よいけだるさ、勢いと炎こそわれらがものなり。（Ⅱ：20）

この記述を読んで、満ち足りたセックスとその後のまどろみを想像しない人は、いないのではないだろうか？　このくだりと「欲望」のカードに描かれるのは、どちらも強制されることなく、お互いに対等な性的関係を望み、絶頂と満足を素直に求めて心身をぶつけあう様子だろう。

このようなセックスが、性魔術の基本でもある。そこから生まれるエネルギーのパワフルさとポジティブさが、想像できる一文でもある。

【その他の重要な象徴】

獣

この獣は、「ヨハネの黙示録」に登場する「一匹の獣が海から上って来るのを見た。それには角が十本、頭が七つあり、それらの角には十の冠」と描写される獣に関連していることが明白だ。『聖書』では、この獣が豹《ひょう》に似ているとされているので、このカードにはぴったりだったのだろう。クロウリーが「大いなる獣」と自称していたことも投影されていることは間違いない。

ただ、このアテュでの獣については、「ヨハネの黙示録」の獣のような邪悪なパワーとの関連性は言及されていない。あくまでも、ババロンの乗り物という雰囲気が強いのである。

【愛情】

［好品位］世紀の大恋愛。燃えあがるセックス。だれに何といわれようとも気にならない関係。情熱。熱愛。心身ともに愛しあうことで、すべてがうまくいく。自分たちの気持ち以外は何も気にしない結婚スタイル。子連れや出産後の結婚、周囲からは祝福される。押しかけ女房。

［悪品位］魔術的な手段に訴えて相手をものにしようとする。長い間のくすぶる片思い。略奪愛。

復活愛を願うが、成就するとはかぎらない。偏執的ストーカー。有名人のグルーピー。

【対人関係】

［好品位］エネルギッシュな態度。力強い特徴のある友人。社会的に高い地位にある人物。さまざまな場面で引き立てを得る。いいたいことをいっても悪く取られない。友人の中でのリーダー的存在。ペットやスポーツを通した友情。

［悪品位］団体活動での事故や口論。目上の人からの過干渉や介入。お節介なご近所。けんかの絶えない友達との腐れ縁。楽しくないパーティーや飲み会。異文化交流での摩擦やトラブル。

【仕事・学業】

［好品位］勇気をもって成功を勝ち取る。大胆な行動で現状を打開する。スポーツ枠での入試合格。理解者の多いプロジェクト。本当に学びたいことの追求。エンジニア、ＩＴ知識などの実学。政府機関での仕事。ワーカホリック。

［悪品位］早合点。ケアレスミス。サービス残業などによる過労死。熱意のいきすぎによるパワハラ。一夜漬けの学習。何日もつづく徹夜の作業、デスマーチ。

【財運】

［好品位］必要な分は常に入ってくる。逆に、手元にとどめておこうとすると困窮することもある。クラウドファンディングなど、目的のある集金。

［悪品位］大金を集めるプロジェクトでの大失敗。無計画による赤字。常に収入を支出が上回る。身の丈に合わない贅沢。

【願望】

［好品位］魔術的パワーを使いこなしたい。

［悪品位］自分のパワーを拡大したい。

【使命】

［好品位］生命力を無駄なくフル活用する。

［悪品位］生命力を利益につなげて活用する。

12
吊された男

【秘密の称号】
力強き水の精霊

【属性】 水

【ヘブライ文字】 メム（מ）

【対応する径】

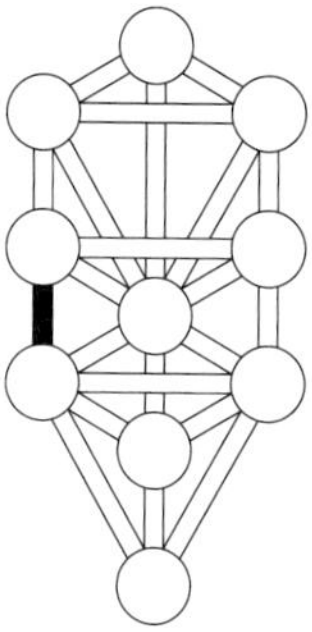

【概説】

神秘的な大アルカナ22枚の中でも、解釈に悩む筆頭として挙げられるカードだ。しかもその意味が「犠牲」や「贖罪」とされることが多いという点が、トートにおける解釈を伝統的なカードよりも複雑にしていることは確かだ。

犠牲や贖罪のように、自分をへりくだった状態に置く……別の観点から見れば自分自身を尊重しない態度は、ホルスのアイオーン（→360頁）では論外だ。そのせいかクロウリーは、「古い時代の思想を表す記念碑的なカードにすぎない」と断言しており、このカードをどう位置づけるべきなのか、悩んでいた様子が推測できる。

だがもちろん、そうした苦しい論調の中にも、解釈のヒントは散りばめられている。やや統一感に欠けるかもしれないが、ここではそうしたヒントを取りあげながら、説明していこう。

【秘教的人物像】

トート・タロットには珍しく、このアテュの中心人物が具体的にだれなのかという点が、あまりにも不鮮明だ。伝統的なカードでは、キリスト教神秘主義的な観点から、人類の贖罪のため磔刑《たっけい》に処されるイエスか、イエスを裏切ったユダの姿ということで、ほぼ解釈は固まっていた。

だが、こうした概念を否定するトートには、イエスもユダも当てはまらない。

結果的に、多くのクロウリー研究者はこの男性を、トートの使用者自身と解釈している。つまり、だれもが何かを得るために、しばしの間、自らを拘束し、知識や啓発を得ると解するのだ。そこには、自らの槍グングニルに貫かれながら、9日9晩にわたってユグドラシル（世界樹）で首を吊り、ルーン魔術の秘法を会得したという北欧の最高神オーディン伝説のこだまも響いてくる。

とはいえ、ここでも「無意味あるいは無関係な犠牲を払って何かを手に入れるという術式は、過去のものである」という認識を忘れてはならない。新たなアイオーンにおける犠牲とは何か？　という深い課題が突きつけられているのである。

【錬金術と性魔術】

アンク十字

吊された男は、両脚で十字を、広げた両腕で三角形を形づくっている。この姿勢は、ゴールデン・ドーン（→351頁）の紋章にも使われているもので「贖罪のために暗闇に降下する光」という意味がある。この表現からは「隠者」のカードの「物質に降下する霊」のくだりが想起されるだろう。そして、それは正しい。

ここでの光＝霊は、物質ではなく、暗闇と結ばれる神聖結婚《ヒエロス・ガモス》を行っていると考えられる。神聖結婚とは、人と神、あるいは自然界に存在する正反対のパワーが、婚姻的な儀式をもって結ばれることで、新たな力の回路を形成して、その力を循環させるものだ。そこには、対極が引きあうという性魔術の基本的な思想がある。

「隠者」の「万物論」では、水面に映った自分自身に恋をして、地球と交わった霊《スピリット》について触れたが、ヘルメス文書によれば、この霊は、物体に拘束されてしまった。それと同じように、このアテュの男性も、暗闇を中和した光が、そこに拘束されている姿と考えられるかもしれない。

だが、この男性がその身を委ねているのは、死刑のための十字架ではなく、生命や愛を象徴するアンク十字であることに注目してほしい。しかもアンク十字に彼を縛りつけているのは、変化や創造という意味を持つ大蛇だ。

つまり彼もまた、愛ゆえに拘束されることを受け入れているが、それに甘んじるのではなく、そこから何かが創造されるきっかけをつくっている状態なのである。

【万物論】

イシス、オシリス、ホルスのアイオーン

２０００年単位で変わるアイオーンの概念は、壮大すぎてなかなか理解しにくいものだ。

クロウリーによれば、イシスのアイオーンは水、オシリスは風、そしてホルスのアイオーンは火のエレメントの性質を持つという。

間に挟まっている風は、エレメントの性質として水や火とは対立しないので、イシスの時代の儀式、すなわち水を使った洗礼などを引き継ぎながら、死んで甦る神という、オシリスの風の時代の教義を繁栄させた。それがこのカードに描かれているわけだ。

だが、その次に控えるホルスのアイオーンは火である。風の時代の思想を引き継ぐことはできるだろうが、水とは対極をなす。このカードに対応するヘブライ文字「メム」も水を意味するため、すこぶる相性が悪いのだ。

ならば、ホルスのアイオーンでは、このカードは無意味だ、過去の遺物だと切り捨てるべきだろうか？　あるいは、火と水という対極のせめぎあいから創造が始まると読むべきだろうか？
その答えは、個々の研究に委ねられている。

【法の書】

われはひとりなり。われがいるところには「神」などあらず。（Ⅱ：23）

精神世界の探求に乗りだす者は、くり返し自分自身のアイデンティティーに悩みながら、求道をつづけていく。その回答が得られた瞬間、そこにあるのは「われ」だけであり、それ以外の存在や概念が入り込む隙間はないのである。

【その他の重要な象徴】

完全な童貞で知能の高い男児の生贄（犠牲）

クロウリーはこのアテュを、生贄の儀式に関連させて説明してきた。そのため、このアテュを陰湿な人身御供《ひとみごくう》を描いたものだ、と誤解する人もいるようだが……。
実際、古い魔術儀式には、生贄を要求するものもある。クロウリーは、そのような儀式を行う際に、自分の精子を捧げていたという。これならば童貞なのは確実だし、自分の子供だから知能は高いだろう、ということか。今のＤＮＡの知識があれば、「男児」と断言できはしなかっただろうが……。ともあれ、彼が他者の命を奪って生贄としていたわけではない。そして、英語では犠牲も生贄も「Sacrifice」であり、ここでは犠牲に重点が置かれていることを覚えておこう。

【愛情】

［好品位］犠牲的行為や愛情を自ら捧げる。大きな障害を乗り越えて結ばれる恋愛や結婚。お互いのマイナス点をかばいあいながら絆を育む。苦労が多い結婚生活、だが愛情には恵まれる。遠距離恋愛。結婚後の長期にわたる単身赴任。
［悪品位］犠牲的行為や愛情を強制される。親や

親族のためだけにする結婚。好みではない性的嗜好の強要。結婚詐欺。二股や三股をかけられる。連絡がほとんど取れない恋人。

【対人関係】

［好品位］何かを犠牲にすることで、大切な関係を取り戻したり、癒やしたりできる。華やかさはないが親切な友人や知人。細く長くつづく交流。一緒に遊ぶのではなく、一緒に作業する関係。有言実行。無口。

［悪品位］苦悩。コミュニケーションがうまくいかず、空回りしがち。無駄な我慢を重ねる。利用されてばかりの関係。宗教や慣習に縛られた近所づきあい。孤独。

【仕事・学業】

［好品位］コツコツと努力を重ねて成果を出す。大器晩成。友達のいない学校生活だが、問題はない。通信制の高校や大学。社会人になってから高等教育を再開する。職人。少し変わった職業における成功。

［悪品位］懲罰。挫折。失敗。学校や職場でのいじめによる孤立、保健室登校。ブラック企業。サービス残業。過労死。何かのしがらみで辞職できない職場。

【財運】

［好品位］天引き貯金や財形貯蓄。高くはないが安定した給与。家業を含めての遺産相続。美術品や国宝など管理に経費がかかるだけの遺産。

［悪品位］損失。給与の遅配、未払い。友人や知人からの借金。保証人として負債をかぶる。ギャンブル依存。

【願望】

［好品位］無駄をなくしてストイックに生きたい。

［悪品位］今の苦痛からとにかく逃げだしたい。

【使命】

［好品位］限りある命を無駄なく使って生きる。

［悪品位］死への恐怖を乗り越える。

13
死

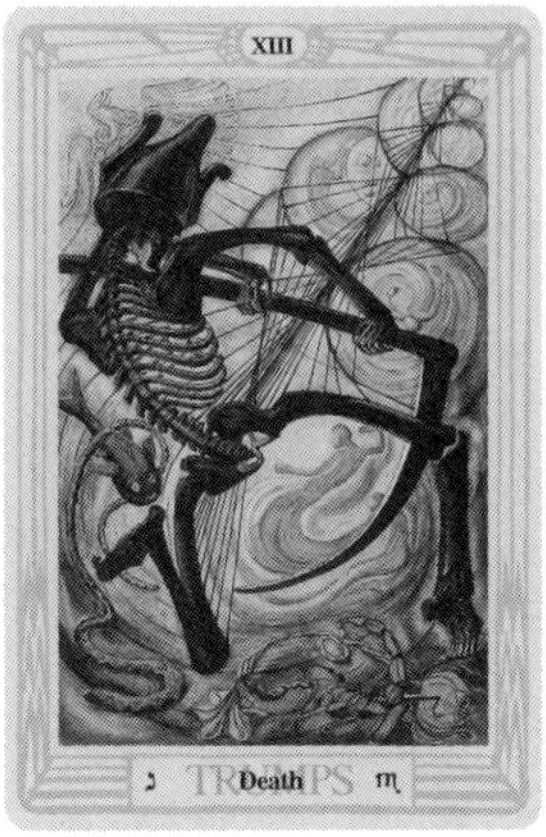

【秘密の称号】
偉大なる変容をさせる者の子供
死の門の主

【属性】 蠍座

【ヘブライ文字】 ヌン（נ）

【対応する径】

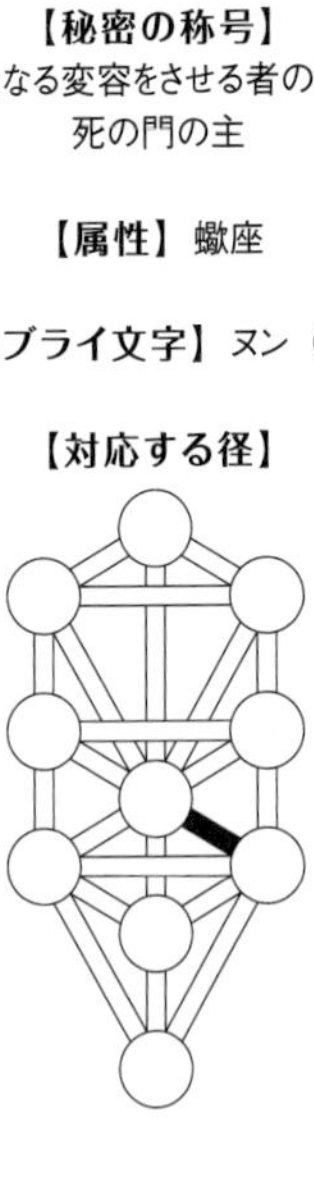

【概説】

　英語では、死神も死も「Death」という言葉で表される。しかし、伝統的なタロットでは、このカードの意匠は「死神」であり、かたやトートが意図するのは「死」だ。

　これは、かつて信じられていたような死神など存在しないという、現代的な考えがもとになっている。ゆえに、このアテュで描かれているのは死という概念を擬人化した姿である。

　どのアテュも、ある程度はほかのアテュと関連しているが、とくに「死」は、「欲望」やこの次の「術」との関連なしには語ることができない。

　まず、骸骨になってはいるが、その骨格や全体のムードから、この人物が男性だと推測できる。そして彼を取り巻く蛇は、男性的エネルギーの象徴でもある。こうした特徴は、彼が「欲望」の女性と対になる男性であることを示す。性と生を謳歌する女性と、肉体の死を恐れることなく受け入れる男性のペアなのだ。

また、彼が手にした大鎌の下には、人の魂らしきものが浮かんでいる。伝統的な「死神」のカードであれば、まさに人の生命が絶たれる瞬間だろう。だが、トートでは、そのようなことはない。この魂は、オシリスのダンスによって導かれ、次のアテュ「術」の大釜の中で新たなる生命へと錬成され、生まれ変わっていくのだ。

つまり「死」というタイトルはついているものの、「これで終局、おしまい」といった感覚はまったくない。ここで示されるのは、ひとつの生が次の生へと変容していく過程なのである。

【秘教的人物像】

オシリス

骸骨が頭にいただく王冠からは、正直なところ、男性器の亀頭を連想する人もいるだろう。

「欲望」の対になるカードなのだから、さもありなん、としかいいようがない。とはいえ、この王冠は古代エジプトの冥界王たるオシリス神のものだ。オシリスは一度死んで甦る神でもあるため、このアテュにはふさわしい。

しかし、オシリスが振るう大鎌は、伝説上の死神の鎌のように、魂を刈り取ったりはしない。大鎌が振り下ろされるたびに宇宙は大きく泡立ち、命の進化を促していく。

さらに、カードに描かれた波を掻き立てているのは、彼のダンスだとクロウリーは語っている。「調整」のハーレクイン（道化）と同じように、彼もまた宇宙のリズムを刻んで踊る。

やはりここでも、一般的に死に結びつけられてきた冷たさや動かしがたさは微塵も感じられない。そこにあるのは、次の命を生みだすための躍動だけである。

【錬金術と性魔術】

黒化《ニグレド》、白化《アルベド》、赤化《ルベド》

このカード全体が、錬金術的な思想で塗りあげられているといっても過言ではないだろう。骸骨の足もとには、腐敗しはじめているかのような死骸が描かれ、錬金術での第一物質《プリマ・マテリア》が黒化の過程をたどっていることを象徴している。それが次の段階、白化において復活することを示すのが、骸骨の左足もとにうねる蛇だろう。そして、左上で飛び立とうとしている鷲は、賢者の石を示す赤化の状態だと考えられるはずだ。

蠍、蛇、鷲

星座に関しては、このアテュは蠍座に対応する。頑固で力強いという特徴のある星座が、錬金術の過程を経て、より高次の力を発揮する様子が描かれているのである。

最初の蠍は、神秘学的には、肉体の死そのものを示す。たえがたい苦痛に遭遇すると、自らを毒針で刺し、死を選択するという伝説があるからだ。死後の腐敗は、錬金術でいう「黒化」である。その次の位相である蛇は、しばしば男性の性的ポテンシャルを示すものとされることから、新たな命の与え手の象徴となる。これが復活を意味する「白化」に相当するのだ。

最後の鷲は、やや唐突に感じられるかもしれない。鷲といえば勇猛な印象が強いが、じつは昔から悪意のある鳥という伝承もあるため、蠍座に結びつけて考えられてきたのである。しかし最近では、大空に舞いあがる魂の解放者といったイメージが強くなっている。まさに賢者の石、「赤化」の過程を示すのにふさわしいだろう。

【万物論】

世界卵

このカードには、蛇は描かれているが、卵は見当たらない。だが、クロウリーによれば、世界卵はここでも重要な役割を果たしているのである。「魔術師」で生まれた世界卵が、「恋人」での婚姻を経て、「隠者」で受精し、この「死」のカードで錬金術の3段階（黒化、白化、赤化）を通過しながら温められ、次なる「術」の大釜の中で孵化するのである。

このアテュは、新たな万物をゆっくりと抱卵している最中でもあるのだ。

【法の書】

王者よ、「汝も死すべし」というかの嘘を思うなかれ。誠に汝は死なず、生きるなり。（Ⅱ：21）

従来の「死神」では、王者も平民も平等に、死神の鎌に刈り取られていた。死に貴賤の差はなく、平等に訪れるというわけだ。

だが、ここまでの説明で、トートの「死」はそのような肉体上の死を通り越していることがおわかりだろう。肉体という外套は滅び、着替える必要が出てくるものだが、その内面に生きる「われ」が死滅することなどないのである。

【その他の重要な象徴】

魚

このアテュに対応するヘブライ文字ヌンには「魚」という意味がある。まだ迫害を受けていたころの初期のキリスト教徒は、魚という言葉と「救い主、神の子イエス・キリスト」という文章の頭文字が同じになることから、魚の印をキリストの隠れシンボルとして使っていた。

それとは別に、魚はその形状やにおいから、男性器や女性器の象徴としてもよく使われるし、魚が多くの卵を産むことから、豊穣や生殖の象徴ともなっている。高貴な魂と旺盛な性欲の双方を体現しているのだ。

【愛情】

［好品位］しばしば、予期せぬ突然の変化を表すが凶事とはかぎらない。離婚や別離によって結果的に幸福になる。長い膠着状態が終わり、次の段階に進む。長年の誤解が解ける。

［悪品位］不倫や二股が暴露される。自分が騙さ

れていたことに気づく。長引く泥沼の離婚訴訟。先の見えない片思いや復活愛。一方的な別離宣言。暴力的な性行為。

【対人関係】

［好品位］意識や状況が変容する過程にあるため、人との交流が一定しない。うまくいっていない家族との関係を解消する。義理での交際を断る。飲み会など不要なつきあいを断つ。

［悪品位］自分も相手も気分が変わりやすく、交流がしにくい時期。縁切りを望んでもうまくいかない。腐れ縁的な友人。孤独になりたくないので嫌なイベントでもつきあう。

【仕事・学業】

［好品位］自発的・他発的な変化に巻き込まれる。アクシデントを乗り越えて大成功する。志望校を変えて合格する。考古学、歴史、古代宗教などの研究。伝統的な徒弟制度。宗教的な学び。

［悪品位］戦略的な合併などで仕事先のポジションがなくなる。困難な再就職。自営業の倒産。家族の病気などによる学業の中断。学びたかった大学や学部が廃止される。資格試験に落第する。

【財運】

［好品位］銀行の破綻など、不測の事件で財産を失うが、長期的には補填される。事故や火災などの保険金。収入は上下しやすい。生まれ育った環境とは正反対の経済状態。

［悪品位］悪質な精神世界の団体に大金を費やす。先祖供養などの詐欺。一文無しになるが、その後は順調に収入が伸びる。投資の失敗。

【願望】

［好品位］不要なものを捨て去り、身軽になりたい。

［悪品位］不要なものを有用なものに換えたい。

【使命】

［好品位］外見上の死や破壊から脱却する。

［悪品位］不思議で神秘的な事柄を追いかける。

14
術

【秘密の称号】
調停者たちの娘
光を生みだすもの

【属性】 射手座

【ヘブライ文字】 サメク（ס）

【対応する径】

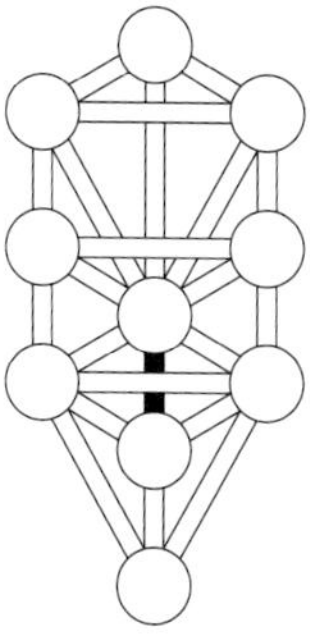

【概説】

トート・タロットのなかで最も錬金術的な象意が込められているのが、この「術」だろう。そのせいか、クロウリーの魔術だけに興味があるという人からは、余計な象徴が多くて面倒くさいカードだという声も上がっているらしい。だが錬金術思想なしでは、西洋魔術は始まらない。食わず嫌いをせず、学んでいこう。

「術」は、「恋人」のアテュが進化した先を描いたカードでもある。2枚を見比べてみれば、よくわかるだろう。この2枚のアテュの間に起きた変化を中心に「術」の象徴を読み解いていこう。

【秘教的人物像】

ディアナ

クロウリーによれば、カード中央で大釜に火と水を注ぎ込んでいる人物は、ローマ神話の月の女神ディアナだという。

ディアナの伝説には、それに先立つさまざまなギリシア女神の伝説が混入し、処女の狩猟女神にして多産と豊穣の守護女神という、相反する属性ができあがった。まさに、このふたつの顔を持つ人物にふさわしい。

ビジュアル的には、このディアナが、「恋人」で結婚したふたりが合体した姿であることは明白だ。衣装にも、ふたりが着ていた蛇と蜂が一緒に描かれているし、お互いの肌の色、髪の色、王冠が入れ替わり、完全に一体化した両性具有者の姿で、水と火という対極の力を扱っている。すべてのプラスとマイナスのバランスをとった象徴として、彼女はカード中央に君臨するのである。

【錬金術と性魔術】

カラスと骸骨

画面下に据えられた黄金の大釜は、錬金術の象徴にふさわしく、黄金の坩堝《るつぼ》にも見えるように描かれている。そして大釜の前面には、カラスと骸骨の刻印がある。

この刻印は錬金術用語で「Caput mortuum」と呼ばれ、不要なものや腐敗を意味する。クロウリーは、「腐敗を示す」と明言しているので、ここでは後者の意味で考えよう。それならば、わかりやすく黒化の象徴を使えばよいものを、と思うかもしれない。しかし、このラテン語を直訳すれば「死の頭部」となる。この前のアテュ「死」で描かれていたものが、この大釜に入っているという表明としては、しゃれた工夫である。

白獅子と赤鷲

本来は、赤獅子と白鷲という象徴であり、「恋人」ではそのように描かれている。

白鷲は銀、赤獅子は金であるが、ここではそれが入れ替わっていて、もはや錬金術の象徴としては用をなしていない。それよりは、クロウリーの性魔術で、女性と男性が体液の交換を行ったことを示唆していると考えたほうが妥当だろう。

VISITA INTERIORA TERRAE RECTIFICANDO INVENIES OCCULTUM LAPIDEM

このラテン語は、ディアナの後ろに描かれた黄金の球体に刻印されているもので、錬金術でよく使われる文言だ。

その意味は「大地の内部を訪れよ、精溜により汝、秘められし石を見いださん」である。

精溜とは、蒸留のより複雑な工程であり、秘められし石は当然、賢者の石だ。そして、大地の内部を訪れるとは、「隠者」からくり返し語られてきた、さらなる高みへと上るために、いったん物質界あるいは低次の世界へと深く入り込む作業だ。これは心理学的にいえば、自らの内面探求にほかならない。ここでは、そうした作業の過程がすべて大釜に投入され、溶解を経て、高次への昇華が始まっていくのである。

【万物論】

世界卵

またか！　と思うかもしれない。しかし、ここでの世界卵は、まさに孵化のクライマックスに達している。先述のラテン語が刻まれた球体こそ世界卵だ。ここでは、今までは見えなかった卵の内部における魔術的作業が公開されていると、クロウリーは語っている。

新たな生命、新たな万物とは、自己の内面に眠っている可能性のことだったのだろうか。クロウリーの魔術哲学で、それほど甘っちょろい結論が出てくるとも思えないが、それが回答のひとつであることは、間違いないだろう。それ以上の意味は、個々で追求していくのがベストなのだ。

【法の書】

妾《わらわ》は愛のために、融合の機会のために分割されたるゆえに。（I：29）

分割したり、ふたつのものをひとつに統合したり、という錬金術作業&思想の迷路に入り込むと、「どうせあとでまた一緒にするならば、最初からそのままにしておけばよいのではないか？」という素朴な疑問が湧いてくるかもしれない。

それには、このヌイトの言葉がよい回答になるだろう。すべてを統合する最大にして唯一の女神だったヌイトは、自分以外に何もないという状況ゆえに、何も認識できなかった。対極となる極小の神ハディトを生みだしたことで、認識が可能になったのである。分裂しなければ、融合することもまた、できない。ここに神秘の鍵がある。

【その他の重要な象徴】

大釜

画面の下方に据え置かれた大釜には、錬金術以外の意味もある。古くから、西洋の魔女が秘薬を調合するときに用いたのが、このような大釜だった。そのため、こうした大釜は、若返りや甦りをも象徴する。大釜に入った老人が、火傷もせずに若返って釜から上がってくるという民話も、よく知られたもののひとつだ。

大釜は、そこから新たな命を生みだす、宇宙の女性器だとも考えられるのだ。

【愛情】

［好品位］お互いのさまざまな力が調和している状態。恋愛や結婚の実現。心身ともに満足できるセックス。まったく異なる環境にいたふたりの恋愛や結婚。国際結婚。周囲を驚かせるカップル、だが祝福される。婚約や結婚による状況の改善。

［悪品位］環境やバックグラウンドの違いから関係が壊れる。どちらか一方だけがリードする恋愛。満足の得られないセックス。体だけでつながる関係。身分違いや家柄違いの結婚、それがトラブルのもとになる。

【対人関係】

［好品位］趣味や仕事が異なる友人。外国人の知人や友人。インターネットなど地縁のないつながり。異性の親友。研究や作業をともにすることで

芽生える友情。旅行先など、遠く離れた土地ですぐ友人ができる。相手を傷つけず、上手に苦情が入れられる。

［悪品位］性別や国籍、出身地などによる差別。噂話に尾ひれがつく。オーバーな感情表現。わがまま。ヒステリックな言動。根拠のない非難。不規則な生活態度で知人や友人に迷惑をかける。

【仕事・学業】

［好品位］プランが現実化する。正確な計算にもとづいた行動ができる。手の込んだ計略を練ることが上手。創造力が発揮できる。楽しみながら学べる環境。自分の希望する学部や職業。ライフワーク。出家などの精神的、宗教的な修行。化学。薬学。物理学。

［悪品位］お互いに足を引っ張りあうような同僚や同級生。進行しないプロジェクト。当初の計画に無理がある。憧れだけで受験や留学をする。勉強や準備をしないで試験に挑む。サークル活動や部活動でのトラブル、いじめ。

【財運】

［好品位］経済的、経営的手腕があり、そこから財をなす。遺産など、過去から受け継ぐものが少ない。人と人とをつなげる仕事で蓄財する。必要なお金はなんとなくやってくる。

［悪品位］収入は人並みにあるが、節約や計画ができないため、困窮しがち。親族ともめることが多く、結果的に遺産などが期待できない。

【願望】

［好品位］現状から脱出して優位になる方法がほしい。

［悪品位］目新しい何かがほしい。

【使命】

［好品位］内面世界を探訪し、真の意味での自己啓発を行う。

［悪品位］金運や恋愛運といった、一点だけを開運するために行動していく。

15
悪魔

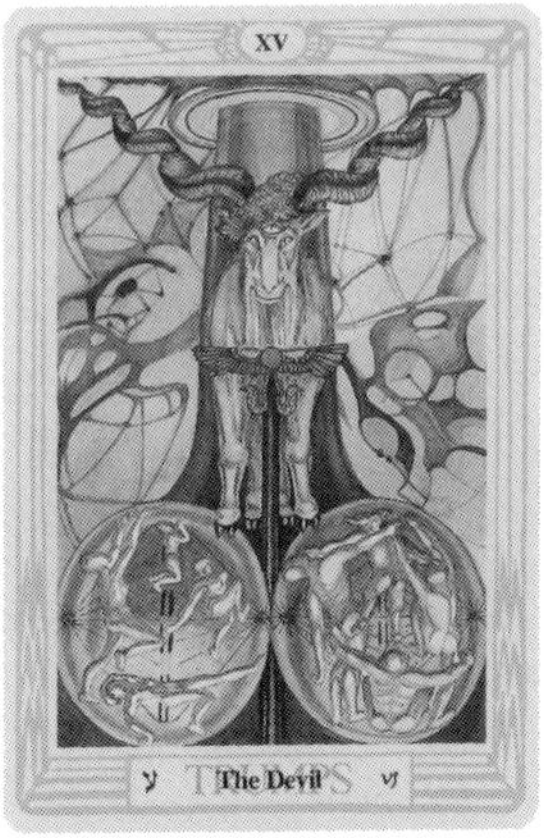

【秘密の称号】
物質の門の主
時の諸力《フォース》の子供

【属性】 山羊座

【ヘブライ文字】 アイン（ע）

【対応する径】

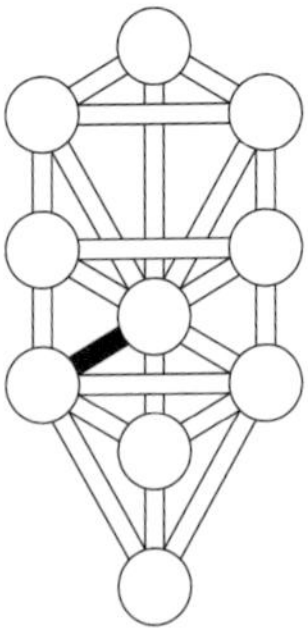

【概説】

クロウリーは、彼の代表作『第四の書』で、悪魔などというものは存在せず、無知な混乱が拡散されているだけだと述べている。確かに、現代では悪魔が実在すると信じている人は、まずいないだろう。

　では、このアテュが残されたのはなぜなのか。その謎を解く鍵は、カードの秘密の称号「物質の門の主」にあるとされている。

　トート・タロットでは「愚者」「隠者」そしてこの「悪魔」が、男性的エネルギーの三重の位相を示す。愚者は、既成の事実や概念にとらわれず、新たな方向を追求する開拓者。隠者は、社会を俯瞰し、人生の意味を追求する哲学者。そして悪魔は、建て前を取り払って本能を追求する生存者。三者それぞれが、以上のような男性の側面を象徴していると考えられるだろう。

だとすれば「物質の門の主」とは、これから肉体をだれに与えるかを取捨選択する主ともいえそうだ。取捨選択というのは、まず単純に、雄としての自分の種をどの雌に与えるべきかという優生学的な選択だろう。そしてまた、生命や魂が肉体に宿るための門をガードしているとも考えられる。性魔術では、セックスの最中に、別次元に生命の入り口が開くとされている。この悪魔は、その入り口を厳しく見張っているのである。

さて、性的な象徴がはっきりと描かれているトート・タロットのなかでも、これほど男性的なカードはないだろう。あまりにもあけすけすぎて、気づかない人も少なくない。

カード下方に見えるふたつの球体は睾丸であり、左側には4人の女性と染色体、右側には同じく4人の男性と染色体が描かれている。そこから上に伸びていく木が、屹立《きつりつ》した男性器であることは明白だ。雄が繁殖相手の雌を求めて雄叫びを上げるその瞬間、といっても過言ではない。

カード中央前面に描かれたヒマラヤ山羊は、その角に「酩酊」や「熱狂」を象徴する見事な葡萄の房を飾っている。葡萄とはいえ、ここではワインではなく、命の息吹を満喫して酩酊している暗示にほかならない。命を継続させていくためのすべての欲求が、ここに集約されているのだ。

【秘教的人物像】

牧羊神パン

「山羊足の神」とも呼ばれる牧羊神パン。画面中央のヒマラヤ山羊は、このパンを象徴しているという。古来、有角神は、その角が想起させるイメージから、男性の豊穣神の役目を担ってきた。また山羊そのものも、古代から豊穣の女神に捧げられてきた家畜である。そのせいか、英語でgoatといえば「好色」という意味があるほどだ。

とはいえ、牧羊神パンは、その生殖力の旺盛さだけで、このカードのシンボルに選ばれているわけではない。クロウリーは、これを万物の生みの親である「パン・パンジェネター」だと記している。掛詞《かけことば》のようだが、この神にはほかの呼び名がある。オルペウス教ですべての神々を生みだした「パネース」だ。「愚者」で示唆されたオルペウス教とのつながりが、ここでもくり返されているわけだ。

【錬金術と性魔術】

リンガム・ヨーニ

概論でも述べたように、画面中央に誇らしげに描かれた男性器は、その先端部を女性器に挿入しているようだ。

この画像は、ヒンドゥー教のシヴァ神殿などに安置されている、男性器と女性器が結合した状態のリンガム（男根）・ヨーニ（女陰）像であり、これ以上の説明は不要だろう。

リンガム・ヨーニが象徴するのは、生命の原理や大地の豊穣といった根源的な性魔術の形態だ。まさに生命の讃歌を歌いあげているのである。

【万物論】

生命の樹

クロウリーは、このカードの木をたんに「生命の樹」だといっているが、両極のバランスを取るべきカバラの生命の樹（↓330頁）にしては、男性的すぎるような気もする。天頂を貫き、その根を大地まで伸ばしていることから、天界・地上・冥界を連結する、より普遍的な生命の樹、または世界樹の象徴だと考えられそうだ。

生命の樹の根もとには命の泉が湧き、枝には禁断の知恵の実がなる。この世に生を受けた人間に、神に盲従するのか、自らの意思で歩みはじめるのか、その回答を迫る木なのだ。

【法の書】

われこそ飛びかかろうととぐろを巻く秘密の「蛇」なり。わがとぐろを巻くことに喜びあり。

（Ⅱ：26）

とぐろを巻く蛇といえば、ヨガの修行で覚醒するクンダリニーが連想されるだろう。根元的な力、あるいは宇宙的な生命エネルギーとも呼ばれる力だ。『法の書』の蛇は、クンダリニーの力を示すとは断定できないものの、クロウリーは、そこに性的なエネルギーを重ねあわせていたに違いない。そこにあるのは、結果を思い煩うことなく、自らの内部に覚醒した力を駆使したいという欲求のみである。その欲求は、ときに社会的な規範との間に摩擦を起こすだろう。だが、それは「悪」なのだろうか？

【その他の重要な象徴】

第三の目

強烈な象徴で埋められているカードのせいか、つい見落としてしまいがちだが、山羊の額にははっきりと「第三の目」が描かれている。これは、ヨーガの教義では、さまざまな神秘的能力を司るチャクラだとされている。

第三の目は、牧羊神パンよりはシヴァ神の象徴であり、次のアテュ「塔」にも描かれ、カードの連続性を示すポイントとなっている。第三の目を持つこの山羊が、現代人がひた隠しにしている本能的な側面を見通す存在であることは、間違いないだろう。

【愛情】

［好品位］誘惑。盲目的な衝動。性欲からはじまる恋愛。一夜かぎりの関係。性的嗜好の完璧な一致。一対一にかぎらない恋愛や事実婚。周囲に認められた、社会的地位のある愛人。熱烈なアプローチからの恋愛成就。

［悪品位］タブー感で燃えるセックス。結婚詐欺。長年の不倫や二股。浮気。セックス・フレンド。売買春。焼けぼっくいに火がつく。配偶者以外の子供を出産する。日陰者としての愛人生活。

【対人関係】

［好品位］強気の自己主張。現実的な対策の提案。知識と行動力の両立。損得勘定で結ばれるも、お互いに満足できる友人や知人。本音での交流。不公平な扱いに対する断固とした抗議。

［悪品位］抵抗できないほど強力で、無節操な人物との縁。自堕落な生活をしている友人からの悪影響。飲酒やドラッグ、ギャンブルなどでつながる縁。魅力的な「ワル」。犯罪的な集団とのかかわり。

【仕事・学業】

［好品位］目的達成に向けての秘密のプランがある。努力。長年の尽力が報われる。徹夜や休日出勤など、体力頼みの学習や仕事。ほかの人が寝静まってからの作業。長い年月をかける研究。秘教や魔術などのオカルティックな学問。

［悪品位］重労働。不満でたまらない。奴隷的な就業条件。無意味な校則に束縛される。孤独な作業。成果は出るものの評価は横取りされる。親族の反対によって勉学を断念する。自分自身が慣習や前例に束縛されている。

【財運】

［好品位］運命に大きく左右される。努力によって収入アップと蓄財はできるが、天災などでひっくり返される傾向あり。先物投資、仮想通貨などへの投資における幸運。

［悪品位］物質主義がいきすぎ、すべてをお金で判断しがち。収入は乱高下する。マルチ商法や法律スレスレのビジネスによる高収入。

【願望】

［好品位］肉体と精神の理想的な合致。

［悪品位］強迫観念からの脱却。

【使命】

［好品位］肉体は神殿であるという現実を受け入れ、広めていく。

［悪品位］自身の肉体的欲求を適切にコントロールする。

16 塔

【秘密の称号】
力強きものの軍勢の主

【属性】 火星

【ヘブライ文字】 ペー（פ）

【対応する径】

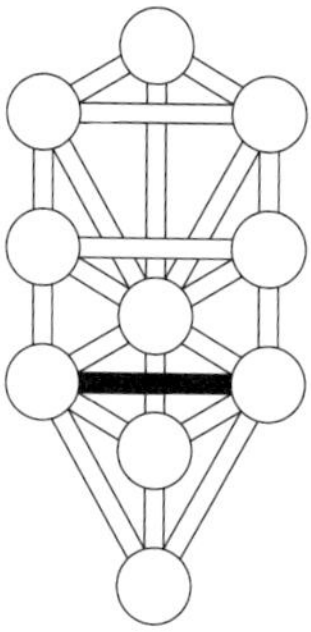

【概説】

一般的な大アルカナの中で、最も破壊的で出口がないと思われているカードだ。トートでもその破壊性は変わらないが、行き場のなさは消え、唯《い》唯諾諾《いだくだく》と逆境に甘んじることのない、現代的な姿勢がうかがえる。

伝統的に「塔」のカードは、人類の思いあがりと、それに対する神の怒りを象徴した「バベルの塔」の逸話を描いたものだとされてきた。つまり、神の意にそぐわなかった罰としての不幸という発想だ。だが、ホルスのアイオーン（↓360頁）にそのような考え方があるわけもない。

そのため、この「塔」に示された災難のイメージは、人間が制御できない天災的なものである。だれが悪いわけでもなく、降って湧いたようにやってくる天変地異や不幸。そこから立ちあがる努力は必要だが、別に罪悪感を覚える必要はない。

また、台風や大地震は、人類から見れば残酷な天災だが、地球規模で考えれば、自然の摂理やサイクルが表れたものにすぎない。落雷によって山火事が起これば、甚大な被害が出るだろう。しかし、1年もすれば火災後の肥沃な土地から新しい植物が芽吹いてくる。破壊されなければ、命が刷新されることもないのである。

魔術師たるもの、目先の不幸に打ちひしがれるだけでは、いつまでたっても自らの運勢を支配することなどできはしない。もっと大局を見よ、といったところか。

なお、このカードについてはクロウリーが、魔術結社「O.T.O.（東方聖堂騎士団）」の第11位階参入者以外には明かせない秘密があると、説明していた。そのため、その儀式こそがカード解読の鍵だ！　と血眼になって探す人もいる。

しかし、魔術儀式の内容とは、きわめてプライベートなものだ。実践した本人が明かさないならば、第三者がそれについてとやかくいうべきではない。ということで、その内容を憶測するような野暮な真似はしないでおこう。


【秘教的人物像】

シヴァ

いわずと知れた、ヒンドゥー教三大主神の一柱である。恩寵を与える神でありながら、破壊を司るという二面性がある。しかも、シヴァ神はその崇拝者たちの体を踏みしだいて踊り、踊りながらすべての古きものを破壊していく。破壊するからこそ、新たな恩寵を受け入れる場所ができるのだから、このアテュにぴったりな神であり、クロウリーもその関連性について言及している。

しかし、その肝心なシヴァ神はどこに？　と思うかもしれない。じつは、画面上方に大きく描かれた「目」が、それなのだ。ふたつあるはずの目がひとつしか描かれていないことから、これが第三の目を示唆しているとわかる。そして、「悪魔」のアテュからのつながりでも「第三の目＝シヴァ神」という解釈が成り立つのだ。

だが、このシヴァ神は、陶酔のダンスを踊ることなく、ただその眼が冷徹に地上の惨劇を見つめているだけだ。神々に災難の責任を負わせて嘆く時代は終わっている、ということか。

【錬金術と性魔術】

鳩と蛇

『法の書』には、「鳩もいれば蛇もいる」と、さまざまな愛の形を語る一節がある。鳩と蛇は、「生きる意欲」と「死ぬ意欲」を示すものでもあり、前者が女性的、後者が男性的な衝動だ。

ここでも、生と死、女と男という対極の存在が並び、統合して論じられたり、分割されたりして、錬金術的な思考がくり広げられている。

そして女性の衝動に「生」、男性の衝動に「死」を対応させていることにも注目したい。男性は死への願望が強いというわけではない。セックスで絶頂を迎えたのち、女性の生殖器は新たな命を宿し、一方の男性器は、その使命を終えるといった差で考えればわかりやすいだろう。

【万物論】

下方から吹きあがる炎

一般に、神の怒りを示す象徴は、天から投げつけられる稲妻なのだが、このカードではその代りに、下方から火が吹きあがっている。この印象的な火の力は、火のエレメントそのものに対応する「永劫」のアテュに強く関連するものだ。その関連が示唆するように、この火は、古きアイオーンの体制を焼き尽くす火なのだ。

地震国に住むわれわれ日本人には違和感がなさすぎて見落としがちかもしれないが、天変地異などの象徴としては、下方から吹きあがる炎というのは不思議な光景だ。古い体制を壊していくのは、新アイオーンの主ホルスの行いではなく、意識が変わった人々の行動だということを示唆しているのかもしれない。

【法の書】

妾《わらわ》の預言者なる彼は、砦の法と「神の館」の大いなる神秘を知り、選んだり。（I：57）

「塔」のカードは伝統的に「神の館」とも呼ばれてきた。つまり、神の館である塔には、大いなる神秘が宿るという示唆だ。

では、この一文に見える「砦の法」とは何か？このカードの塔からは守備兵が落下しているので、塔が神の館であるだけではなく、砦としても機能していることがわかる。そこでは、新旧のアイオーンがせめぎあっているのだ。

【その他の重要な象徴】

第三の目、火を噴く口

カード上方の目については、何度か言及しているので詳しい説明はいらないだろう。

カード下方には、怪獣のような口が描かれている。これはローマ神話の冥王ディスの口だという。このアテュに対応するヘブライ文字ペーには、「口」という意味もあるからだという。

目や口は、身体の開口部だ。この特徴から、目も口も、さまざまな文化圏や宗教画で、生殖器や創造性を示す象徴として使われている。ハリスとクロウリーが、そこに込めた象徴に思いを馳せてみると面白いだろう。

【愛情】

［好品位］口論、だがそれ自体は悪いとはかぎらない。長年の不満が噴出する。雨降って地固まる。同性愛などマイノリティーとされる性愛のカミングアウトや体験。ショッキングな愛の告白。突然の離別。

［悪品位］レイプ。パートナーの死亡。公共の場での不倫や二股の暴露。恋人を略奪される。ドメスティック・バイオレンス。家庭のある恋人との駆け落ち、またはそうした環境での出産。ストー

カーがエスカレートしたことによる事件、事故。

【対人関係】

〔好品位〕ライバルなどとの競合、闘争。お互いに本音で話すことによる関係改善。無意味な慣習の破壊。よい縁と悪い縁が自然に見分けられる。トラブルを持ち込む近親者の死亡、縁切り。

〔悪品位〕危険。不用心な生活をする知人や友人に巻き込まれて災害にあう。知らない間に詐欺の片棒をかつがされる。言いがかりをつけるのが好きな同僚や同級生。スケープゴート。カリスマ的な人物に統率されているサークルや部活動。

【仕事・学業】

〔好品位〕野望。勇気。遠く離れた場所での成功。前例をくつがえすような成果。志望校を変えて合格する。一夜漬けの学習でも成果が上がる。スポーツや武道での優先的な合格。

〔悪品位〕所属する組織の壊滅、滅亡。上層部のスキャンダルによる倒産。親族の借金や破産による学業の中止。大けがによる第一線からの引退、休学。退学処分。国際犯罪組織とかかわる会社。

【財運】

〔好品位〕計画の破綻、だがそれが不幸につながるとはかぎらない。大儲けもあれば大損もある。兵器売買、戦争関連の株での儲け。親族の不慮の死による保険金。

〔悪品位〕親族の突然死や、けがによる貧困。天災や不慮の災害による大損失。貸し倒れ。破産。不渡り手形。

【願望】

〔好品位〕不安、焦燥感を克服したい。

〔悪品位〕心身の監禁状態からの脱出。

【使命】

〔好品位〕トラブルや災難を逆手にとって成功を収めていく。

〔悪品位〕ときにはトラブルや災難に負けてもよいのだと認める。

17
星

【秘密の称号】
蒼穹の娘
水の間に棲まうもの

【属性】 水瓶座

【ヘブライ文字】 ヘー（ה）

【対応する径】

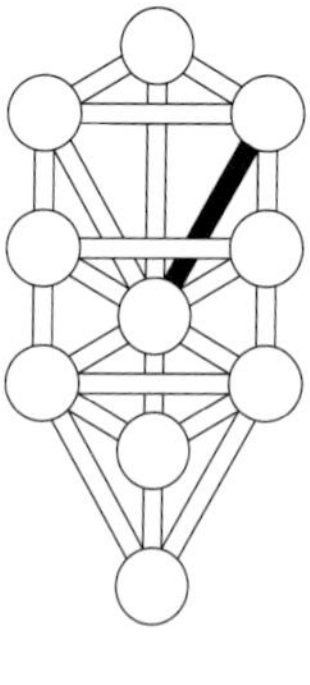

【概説】

思わず息をのんで見とれるほど美しいカードだ。しかしそのわりには、クロウリー自身があまり詳細な説明をしてこなかったアテュでもある。

星のアテュは、皇帝とヘブライ文字を入れ替えたため、従来の「ツァダイ」から「ヘー」へと対応が変わっている。「ヘー」は女性性の強い文字なので女神との相性がよく、意味も整理されている。

そんなアテュに描かれている女性は、彼が崇拝する女神ヌイト＝ババロン（後述）だ。クロウリーは折に触れて彼女について記しているため、もう何もいうことはないのかもしれない。しかし、われわれ一般人はそれではすまないので、ひとつひとつ象徴を見ていくことにしよう。

トートの「星」を解釈するうえで重要なのは、時間軸の変化だ。一般のタロットでは、このカードは希望や明るい将来、有望な未来といったポジティブな意味を示す。トートでもその明るさは変わらないが、『法の書』に記されたヌイトの言葉によれば、彼女が与えるのは「今現在の歓喜」である。つまり、未来に何かが叶うかもしれないといったあやふやな希望を持たせるのではなく、もうすでに願望は叶っている、それを喜べ！　という力強い――いや、考えようによっては強引なカードへと変化しているのだ。

もちろん、実際に占うときは、そこまで無条件に現状を全面肯定することはできないが、この違いは必ず覚えておくべきだ。

【秘教的人物像】

ヌイト＝ババロン

後に出てくる「永劫」のアテュでは、ヌイト（↓364頁）は天空そのものであり、蒼穹《そうきゅう》の女神として描かれている。それが本来の姿だが、古き女神の顔は、ひとつではない。ババロン（↓91頁）は、ヌイトがより具現化したバージョンだと、クロウリーは語っている。

このヌイト＝ババロンは、自らの乳房をかたどったかのような、母性と豊かさあふれる乳房形のカップを持っている。右手にあるのは金のカップ、左手にあるのは銀のそれだ。

彼女は、右手のカップを傾けて自身に天空の水を注ぎ、子供たちには不死の酒を注ぐ。ヌイトは万物の母なのだから、宇宙空間に広がる星々から地球上の微生物まで、すべてにその乳が注がれるのである。

しかし、恵み深い属性の女神でありながら、こちらに背を向けているのが、奇妙に感じられるかもしれない。これは、ババロンとしての淫らな表情を隠しているからだという。

今さらそれを隠すのはピンとこないが、彼女の顔が画面中央の地球に向けられていると考えれば、生身のわれわれは、日々ババロンと対峙していることになる。夜空を見あげるとき、そこに見いだすのはヌイトなのかババロンなのか？

カードに描かれた3つの七芒星は、ババロンの紋章だ。ひとつははるかな宇宙空間に、ひとつは天空の水に、最後のひとつは地球にあって回りつづける。まるで、その回転によって宇宙そのものを回すかのように。

【錬金術と性魔術】

アムリタ

クロウリーは、女神が注ぐ酒をアムリタと呼んだ。アムリタとは、インド神話に登場する不死の霊薬だ。また、アンブロシア、ネクタルといった神々の飲食物、あるいは聖杯の血、錬金術の万能薬だとも説明している。

クロウリーは、自身の著作でこのアムリタという言葉をよく使っており、そのときどきで指し示す液体が異なることもある。このアテュに関しては、アムリタ以外にもさまざまな呼称を並べていることから、具体的な何かを指しているわけではないと考えるのが妥当だろう。最終的には錬金術の万能薬、つまりエリクシール（不老不死の霊薬）的なものに象徴される、至高のエネルギーなのだ。それをどのようにイメージするかは、使用者ひとりひとりに委ねられているのである。

【万物論】

地球

一般的な「星」のカードでは、星の乙女と称される若い女性が、夜空の下で大地に水を注ぐ様子が描かれている。要は、天空からの恩寵を地上に伝えるといったムードが強かったのである。

だが、このアテュでは、地球は画面の中央にあり、舞台は完全に宇宙空間へと移動している。

女神の足もとには川が流れているようにも見えるが、その結晶化した表現から、水が流れる川というよりは、星がまたたく天の川と考えたほうがしっくりときそうだ。

神々の恩寵は、地球上の人間だけに与えられるというのが、オシリスのアイオーン（↓360頁）の思想だが、それはもう、ここにはない。宇宙は広く、われわれ人間だけが命あるものではない。躍動し、輪廻《りんね》するすべての命が、存在の歓喜を歌いあげる……そんな新アイオーンの宇宙観が感じられる構図だ。

【法の書】

どの男もどの女も星なり。（Ⅰ：3）

357ページの『法の書』でも述べているが、ここでいう星とは、自らが光り輝く恒星のことである。したがって、惑星とは異なり、ほかの星の光に依存することはない。個体差はあっても、だれもが自立した対等な存在なのだ。

この言葉自体は、人間が平等であるという宣言だが、「星」のアテュに重ねあわせると、その平等の範囲がいっそう広がり、この宇宙の全存在は平等なのだという感覚が湧きあがってくる。たとえ砂粒ひとつでも、偉大なる女神ヌイトから生まれた子供たちなのである。

【その他の重要な象徴】

螺旋

「死」のアテュでもそうだったが、ここではさらに螺旋が強調されている。いうまでもないが、螺旋は死と生をつなぎ、新たなる生命、新たなる宇宙の誕生への階梯《かいてい》となる。「星」のアテュの螺旋は、星々の輪廻転生をも司っているかのようだ。

【愛情】

［好品位］希望。片思いから両思いになる。プロポーズの成功。結婚。幸福な妊娠や出産。自分とぴったりの相手に出会う。周囲から応援してもらえる恋愛。素直でわかりやすい愛情表現。いつまでも恋人のような夫婦。

［悪品位］失望。妄想による恋。別れてから何年たっても復縁を求めつづける。パートナーの化けの皮がはがれる。百年の恋も冷める瞬間。自立す

るための離婚、離別。

【対人関係】

［好品位］予期せぬ助けを与えてくれる友人。芸術的活動を通しての交流。周囲には理解されないが、お互いは大親友。環境を異にする友人や知人。有名人と知りあい、対等につきあう。

［悪品位］夢見がちな態度によって周囲に迷惑をかける。ゴシップ好きの仲間。ご近所、ママ友といった理由だけでつきあう友人。その人と一緒にいるために、不利な立場をがまんする。

【仕事・学業】

［好品位］霊的な洞察力を学ぶ。明瞭なヴィジョンにもとづいた行動。これまでになかった分野の開発や研究。思いつきで応募した学校や会社に合格する。短時間の効率的な学習。フレックス制の働き方。チャンスをつかむ。霊感による占い。

［悪品位］誤った判断、裁き。堂々めぐりするエネルギーの使い方。自分の感覚があてにならない状態。時期尚早。悪く考えすぎ。根拠のない霊感商法やカルトにはまる。チャンスを逃す。

【財運】

［好品位］宝くじや奨学金などが手に入りやすい。必要な分だけのお金には不自由しない。ベンチャー企業への投資。

［悪品位］金銭感覚、経済感覚が皆無。無頓着なので、逆に保護してくれる人が出現する。投資詐欺などに引っかかる。

【願望】

［好品位］宇宙の果てまで、好奇心の赴くままに駆けめぐってみたい。

［悪品位］珍しいもの、面白いものと出あいたい。

【使命】

［好品位］歴史、過去、前例から解き放たれた冒険をつづける。

［悪品位］ほかの人とは異なった行動パターンを模索する。

18
月

【秘密の称号】
力強きものの息子たちの子供

【属性】 魚座

【ヘブライ文字】 コフ（ק）

【対応する径】

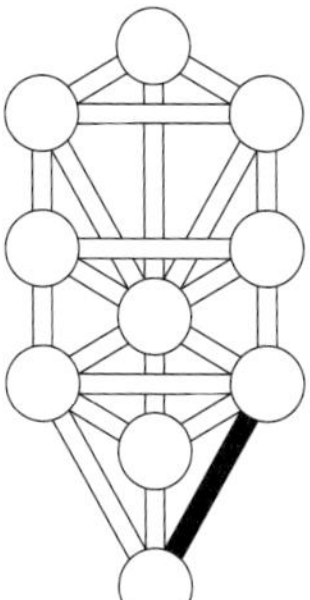

【概説】

月に関連するアテュとしては、まず「女司祭」が挙げられる。「女司祭」における月は「最も高次の位相」であり、霊感や高潔な女神たちの姿で表されるものだった。

これとは逆に、月そのものが描かれたこのアテュは、「最も低次の位相」の月を表し、物質的な世界への結びつきが強調されている。

また、「女司祭」は、新月から満月までの「満ちる月」で、パワーがさかんな様子を示す。一方、この「月」は、満月から新月までの「欠ける月」で、パワーが枯渇していく様子を示す。いわば、月のダークサイドを示すアテュなのだ。

対応する魚座は春分直前の星座だが、画像は真冬の真夜中のような寒々しさで描かれている。そろそろ暖かさが兆してもよさそうだが、じつは夜明け直前とは、暗さや厳しさを最も強く「感じる」ものだ。ゆえに、そうした感覚的な欺瞞をも表し、結果的に「嘘」という意味につながる。

一歩離れてヴィジュアル的に考察してみると、もっと単純な様子が見えてくる。

錆色で描かれた微妙な出血も合わせて、どう見てもこれは開脚した状態の女性器、それも月経中の描写だ。月経は、多くの言語で「月のもの」と称される現象なのだから、当然の連想だろう。月経中の不快感、不安定な精神状態といったネガティブなムードすべてが、このアテュに込められていると考えてもよいだろう。

【秘教的人物像】

アヌビス

エジプト神話に登場するアヌビス神は、ジャッカルの頭部を持った冥界の番人である。一般に、死や大地、あるいは防腐用タールを塗り込めたミイラとの関連から、黒い肌で表現される神だ。

ハリスは、狐色でアヌビスを描いたが、これは実際のジャッカルの色でもある。

アヌビスの足もとには、ジャッカルが1匹ずつ控えているが、こちらは逆にアヌビス神の黒で彩られ、「恋人」や「術」に見られる錬金術的な置換を彷彿とさせる構図となっている。

アヌビスは、冥界の王オシリスを補助し、死人の魂をマアトの天秤にかけて審判したり、冥界へと運んだりする神だ。また、ミイラ製造の守護神でもあり、存在そのものが「死」を体現する。

だが、彼の手に握られているのが、生命を象徴するアンク十字であることに注目しよう。

肉体の死に直面し、途方にくれた人間の魂は、アヌビスを頼るという。不気味な青白い月光のみに照らされた世界で、歩むべき道を見失う修行者も同様だ。

だが、彼らは冥界への道案内を求めているわけではない。アンク十字が示す、新たなる命と可能性を求めて、アヌビスの厳しく揺るぎない導きに、その身を委ねるのだ。

【錬金術と性魔術】

忌まわしきグラフ

水面下に、スカラベとともに描かれているバイオリズムのようなグラフを、クロウリーは「忌まわしきグラフ」と呼んだ。

おそらくこれは、成人女性にはおなじみの基礎体温表だろう。自身の性魔術体系の中で、女性の月経血や受胎能力に強く関心を寄せていたクロウリーが、なぜこれを「忌まわしい」と表現したのかは、謎としかいいようがない。女性のバイオリズムが把握しやすくなれば、性魔術も実行しやすくなると思うのだが？

また、画像の月からしたたり落ちる9滴の血は、ヘブライ文字に変容している。9は、月のセフィラーであるイェソドの数だが、妊娠期間の9か月をも示唆しているのだろう。この月は、羊水をたたえた子宮だと考えられそうだ。

【万物論】

スカラベ

水面下には、円盤状の太陽を運ぶスカラベが描かれている。余談だが、これはどう見てもスカラベではなくタガメであり、ハリスがなぜこのようにスカラベを描いたのかは不明だ。

とりあえず、これはスカラベなのだ！　ということにして話を進めていこう。

スカラベが、動物の糞を丸めて転がしていく様子は、太陽の運行を象徴する。とくに、夜間から夜明けまでの太陽を象徴する太陽神ケプリに強く関連づけられている。ここでも、「夜明け寸前」という意味が強調されている。

スカラベが示唆するのは、この暗い月のアテュが、実際には、まもなく昇る太陽を迎え入れる経路だということだろう。

ここで考えるべきなのが「魂の暗い夜」という

発想だ。信仰や精神的な修行がある段階までくると、すべてが空虚になり、意味を感じられなくなる期間に見まわれる。これが魂の暗い夜だ。

この虚しさに負けて修行や探求を放棄してしまえば、それまでの苦労は水泡に帰す。歯を食いしばり、七転八倒しながらも歩みつづけた者だけが、その先の光り輝く段階へと到達できるのだ。

このアテュは、そんな修行者の精神世界という内側の万物をも描いているのである。

【法の書】

さらに理性も嘘なり、無限にて知られざる要因があるがゆえに。(Ⅱ:32)

このアテュは「嘘のアテュ」だと述べた。だが、嘘とはいったい何だろうか?

一般的に考えれば、何をもって嘘とするかの判断は、理性が担当するだろう。だがこの世には、そして魔術的な世界にはさらに、無限の要素が詰め込まれている。個人のちっぽけな理性で、確実な判断を下せるわけなどないのである。

【その他の重要な象徴】

ふたつの塔

画面奥へと延びる道の前には、物々しい見張り塔が建っている。クロウリーは、見張り塔が守る場所を、生の入り口であり、死の入り口でもあると語った。画像全体を女性器と考えれば、見張り塔は両脚となり、普段は閉じて、性と生への入り口を守っている。それを考慮したうえで、見張り塔を見直してみるのも面白そうだ。

【愛情】

[好品位] 幻影。夢見がち。セックスと愛情を混同する。運命の出会いや宿命に執拗にこだわる。言葉による愛情表現がうまくできない。何年間も黙ったままの片思い。禁じられた関係への憧れ。

[悪品位] 虚偽。ヒステリックな恋人。一方的なSMプレイ。スリルを求めての不倫や略奪愛。複数のパートナーとのセックスだけの関係。自分を

傷つけることで愛を確認する。

【対人関係】

［好品位］とまどい。通じているはず、わかっているはずという思い違い。誤解による孤立、だが話しあえば理解される余地あり。こじれてしまった人間関係。差別。

［悪品位］狂気じみた状況。理性や常識が通用しない相手や事件。根拠のない不安や不満にがんじがらめになる。自分以外はすべてが間違っているという思い込みや態度。

【仕事・学業】

［好品位］自発的な変化。時間をかけて学び、改善していく。経験と年齢を重ねることによる向上。成果よりはチームの和を尊重する。家業を継ぐ。接客業、飲食業、介護業。イレギュラーな力リキュラムの教育システム。チャネリング能力の向上。

［悪品位］登校拒否。停学。退学。ホームスクールや通信教育など、家庭での学習。遅刻や無断欠勤。独創的なアイデアがあるが、実現させる能力に欠ける。ブラック企業。パワハラ。セクハラ。

【財運】

［好品位］少額だが、実家や親族の遺産。福引などに当たりやすい。つづけやすい副業からの収入。浪費にさえ注意すれば、安定した収支。

［悪品位］詐欺。金銭の管理ができない。金銭に関する法律を悪用される。慰謝料。給料の遅配、未払い。

【願望】

［好品位］重要な変化を引き起こしたい。

［悪品位］気晴らし程度の変化がほしい。

【使命】

［好品位］環境に合わせて、無理なく変容することを学ぶ。

［悪品位］妥協できることと、できないことの境目を学ぶ。

19 太陽

【秘密の称号】
世界の火の主

【属性】 太陽

【ヘブライ文字】 レシュ（ר）

【対応する径】

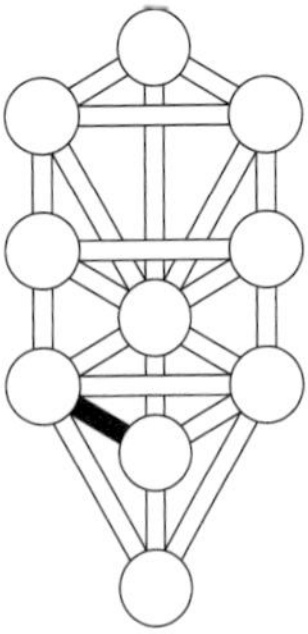

【概説】

暗く冷たい「月」の産道を通り抜けて誕生した新たなる世界、新たなるアイオーン（↓360頁）。それが「太陽」のアテュだ。カード全体の色調も、芽吹きの春といった、温かでフレッシュなムードにあふれている。これは「魔術師」や「隠者」で大きく取りあげられ、「術」で極限までふくらんだのに、ふっと消えてしまった世界卵が孵化した状態だ。

そして、天使の羽をつけた双子の足もとには、セミの抜け殻状の円盤が転がっている。よく見ると、色あせた薔薇十字の紋章だ。かつてオシリスのアイオーンでは、魔術の精髄を表す文様だった薔薇十字も、その役目を終えたのだろうか。いや、薔薇十字もまた新たに生まれ変わり、カード上部で春の太陽として輝いている。

古い束縛から解放され、すべてが新鮮で、未来は明るい。そんなアテュである。

【秘教的人物像】
ヘル・ラー・ハー神

クロウリーは『トートの書』で、このアテュは新たなアイオーンの主ヘル・ラー・ハー神が、太陽としての姿を見せる様子だと説明している。

ヘル・ラー・ハーとは、ホルスの別名だ。このホルス神のさまざまな位相については、この次のアテュ「永劫」で詳しく説明する。

さて、肝心のヘル・ラー・ハー神だが、具体的にカードには描かれていない。強いていえば、太陽が彼を象徴していると考えられるだろう。となれば、このアテュは太陽神崇拝を示唆していることにもなる。

太陽神崇拝は、歴史的に男性唯一神崇拝と結びつけられてきた。つまり、オシリスのアイオーンの崇拝形態だ。しかし、現アイオーンでは「どの男もどの女も星なり」とされていることを忘れてはならない。今は、すべての人間が星＝太陽となる時代だ。ヘル・ラー・ハー神への崇拝は、めぐりめぐって自分自身を崇拝することなのである。

【錬金術と性魔術】
男女の双子

『トートの書』の中で男女の双子は、男と女、永遠の若さ、恥じらいのなさ、無邪気さなどを象徴するとされている。「愚者」の足もとに描かれた双子の胎児、「恋人」の新郎新婦に付き添っていた子供たちが生まれ変わった姿だ。

これまでも述べてきたように、錬金術や性魔術では、正反対の性質を持つふたつのものという概念がしばしば用いられる。

神秘学的な視点からも、力の強いものは、おおむね正反対の性質を持つ双子で、彼らは「ひと組」として考えられてきた。サタン＝キリスト、ルシファー＝ミカエル、満月＝新月、男＝女など、そのリストには終わりがない。

この「ふたつでひとつ」という思想の意味を単純に言いきってしまえば、どんなパワーや現象にも、目の前に現れている事柄の反作用があるという象徴だろう。面倒だからと、その反作用を切り捨てることはできない。見ないふりをしてやり過ごすのは、修行者の生き方ではないのだ。

幸いこのカードの双子は、男と女という、とらえやすい「ひと組」である。その楽しそうな姿が、男女が等しく生きていく新アイオーンを象徴しているのである。

【万物論】

壁で囲われた緑の小山

萌える新緑に彩られた小山が、新たなる世界の可能性を示すことは、容易に想像できるだろう。

だが、その無限の未来に影を落とすのが、山頂付近をぐるりと一周している赤い壁である。これは、新たなるアイオーンがまったくの無秩序、無制限な世界ではないことを象徴しているという。

この小山は、『法の書』の有名な一節「汝が志すことを行え、これぞ『法』の全体とならん」を、わがままや身勝手さの表れだと批判する人々への回答でもある。山上に囲いがなければ、どこまで自由に動き回ってよいのか、どこまでが山で、どこからが野原なのかという判断に迷い、エネルギーを浪費するだけだ。

自らの志を全《まっと》うするためには、適切な制限が不可欠になる。だが、新アイオーンの制限を示す壁は明るく、威圧感はない。それはきっと、他者からの強制によって壁がつくられたわけではないことを示すのだろう。

【法の書】

成功はあり。（Ⅲ：69）

占星術でもタロットでも、太陽が示唆する最初の象意は「成功」だ。そして、『法の書』の第3章に収録されたこの一文は、ホルスの発言でもある。ただ、成功というのは、かなり広い範囲を指す言葉だ。これからは、出世や名誉、富といった、過去のアイオーンが示す通り一遍の成功ではなく、個々の価値観において成功を見定めていくべきなのだろう。

【その他の重要な象徴】

十二星座

カードの周囲に十二星座を描き込むのは、その状況が宇宙空間に取り囲まれていることを示す伝統的な技法である。十二星座のなかで右下の獅子座がひときわ大きく描かれているのは、獅子座の守護星が太陽だからだ。

「高等司祭」のアテュ（→60頁）でも説明したように、ホルスのアイオーンでは、蠍座と水瓶座のシンボルが入れ替わっているはずだ。しかし、ここでは珍しく伝統的なシンボルが使用され、牡羊座が東から昇るところまで、見慣れた天宮図の形式に則っている。おそらくは、より古典的な占星術の概念をここで主張したかったのだろう。それは、太陽が入る星座が、個人の性格に最も大きな影響を与えるという、基本的な概念だ。個人がより重要になる新アイオーンだからこそ、個々の性格や気性を無視できないということか。

伝統的な占星術の象徴を使ったのは、このアテュに、社会的制度や階級という意味が対応しているせいもあるだろう。クロウリーは、こうした仕組みが大幅な進歩を遂げた分、人間の精神性が行き詰まりを迎えているので、新アイオーンではその矛盾を打破せねばならないと主張している。十二星座は、旧体制のシンボルなのかもしれない。

【愛情】

［好品位］快楽。結婚。望まれた妊娠。だれからも祝福される交際。結婚によって社会的地位が上昇する。素直に通じる愛情。絵に描いたような相思相愛。未来を感じられる出会い。

［悪品位］図々しい恋人や愛情表現。お見合い。

家と家で決定される結婚。子づくり優先の結婚。

【対人関係】

［好品位］率直。真実。対等な協力関係。思いやりを上手に表せる。ボランティア活動。政治活動。個人でも多数でも楽しい関係。全国的に有名なクラブやサークル活動。

［悪品位］横暴。自惚れ。よかれと思った行動が裏目に出る。お金のかかる交流。金の切れ目が縁の切れ目。売名行為に利用される。古色蒼然《こしょくそうぜん》たる上下関係。

【仕事・学業】

［好品位］意見をはっきりと表明し、改善を重ねていく。自分に合ったペースで効率的に学び、働く。有名校への合格や留学。コンクールで入賞する。大企業への就職。公務員。高級官僚。安定した地盤のある自営業。

［悪品位］経営側の方針が見えない。マニュアルだけの学習、受験指導。補欠合格。大会社すぎて出世が望めない。政治的傾向が合わず解雇される。部活動やサークル活動でのトラブル、大けが。労災。

【財運】

［好品位］富。獲得。不動産などによる不労所得。老舗企業、大手企業からの株式配当。金による貯蓄。宝石などの相続。宝くじ高額当選。

［悪品位］ギャンブルやハイリスクな投機での大損。上下の激しい収入。家業の廃業、倒産。他人の借金をかぶる。適度な節約ができず、赤字をくり返す。

【願望】

［好品位］凱旋と栄光を手にしたい。

［悪品位］病的な状況からの脱出、ときには死をもってしても……。

【使命】

［好品位］自分に合った社会的成功を果たす。

［悪品位］できるかぎり社会的地位を上げる。

20
永劫

【秘密の称号】
原初の火の精霊

【属性】 火（精霊を兼ねる）

【ヘブライ文字】 シン（ש）

【対応する径】

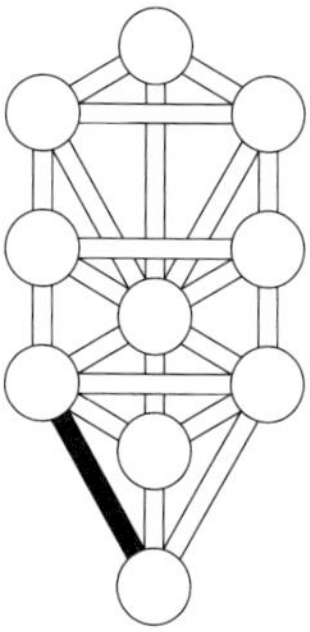

【概説】

ここまでは、トート・タロットに示された複雑な象徴を少しでもわかりやすく解説するために、秘教的人物像、錬金術と性魔術、万物論といったカテゴリーに分割して説明してきた。だが、この「永劫」では、それが難しい。

クロウリーの言葉によると、どうやらこのカードは、通常のアテュというだけではなく、新たなる「啓示のステーレー（↓360頁）」という役割もあるようだ。

ここで少し視点を変えてみよう。伝統的なタロットでは、この場所に「最後の審判」がくる。そこには『聖書』の「ヨハネの黙示録」にある、死者たちが甦る様子が描かれている。ざっくりまとめてしまえば、キリスト教の信仰が、世俗の欲求に勝利を収める場面だといえるだろう。

クロウリーはそれを、彼が信奉するテレーマが勝利する場面に入れ替えたのかもしれない。だがそこには、オシリスのアイオーンにあったような狭い意味での善悪の観念はない。描かれるのはただ、神々が自分の特性を象徴する姿で現れ、争うこともなく一堂に会している姿だ。それをわざわざ再分類するのは、無意味な作業ではないか。

そこで、このカードについては、概論、秘教的人物像と万物論、『法の書』の言葉という4つのセクションをメインに話を進めていきたい。

「永劫」のカードは、神々の紹介といった趣が強いが、意味がまったくないわけではない。およその意味は、「新たな時代」という一語に集約される。そのため、既成概念からの脱出や、旧体制の破壊に関連する事柄が多い。

この過程をクロウリーは「火による世界の破壊」だと説明した。この言葉を近視眼的に解釈する人たちもいる。取りあげるのもバカバカしいが、典型的な主張は、ホルスのアイオーン（↓360頁）は戦乱の時代だ、原子爆弾という火による粛清が始まる、だから『法の書』は戦争を引き起こす黒魔術の書である云々といった具合だ。

まず落ち着いて考えねばならないのは、ホルスのアイオーンは、まだ正式に始まっているわけではないということだ。クロウリーも、今は過渡期であり、境目の前後500年ほどは慎重にならねばならないと述べている。彼によれば、ホルスのアイオーンの兆しが見えたのは『法の書』を受領した1904年だから、現代は、まだまだ端境期にすぎないのだ。

また、魔術師であるクロウリーが「火」といったら、それは当然、エレメントの火をも指すことになる。エレメントの火は、情熱、意思、精神性といった特徴を持つ。そこから判断すれば、ホルスのアイオーンとは、情熱的な意思と精神的な力で旧体制を破壊していく時代だということになる。

確かに、ここ100年ほどの世界の動向を見れば、現実はそれほど非暴力的だとは思えない。だが少なくとも、魔術の道を志す者としては、火だから戦争だ、爆弾だ！　といった短絡的な思考に走らないように心して、このアテュを読み解きたいものだ。

【秘教的人物像と万物論】

ヌイト神

美しい夜空となり、カード全体を覆っているのが、女神ヌイトだ。テレーマ（↓362頁）の万物論では、彼女は万物のあらゆる可能性と無限大を象徴する女神である。彼女は無限大である自分を補う正反対の存在、無限小の神ハディト神を生みだす。

なお、一般的なエジプト神話では、イシスとオシリスの間にホルス神が生まれるが、テレーマ神話では、この後、すべての存在がヌイトとハディトの婚姻から生まれることになる。

ラー・ホール・クイト神

カード中央の玉座に座し、フェニックス・ワンドを右手に握る鷹の頭をした神。彼はホルス神の能動的な側面を表す。このラー・ホール・クイトこそが、ホルスのアイオーンの主なのだ。

ホール・パール・クラート神

カード前面に半透明の姿で描かれた、幼子の神。蛇の王冠をいただき、唇に指を当てた姿の彼は、ホルス神の受動的な側面を表す。沈黙を意味する神でもある。

ヘル・ラー・ハー神

「太陽」のアテュで説明したとおり、ラー・ホール・クイトとホール・パール・クラートの二柱が融合した神である。一応、メインの玉座につくのは活動的なラー・ホール・クイトだが、それだけではバランスが取れない。そのため常に、影にはホール・パール・クラートの存在がある。ちょうど、カードに描かれた半透明の姿のように……。

ヘル・ラー・ハー神は、「太陽」のアテュでそうであったように、ここでも具体的な姿を描かれてはいない。ハリスは、ラー・ホール・クイト神とホール・パール・クラート神を描くことで、ヘル・ラー・ハー神を表現しようとしたのだろうか。

ハディト神

玉座のやや下、燃えあがる炎が形づくるシンというヘブライ文字の上に、覆いかぶさるように描かれた黄色い翼の神がハディトだ。ここでは大きな姿だが、実際には無限小の神である。翼の真ん中にあるのは火の球、あるいは太陽を象徴する赤い円盤である。

万物を意味するヌイトに対して、ハディトはすべての人間の心の核となるような存在だ。

【法の書】

われこそ沈黙と力の鷹頭の主なり。（Ⅲ：70）

『法の書』第3章で、新アイオーンの主であることをホルス神が自ら宣言した言葉だ。

短いひとことのなかに、ホルス神の二重性、すなわち沈黙を司る神であると同時に、力を行使する神であることが示されている。

クロウリーの見解によれば、「鷹頭の神」という表現は見かけを説明するだけではなく、鷹のような鋭い視力、素早さ、可動性や勇気を象徴しているという。どっしりと構える神といった、ホルスの一般的なイメージが払拭される言葉だろう。

【愛情】

［好品位］何もかも燃やしつくすような激しい愛情。通常の愛憎を超えたところから始まる関係。あまりにも熱く激しいために、常人には理解できない愛情や恋愛。すべてを捨てて駆け落ちする。運命の恋。前世からの宿縁。

［悪品位］お互いの家庭、仕事、すべてを壊して耽溺《たんでき》する不倫。法律的に許されない恋愛。復活愛に固執してのストーカー、犯罪。狂気じみた恋愛

感情。無理心中。

【対人関係】

［好品位］けんかをしてもすぐ前向きに仲直りする。徹底的に意見をぶつけることで互いに成長する友人。噂話やいじめを吹き飛ばす強さ。トラブルには法的手段をもって最後まで戦う。歯に衣着《きぬ》せぬ物言い。カリスマ的魅力のある友人。

［悪品位］命の危険があるほどのいじめ。八つ当たり。公私混同。封建的な家制度に縛られたつきあい。親族が信仰する宗教がらみの交際。泣き寝入り。気が遠くなるほど長期間の束縛。奴隷的な立場。

【仕事・学業】

［好品位］常に新たなステップを踏んでいく。パイオニア。過去の失敗にはとらわれない。斬新な教育システム。新しい物事ほど幸運。採算を度外視した研究や開発。まったく知らなかった分野での学習や就職。

［悪品位］前例にとらわれて前進できない。過去の出題例をこなすなどの無意味な学習、落第。時代遅れの上司や指導者、知識。ひとつつまずくと自暴自棄になり、すべてを破壊してしまう。

【財運】

［好品位］手持ちの現金はなくても、常にだれかからの投資が受けられる。通常の経済感覚には欠けるが、全体的な帳尻は合う。明日は明日の風が吹く。

［悪品位］事業資金の使い込みや横領。地道に働くことができず、結果的に金欠となる。先祖や過去の借財に追われつづける。

【願望】

［好品位］未来への新たな見地を求めたい。

［悪品位］過去に関して最終決断を下したい。

【使命】

［好品位］すべてのしがらみからの解放。

［悪品位］すべてのしがらみからの脱出。

21
万物

【秘密の称号】
時の夜の偉大なるもの

【属性】 土星（地のエレメントも兼ねる）

【ヘブライ文字】 タウ（ת）

【対応する径】

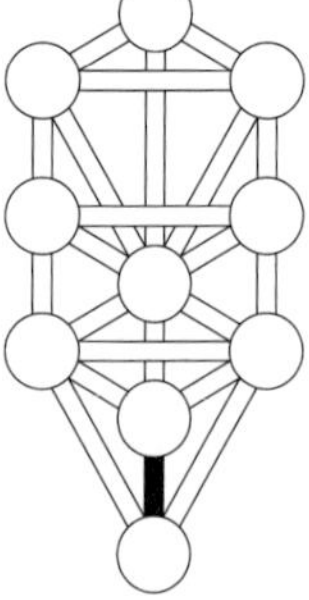

【概説】

22枚のアテュの最後となるカード。クロウリー魔術の到達点でもある。

伝統的な占星術における土星は、世界の果て、究極といった意味を与えられてきた。最後の締めにふさわしい惑星だ。

第3章の「四大理論」（↓340頁）でも説明するが、西洋魔術では四大元素のバランスが重要だ。

だが、タロットでは伝統的に、愚者＝風、吊された男＝水、審判（「永劫」）＝火という対応だけが指定されており、地の要素が欠けていた。

そこでクロウリーは、土星が地に対応することを利用して、このアテュに地のエレメントへの対応も負担させた。これで四大元素のバランスが取れたうえに、最後のカードにさらなる重みが加わったのである。

このアテュは、一般のタロットでは「世界」と呼ばれ、かなり静的な構図で描かれてきた。クロウリーはこれに「万物」というスケールアップした名称を与え、ハリスは躍動感あふれるヴィジュアルをつくりだした。地球を鉱物でできた球体と見るか、生命体として見るかというほどの違いを感じる変更である。

「万物」の構成の基礎は、クロウリーがエノク魔術（↓62頁）で見たヴィジョンが参考になっているようだ。とはいえ、象徴そのものはあまり難しくない。これまでどおり、ひとつひとつ分析していこう。

【秘教的人物像】

ヌイト＝ババロン

一般のタロットにおいて、「世界」の中央で踊る人物は、伝統的に両性具有者とされ、股間をスカーフなどで隠した姿によって表現されてきた。だがトートでは、「万物」の中央で踊るのは女神だと明言されている。もちろんこの女神はトートの至高神ヌイトだが、人間的に描かれているため、ババロン（↓91頁）的な性質も入っていると考えるべきだ。ちなみにカードの制作中、ハリスはこの女神を「Little Lady」と呼んでいたらしい。

その愛称からも想像できるように、このヌイト＝ババロンは、母でもセクシーな成熟した女性でもなく、珍しく乙女として描かれている。逆説的ではあるが、それはこのカードがアテュの終わりにあるからだ。

すべてが動き、変化しつづける魔術の哲学では、終点は次の段階の始点となる。そのため、この女神は成熟した母の後を継ぐ娘の位相を取り、新たなる螺旋を開始するのである。

アテュ全体の始点である「愚者」が、男性的要素の強い両性具有者として描かれていることを思い起こせば、最後のアテュの処女性が、その対極として適切であると理解できるだろう。

【錬金術と性魔術】

ババロンとヘル・ラー・ハー

中心人物が、両性具有者ではなく女神ということになれば、バランスを取る対極が必要になる。クロウリーによれば、ここでババロン（↓91頁）が踊っている相手はヘル・ラー・ハー（↓365頁）だという。彼女にまとわりつく大蛇か、あるいはシヴァ神のような目がヘル・ラー・ハーなのか。いや、二重性の神だから、きっとその両方なのだろう。

彼女は、両手で能動と受動の力を操りながら踊りつづける。左手で大蛇を支えながら、右手はその尾をがっしりと握り、天空の目に突き刺すというポーズもまた、対照的だ。このように何重にも対極性が重ねられているのである。

【万物論】

72に分割された輪

カードの四隅には、もうおなじみとなった固定星座のサインが記されている。その内側にきらめきながら輪をつくるのが、十二星座を5度ずつ分割して治める「シェム・ハ・メフォラシュの天使」（↓202頁）の輪である。ということは、この輪の中に地球があると考えてよいだろう。

周期表

カードの下方、牡牛座と獅子座の間にある図形は、元素の周期表を表している。クロウリーの言葉によれば「物質の家の骨子案《こっしあん》」だ。この世の物質はすべて元素からできているわけだから、正しい表現だろう。

この周期表は、われわれが見慣れたものとは少々異なっている。時代の推移による化学的知識の差もあるが、ハリスはこの周期表に『法の書』を受領した場所であるエジプトのシンボル、ピラミッドの姿を投影したらしい。

シェム・ハ・メフォラシュの天使と元素、魔術と化学、そしてそれらを融合するエジプト由来の叡智。まさにクロウリーの魔術世界を表現しきった万物論であろう。

【法の書】

分割の苦痛は無の如く、融解の喜びこそすべてなる、これぞ世の創造なり。（Ⅰ：30）

女神ヌイト（↓364頁）は、経験を得るために自らを分割してハディト神を生みだした。以来、この二柱は融解と分割をくり返して、万物を創造しつづけている。その永遠の営みは、このカードでヘル・ラー・ハーと絶妙なリズムをとりながら踊りつづける少女の姿に重なっていくことだろう。

【その他の重要な象徴】

生命の樹

『トートの書』によれば、このアテュの中心には生命の樹が描かれているが、それは純粋な心の持ち主にしか見えないという。

しかし、ハリス自身がカードの展覧会に際して作成したブックレットには、まったくこの点についての言及がない。また、現代のクロウリー研究者も、正直に「見えない」と、匙《さじ》を投げている。当然ながら筆者も見ることができないので、この件についての解説は不可能だ。

その代わり、生命の樹があるはずの場所に、緑色のメビウスの輪が見える。終わりも始まりもなく、永遠の螺旋を描くメビウスの輪が、実り豊かな色で彩られている……たとえ生命の樹は見えなくとも、「生命」を表す象徴としては十分だろう。

【愛情】

［好品位］合一。満足できる恋愛と結婚。お互いの違いを認めあえる大人の恋愛。長所と短所を補いあうような相性。告白、婚約、結婚といった段階にこだわらない。完全な信頼。堅実な結婚生活。事実婚。出会いは身近なところに。

［悪品位］対立。ライバル意識でつながる恋愛。経済的な事情や子供のためだけの結婚、離婚の延期。相手の気持ちを推し量れない、思いやりのな

いパートナー。孤独を恐れて別れられない関係。セックス・フレンド。

【対人関係】

［好品位］お互いにがまん強く向きあえる。さまざまなボランティア活動。かなり年の離れた友人。老人。言葉よりも行動で表す。現実感覚の優れた友人、知人。町内会などで頼れるリーダー。

［悪品位］惰性。お互いに依存しあう関係。愚痴をこぼしあう仲間。いじめの対象や仲間外れをつくることで協調する。犯罪グループ。病院や刑務所など閉鎖的な場所での強固な友情。

【仕事・学業】

［好品位］忍耐力によって物事を成し遂げる。ヨーロッパなど歴史のある国への留学。長期的な研究の成功。宗教的な学校への進学と、そこでの学習。農業、土木、地質研究。伝統技能や芸能。基礎的な練習。

［悪品位］遅延。気づかないうちに巻き込まれていた問題がいっせいに具体化する。資金不足。病気やけがによる学業の中断。家族の介護などでの離職。宗教的な職業。占い師。

【財運】

［好品位］大金ではないが、安定した収入。墓を守るなどの条件つきで、好条件の遺産を相続する。節約上手。不動産投資に幸運。

［悪品位］自分以外の人に仕方なくお金を使うか、使われる。先祖代々の家屋の修復などが降りかかる。地道な収入があるが、満足できない。

【願望】

［好品位］本質を知るための質問を求める。

［悪品位］問題の終局を願う。

【使命】

［好品位］この世界を動かしている仕組みを徹底的に探求する。

［悪品位］この世界でなんとか生きていく手段を身につける。

宮廷の人々が描かれた「コート・カード」

謎の多いトート・タロットのなかで、最も研究者が首をひねってしまうのが、コート・カードの対応だ。名だたるクロウリー研究家でさえ「混乱する」と表現しているほどである。よって本書でも、完全なる理解をいたずらに望まず、できるだけ理解しやすいように要点を記述していくという方針に徹したい。

まず「コート・カード」の意味だが、英語では「Court Card」、つまり「宮廷カード」だ。宮廷を彩る人々に、さまざまな人間のタイプを託した人物表示用カードである。

通常のタロットでは、キング、クイーン、ナイト、ペイジという構成で、男女比は3対1。女性の活動範囲が限られていた時代の名残をとどめた構成になっている。

多くの魔術系カードではこれが改善されて、キング、クイーン、プリンス、プリンセスという男女平等な分類に進化した。だが、トートでは宮廷の主であるはずのキングの札がなく、ナイト、クイーン、プリンス、プリンセスの合計16枚がコート・カードになっている。キングの代わりにナイトが入っているわけだ。

この変更は、コート・カードがそれぞれ、キング＝火、クイーン＝水、プリンス＝風、プリンセス＝地と、四大エレメントに対応することに端を発している。

火のエレメントは男性的なので、キングに対応させるのはよいのだが、問題は、火が4つのなかで最も活動的な性質を持っていることだ。一国の王が馬に乗って走り回っているのはハリウッド映画のなかくらいで、実際の王は宮廷にいる時間がほとんどであり、出かけるとしてもごくたまに領土を見回る程度。この行動パターンは、火というより地に近く、エレメントの性質から外れてしまう。

そこで、馬に乗って各地を遍歴し、勇猛に戦い、自分の道を切り開いていくナイトこそ火の性質にふさわしいと考えたクロウリーが、このふたつを入れ替えたのだ。この変更により、男女比は2対2のまま、四大エレメントへの対応もすっきりと収まる仕様になったのである。

コート・カードでは、人物と四大エレメントの対応のほか、4つのスート（ソード、ワンド、カップ、ディスク）にも四大エレメントが対応していることを忘れてはならない。たとえばカップのプリンスなら、人物は風に対応するが、カップは水に対応しているため、これらふたつのエレメントが混合していると考える。

各コート・カードのエレメント混合率は、「人物と四大エレメントの対応×スートと四大エレメントの対応」となり、16枚それぞれに異なる。

クロウリーは、人物とスートのエレメントが、どの程度の割合で混ざるのかをはっきりと記述しなかったので、研究者ごとにその見解は分かれている。

ただ、基本となるのはスートのエレメントであり、そちらが優勢になることは確かだ。そこに人物のエレメントが混ざっていくわけだが、その割合は半々だといわれたり、ほんのスパイス程度だと主張する研究者がいたりで、結論は出ていない。

筆者としては、人物のエレメントの影響は４分の１程度と考えているので、本書ではその割合でカードのエレメントを説明している。読者の方々も、自分で使ってみて、しっくりくる割合を見いだしていくのがベストだろう。

ここまでは、さして混乱する内容ではない。だが、各コート・カードが、宇宙のどこを支配しているかになると、一気に頭を抱えてしまう。まず、４枚のプリンセスは、同一スートのＡ《エース》とともに、天空を4分の1ずつと、地球を4分割して支配している（➘26頁）。

ワンドのプリンセス　ワンドのAとともに、天空では北極の上空4分の1（蟹座・獅子座・乙女座）を、地上ではアジア大陸を支配。

カップのプリンセス　カップのAとともに、天空では北極の上空4分の1（天秤座・蠍座・射手座）を、地上では太平洋を支配。

ソードのプリンセス　ソードのAとともに、天空では北極の上空4分の1（山羊座・水瓶座・魚座）を、地上ではアメリカ大陸を支配。

ディスクのプリンセス　ディスクのAとともに、天空では北極の上空4分の1（牡羊座・牡牛座・双子座）を、地上ではヨーロッパとアフリカ大陸を支配。

実際の地図に当てはめればわかるが、地球上の分割には、かなりの抜けがある。あくまでも観念的なものとしてとらえておけばよいだろう。

また、プリンス、クイーン、ナイトの計12枚は、天空の黄道《こうどう》を分割して支配する。となると、エレメントごとに十二星座に対応するのだろうと思いがちだが、そうではない。

クロウリーは、現実世界では四大エレメントが混ざりあっているため、すっぱりと分割するのは不可能だと考えた。その結果、以下に記したように、1枚のカードが、ひとつの星座の第3デカン（↓198頁）から次の星座の第2デカンまでを支配するという、変則的なスタイルになっているのである。

これら12枚の下には、スモール・カードが3枚ずつ帰属するのだが、コート・カードがそれらのカードも「支配」しているという記述は『トートの書』には見あたらないため、コート・カードとスモール・カードがどう関係するかについては、使用者各自の判断でよいだろう。

なお、12枚のコート・カードが支配する星座と、プリンセスが支配する星座が重複する点については、プリンセスはその「場所」を支配し、プリンス、クイーン、ナイトは、そこに太陽がめぐる「時期」を支配していると考えると、理解しやすいかもしれない。

ディスクのプリンス　牡羊座20度〜牡牛座19度
ソードのナイト　牡牛座20度〜双子座19度
カップのクイーン　双子座20度〜蟹座19度
ワンドのプリンス　蟹座20度〜獅子座19度
ディスクのナイト　獅子座20度〜乙女座19度

ソードのクイーン　乙女座20度〜天秤座19度
カップのプリンス　天秤座20度〜蠍座19度
ワンドのナイト　蠍座20度〜射手座19度
ディスクのクイーン　射手座20度〜山羊座19度
ソードのプリンス　山羊座20度〜水瓶座19度
カップのナイト　水瓶座20度〜魚座19度
ワンドのクイーン　魚座20度〜牡羊座19度

現代の占星術では、1星座の30度が0度から29度で表示される。『トートの書』でクロウリーは、コート・カードの区分を各星座の21度から20度と定義しているが、その説明として、前の星座の第3デカンから次の星座の第2デカンまでともいっている。これを現代ふうに記載すると1度ずれるため、20度から19度ということになる。現代の占星術の書籍などと照らしあわせる際は、この点にご注意願いたい。

コート・カードは、出来事を示すものではなく、占いに関連する人物を指し示すカードである。クロウリーは、このように変則的な対応にすることで、人間を一定のタイプとして示しやすくなるのだと述べている。従来の十二星座の割り当てより、こちらのほうが正しいとした理由は、詳しくは語られていない。だが、通常の度数より21度ずれたところから始まる分割法は、占星術の一派「サイデリアル方式」を彷彿とさせる。

サイデリアル方式について、ざっくりと説明しておこう。

西洋占星術は、4000年以上前に観測された星の位置をもとにしているので、現代の惑星の運行からは、実測で約23度のずれが生じている（↓153頁）。

それをないものとして、理論上の惑星の位置で占うのが伝統的な占星術であり、実際の惑星の位置で占うのが、サイデリアル占星術だ。魔術界では多くの研究者が、この方式のほうが、その星のもとに生まれた人たちの性格を判断するには有益だと主張している。

現時点では、クロウリーがサイデリアル方式をトート・タロットに当てはめたという証拠は何もない。ただ、これはインド占星術の占い方でもあり、魔術結社「ゴールデン・ドーン」などでもインド神秘学の研究が始まっていたという事実からして、クロウリーもよく知っていただろうと推測できる。占星術の視点からトートの研究をするときには、こうした要素も頭に入れてコート・カードを眺めてみると、理解しやすくなるかもしれない。

各コート・カードの画像の下には、カード本来の称号、カードの人物の紋章または王冠の種類、占う際に重要な要素となる顔の向き、カードを構成するエレメントの割合グラフが入っている。

そして本文では、カードごとの支配域、どんな人物に当てはまるのか、その人が恋愛や仕事でどのような行動に出やすいのかといった内容を説明してある。

ほかのカードとは違い、コート・カードはあくまでも人物の性質や性格を表すカードだ。長く使っているうちに、「このカードはこの人だ!」と、ピンとくる人が現れることだろう。

さらに、クロウリーは各コート・カードに対応する易《えき》の卦《け》を指定している。

東洋人として、この視点を利用しないのはあまりにもったいないので、これについての簡単な解説をつけておいた。さまざまな情報を蓄積しながら、地道にカードの理解を深めてほしい。

「トロピカル方式」による2030年1月1日のホロスコープ

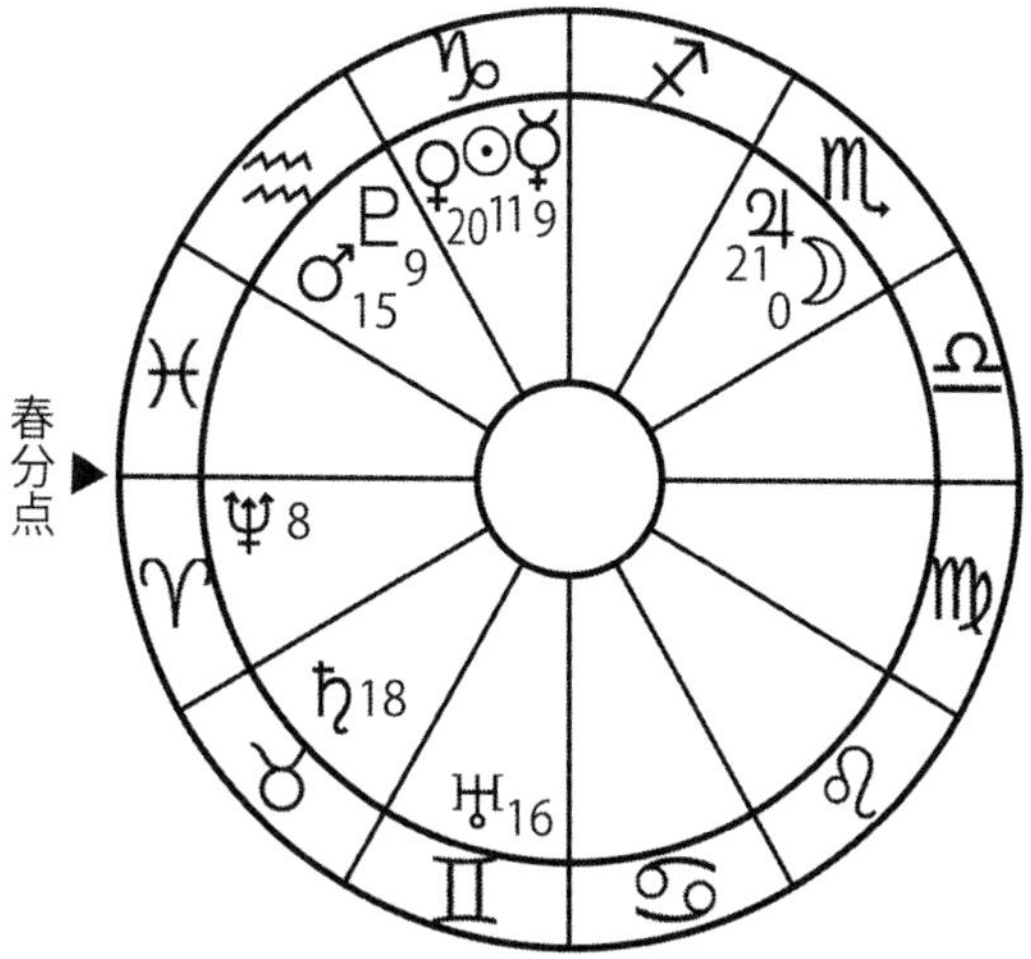

「サイデリアル方式」による2030年1月1日のホロスコープ

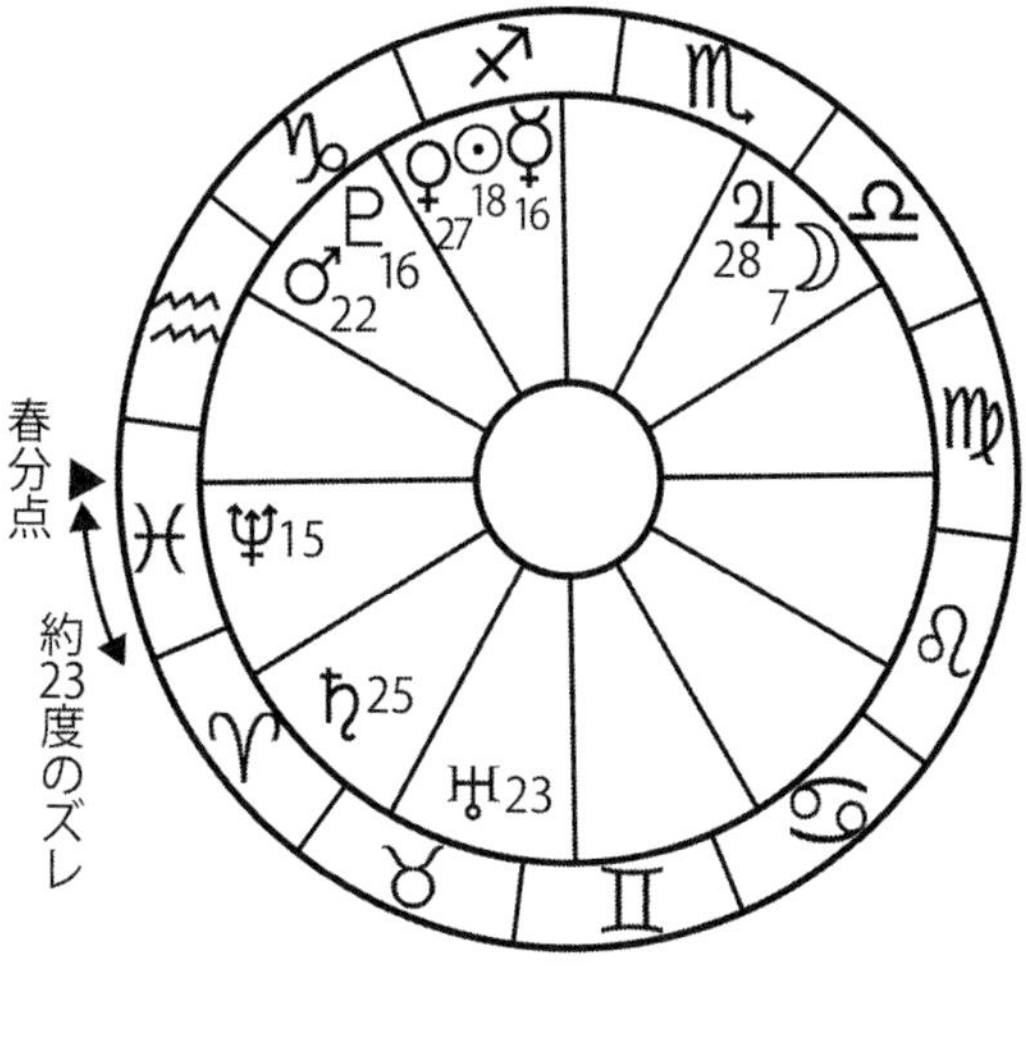

ワンドのナイト

【本来の称号】
炎と稲妻の主
火の精霊の王
サラマンダーの王

【紋章または王冠】
有翼の黒馬を模した王冠

【顔の向き】
左

【エレメントの割合】

火の中の火を表す

【支配域】
蠍座20度～射手座19度
ヘラクレス座の一部

【支配域に太陽がめぐってくる時期】
11月12日前後～12月11日前後

【対応する易の卦】
震為雷《しんいらい》
卦辞は「震、亨、震来虩々、笑言唖唖、震驚百里、不喪七鬯」。
人々は雷が鳴り響くとびくびくと恐れおののくが、治まると安心して笑い声が起こる。雷は百里四方に鳴り響いて人々を驚かす。しかし、祭祀を行う人は、そのためのさじや酒を驚いて落とすようなことはない。

【特徴的な象徴】
後ろ足で立つ黒馬。炎に包まれたたてがみと尾。燃えさかる松明《たいまつ》。背景のように見える炎は、騎士のマントの内側が燃えさかっている様子である。

【人物像】

　１００％火のエレメントを代表する人物であることから、意志、情熱、活動といった動きのある象意が前面に押しだされることになる。シグニフィケーター以外では男性を示すことが多く、とくに壮年で社会的にアクティブなタイプを示唆する傾向が強い。

［好品位］行動的で寛大な人物。迅速。せっかち。誇り高い。

［悪品位］腹黒く残忍な人物。偏屈。野蛮。

【愛情面での行動パターン】

［好品位］情熱的な求愛。積極的な告白。周囲の視線を気にしない愛情表現。関係を阻害するような障害にぶつかってもめげず、一心に恋愛成就を目指す。

［悪品位］相手の反応を理解しない求愛。常軌を逸した愛情表現。受け入れられないと、激怒して何をするかわからないことも。

【仕事・学業での行動パターン】

［好品位］寝食を忘れて目前の課題に没頭し、目標を達成する。通常よりも高いゴールを目指して努力できる。自分より能力が劣る人々の分まで、難なく労働を引き受ける。

［悪品位］道徳的な善悪や、手段を問わずに目標を達成しようとする。周囲の人々の感情や都合をまったく考えずにスケジュールを立て、それが遂行できないと怒り散らす。

【行動での注意点】

［好品位］行動を起こす時期などに細かく注意を払いながら、冷静に判断と決断を下すこと。自分の能力を一途に信じること。

［悪品位］臨機応変に行動すること。初動で失敗すると修正する方策がないので要注意。

ワンドのクイーン

【本来の称号】
炎の玉座の女王
サラマンダーの女王

【紋章または王冠】
翼のついた円球の王冠

【顔の向き】
正面（占う際は左向きとする）

【エレメントの割合】

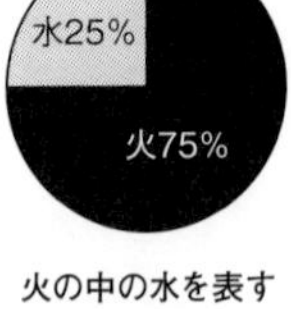

火の中の水を表す

【支配域】
魚座20度〜牡羊座19度
アンドロメダ座の一部

【支配域に太陽がめぐってくる時期】
3月11日前後〜4月9日前後

【対応する易の卦】
沢雷随《たくらいずい》
卦辞は、「随、元亨利貞、无咎」。

およそ天下万般のことは、人に従って行うときには、その事業は容易である。そして容易であればこそ、成し遂げられるものである。雷鳴の季節が過ぎて、雷の力が沢に潜んでいる状態を指す。

【特徴的な象徴】
幾何学的な炎のパターン。テュルソス（ディオニソス信者《マイナス》の女性が持つ、松ぼっくりを頭部とする杖）。女王に頭をつかまれた豹は、豹の皮をかぶっていたためにマイナスに八つ裂きにされたペンテウス王だろうか？

【人物像】

火と水の元素が3対1であることから、意志が強く、自他に厳しいが情に篤いという、清濁あわせのむような態度が示されることが多い。

このカードの特徴は「宗教的陶酔」なので、そうした状態にある人物をも指す。

多くの場合、中年以降の女性、とくに自営業者など、一定以上の社会的地位にある女性を示す。

［好品位］適応能力の高い人物。落ちつきがあって魅力的な権力者。エネルギッシュで息切れしない。身内には寛大で、敵には容赦しない。

［悪品位］愚かで頑固な人物。恨みがましく、やたらと支配的な態度を取る。ひどく残忍な行動をとる場合がある。

【愛情面での行動パターン】

［好品位］情熱的だが静かな愛情表現。相手の気持ちをくみ取りながらの交流。愛のためならば惜しみなく投げだす潔い行動。

［悪品位］愛情が受け入れられたかどうか、相応の愛情が返ってくるかどうかに執拗にこだわる。好きな人の周囲にいる異性を激しく敵視する。

【仕事・学業での行動パターン】

［好品位］友情や愛情を大切にしながらも公私混同はしない。常に自分が主導権を取る。弱い立場の人を進んで助ける。

［悪品位］自分のミスを認められない。少ない情報から間違った結果を導き、そのうえ、偏狭な思い込みで行動する。

【行動での注意点】

［好品位］思いやりや寛大さを常に忘れないで動くこと。抵抗する相手、助けを拒絶する相手に激高しないようにすること。

［悪品位］行動する前にできるだけたくさんの情報を集めるようにする。独断を避けること。

ワンドのプリンス

【本来の称号】
火の戦車の王子
サラマンダーの王子にして皇帝

【紋章または王冠】
有翼の獅子の頭部がついた冠

【顔の向き】
ほぼ正面（占う際は右向きとする）

【エレメントの割合】

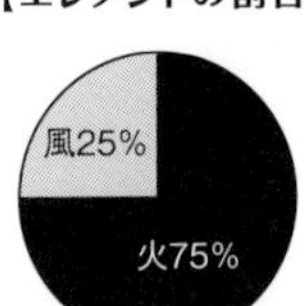

火の中の風を表す

【支配域】
蟹座20度～獅子座19度
小獅子座の大部分

【支配域に太陽がめぐってくる時期】
7月12日前後～8月11日前後

【対応する易の卦】
風雷益《ふうらいえき》
卦辞は、「益、利有攸往、利渉大川」。

益とは物事が増すこと、利益が上がること。進んでよい。大川を渡ってもよい。風が吹き、雷が鳴っている状態を指すが、君子はこの様相から、善を見ればただちに学び、過失があれば、またただちに改めるのである。

【特徴的な象徴】
胸にあるのは、クロウリー自身の紋章だった「メガ・セリオン」の印。右手に握られた儀式用のフェニックス・ワンド（力とエネルギーを示すワンド）。炎の海の中の戦車。

【人物像】

クロウリーは、彼のアセンダントを支配するこのカードを、自分自身の性格に重ねていた。「火の中の風」であることから、情熱的でありながらも、どこか冷めた人物、熱狂的でありながらも公平な人物を指す。いつまでも精神的に若く、ときには未成熟な側面を持つ「永遠の少年」タイプを示唆することが多い。

［好品位］迅速。公正。高潔で寛大。ユーモアのセンスに恵まれている。

［悪品位］他人の意見を聞かない。おごり高ぶる。冷酷。弱いものを（主に言葉で）いたぶる。何年にもわたっていじめやクレームをつづけてしまう可能性。ほら吹き。

【愛情面での行動パターン】

［好品位］男女の別なく相手を「星」として尊敬し、尊重して扱う。相手が必要としていれば、惜しみなく金品を与える。

［悪品位］何事にも自分のプライドを優先してしまうため、素直な愛情表現ができない。自分より劣っていると思う人からの好意には、いじめともとれる冷酷な言葉で答える。

【仕事・学業での行動パターン】

［好品位］成果や結果とは関係なく、純粋に自分が「できる」ことを喜び、実行する。忍耐力がある。

［悪品位］少しでも興味が湧かないと怠惰になる。偏屈。偏見からくる仕事への手抜き。

【行動での注意点】

［好品位］興味先行で動いてしまうので、周囲の人を忘れたり、仕事での利益率などを無視しないようにすること。

［悪品位］言葉の暴力がひどいので、とくに目下の人に苦言を呈するときには、要注意。

ワンドのプリンセス

【本来の称号】
光り輝く炎の王女
火の宮殿のバラ
サラマンダーの王女にして女帝
ワンドのAの玉座

【紋章または王冠】
太陽の円盤をつけたワンド
虎を模した王冠

【顔の向き】
不明（占う際は左向きとする）

【エレメントの割合】

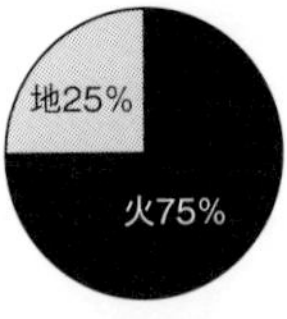

火の中の地を表す

【支配域】

ワンドのAとともに、天空では北極上の4分の1（蟹座・獅子座・乙女座）を、地上ではアジア大陸を支配する。

【対応する易の卦】

山雷頤《さんらいい》

卦辞は、「頤、貞吉、観頤自求口実」。

「頤」はあご、口のことで、養うという意味。養う目的を見定め、それに応じたものを自ら求めるべきである。

山の下に雷が隠れている様子を示すので、言葉を慎んで徳を養い、飲食を節制することで体を養う卦である。

【特徴的な象徴】

裸体は、化学的な火の反応を象徴する。ヘブライ文字のヨッドの形に燃えあがる炎。「春の火」

を象徴する牡羊の頭で装飾された金色の祭壇。ディオニソスの乗り物でもある虎。

【人物像】

「火の中の地」であるワンドのプリンセスは、火の神々に踊りを捧げる処女の女司祭である。

非常に自立心が強く、活気があり、大胆で美しい。そうした特徴で人を魅了する人物を指し示すことが多いが、人間離れした魅力を持つことから、危険な女性を示すこともある。

［好品位］野心家。熱狂的。個性的。怒り、愛情などの感情を激しく表すが衝動的。

［悪品位］浅はか。言動が信用できない人物。自分が間違っていることを認められない。

【愛情面での行動パターン】

［好品位］独創的な愛情表現。人目などを気にせず、まっすぐに好意を示す。お金や常識にとらわれないデートを演出する。

［悪品位］ささいなことでかんしゃくを起こす。自分の理想とわがままとの差を理解しない。気分が変わりやすく、相手に配慮をしない。いったん怒ってしまうと、とことん怒りつづける。

【仕事・学業での行動パターン】

［好品位］才気煥発《さいきかんぱつ》で、危険をかえりみず大胆な変革や投資を行う。縄張り意識が強く、それでトラブルになることもある。

［悪品位］ライバルに過剰な敵対心を抱く。だれかに泡を吹かせるためには、どんなことでもがまんする。

【行動での注意点】

［好品位］否が応でも個性を発揮するタイプなので、まずは周囲に気を配るための時間を取るようにすること。自分のミスを指摘されたら、素直に謝って方向性を改めるようにすること。

［悪品位］自分ひとり何でも背負ってしまうような考え方をやめること。限界を知ること。恨みがましさを捨てること。

カップのナイト

【本来の称号】
水と波浪の主
海の軍団の王
ウンディーネとニンフの王

【紋章または王冠】
トーテムとして羽を広げた孔雀

【顔の向き】
右

【エレメントの割合】

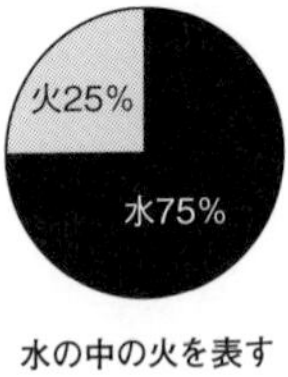

水の中の火を表す

【支配域】
水瓶座20度～魚座19度
ペガサス座の大部分

【支配域に太陽がめぐってくる時期】
2月9日前後～3月10日前後

【対応する易の卦】
雷沢《らいたく》帰妹《きまい》
卦辞は、「帰妹、往凶、无攸利」。

若い女性のほうから積極的に男性のもとに押しかけることを指し、物事の間違った状態を示す。進むのに凶、全体的に正しくない行いとする。沢の上に雷鳴が鳴り響き、水がざわついている様子を表した卦である。一時の現象にとらわれる弊害をも指す。

【特徴的な象徴】
水の星座の活動宮である蟹座の象徴で、攻撃性を示す蟹が入っている聖杯。有翼の黒い鎧。華麗さを象徴する孔雀。

【人物像】

「水の中の火」を象徴する人物として、文学や芸術を愛する優美な性質が強調される。

外部からの刺激にはきわめて敏感に反応するが、それによって自分が変わることはない。

多くの場合、穏やかで情に篤いが、自分からは行動を起こさない男性を指す。

［好品位］優雅。芸術愛好家。清廉。無垢。温和で控えめ。人との争いを好まず、上手に人間関係を構築していくことができるタイプ。

［悪品位］理論や現実よりも、感覚や官能を優先するタイプ。怠惰。物事を任せられない。酒や薬物に耽溺《たんでき》しやすい。

【愛情面での行動パターン】

［好品位］自分からは動かないが、誘いにはすぐに応え、ノリもよい。結婚や婚約といった節目がくれば真面目に相手に対応するが、自分から告白などをすることはほとんどない。

［悪品位］愛情を感じなくても、好みのタイプに誘われれば、ルーズに関係を持ってしまう。その場の盛りあがりで恋をし、すぐに冷める。

【仕事・学業での行動パターン】

［好品位］儲けや成果に関係なく、自分の誠意と美意識にもとづいて目標を達成する。同僚や同級生との和を重んじるムードメーカー。

［悪品位］人の意見を上手に盗用する。うわべだけ「ハイ、ハイ」と返事をしながらサボりつづける。二日酔いなどで、平気で遅刻してくる。

【行動での注意点】

［好品位］少しだけでも勇気を出して、自分から何かを始めること。適度にノーということ。

［悪品位］自分の分担をしっかりとこなし、サボらないこと。時間厳守を心がけるべき。アフター5よりも就業時間を優先すること。

カップのクイーン

【本来の称号】
水の玉座の女王
ニンフまたはウンディーネの女王

【紋章または王冠】
巻き貝に似た聖杯
（豊穣の角であるコルヌー・コピエか）
トーテムとしてトキ

【顔の向き】
不明（占う際は左向きとする）

【エレメントの割合】

水の中の水を表す

【支配域】
双子座20度～蟹座19度
【支配域に太陽がめぐってくる時期】
6月11日前後～7月11日前後
【対応する易の卦】
兌《だ》為《い》沢《たく》
卦辞は「兌、亨、利貞」。
沢がふたつ重なり、笑い声があふれる楽しい雰囲気を表す一方で、口の災いの多いことをも意味する。盟友が集って切磋琢磨し、ともに向上の道を目指すのが理想的である。

【特徴的な象徴】
コルヌー・コピエ、イシスの睡蓮など、多くの女性性、母性への言及。女神イシスにたとえられたり、トート神の頭になったりしているトキ。水面に据えられた玉座。

【人物像】

100％水のエレメントを代表する人物であることから、本人の素質よりも、見ている人の意識や状態を完全に反映する様相が強調される。

通常は清浄さや美しさが顕著だが、性格などの本質が見きわめにくい女性を指すことが多い。

［好品位］生来の観察者としての才能。創造力に富み、詩の才能に恵まれる。親切。頼まれればどんなサポートも与える優しさ。

［悪品位］何事も色眼鏡で見てしまうため、物事をゆがめたり、偏った受け取り方をしたりする。悪い意味で、何事にも影響されない。

【愛情面での行動パターン】

［好品位］何歳になってもロマンティックなムードやときめきを忘れず恋愛に向きあう。自分から愛情を示すことは少ないが、相手が何を望んでいるのかをすぐに察知して応える。

［悪品位］だれからの愛情も公平に受けとめてしまうため、複数の異性と罪悪感なくつきあう。避妊など、大人の恋愛において責任を持つべきことに無関心だが、いわれれば従う。

【仕事・学業での行動パターン】

［好品位］指導者の意図を汲み、素直に学ぶ模範的な優等生。記憶力がよいため、よい成績を収めやすい。作業が遅れて困っている人を笑顔で助ける。

［悪品位］他者に影響されやすいため単独の作業を好むが、刺激がなくなると、作業そのものを放置してしまう。自分のやっていることに対するささいな指摘にも耐えられない。

【行動での注意点】

［好品位］自分から行動を起こすという自覚を持つこと。人の意見を聞き流さず、きちんと耳を貸すこと。

［悪品位］第三者的な立場からの視点や批評を控え、自分も目の前のイベントに参加すること。

カップのプリンス

【本来の称号】
水の戦車の王子
ニンフまたはウンディーネの王子にして皇帝

【紋章または王冠】
鷲の王冠
（ローマ時代から皇帝には鷲が対応）

【顔の向き】

正面下（占う際は右向きとする）

【エレメントの割合】

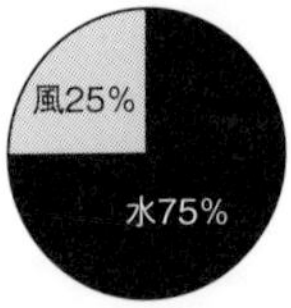

水の中の風を表す

【支配域】

天秤座20度～蠍座19度

【支配域に太陽がめぐってくる時期】

10月13日前後～11月11日前後

【対応する易の卦】

風沢《ふうたく》中《ちゅう》孚《ふ》

卦辞は、「中孚、豚魚吉、利渉大川、利貞」。

「中孚」は誠、真心を指す。正しき道を守りつづけた場合に利が得られる。我を張らず、和を重視して事に当たるべき。

心になんら真実のない人には、すべてが裏目に出るときだ。


【特徴的な象徴】

貝殻の戦車を引く鷲。蛇が入っている聖杯。プリンスの右手に握られた蓮。彼の後ろに巻きあがる水の模様は、激しく降りしきる雨を示す。

【人物像】

「水の中の風」を代表する人物として、世渡りがうまい、要領がよい、頭がよいが謎めいているといったイメージが、前面に出されることが多い。

たいていの占断では、遊び人的で愛想がよいが、腹に一物あるような若い男性を指す。

［好品位］激しい情熱を秘めた芸術家。技巧家。外部からの影響を受けやすいが、それを上手に消化して、自分の個性や能力にしてしまう。

［悪品位］無慈悲。残酷。自分の興味や利益のためには策略家として動くが、周囲をどれだけ傷つけても気にしない。


【愛情面での行動パターン】

［好品位］ユーモアのセンスがたっぷりで、好意を持った相手を退屈させない。秘密主義だが、そこがかえってセクシーな魅力になる。利己的であるがゆえに「ワル」の魅力を振りまくことも。

［悪品位］無責任。相手に信用されることは期待せず、それを逆手にとった行動をくり返す。口説き方や愛情表現は上手なので、相手に困ることはない。


【仕事・学業での行動パターン】

［好品位］すべての能力と手段を駆使し、他者には情け容赦なく目的を達成する。金銭ではなく、名誉や権力のために努力を惜しまない。

［悪品位］穏やかな外面からチームプレイヤーとして扱われるが、他人にまったく責任を持たないため、チームから離れるか、放りだされる。


【行動での注意点】

［好品位］情熱的な部分をいたずらに隠さないこと。周囲に「よい人」という顔を見せすぎないようにすること。自分自身の考えをしっかりと表明するべき。

［悪品位］一番先にゴールを切ればよい、勝てば官軍といった考えを捨てること。周囲に優しくできなくても、迷惑をかけないように注意。

カップのプリンセス

【本来の称号】
水の王女
氾濫する水の宮殿の睡蓮
ニンフまたは
ウンディーネの王女にして女帝
カップのＡの玉座

【紋章または王冠】
羽を広げた白鳥の王冠

【顔の向き】
右

【エレメントの割合】

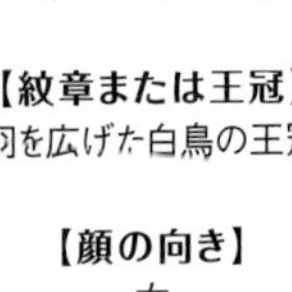

水の中の地を表す

【支配域】

カップのAとともに、天空では北極上の4分の1（天秤座・蠍座・射手座）を、地上では太平洋を支配する。

【対応する易の卦】

山沢損《さんたくそん》

卦辞は、「損、有孚元吉、无咎、可貞、利有攸往、曷之用、二簋、可用享」。

「損」とは、減らす、損失、奉仕などを意味する。「簋」という字は、神前に供物を盛る器を表し、正式な名称は「八簋」だが、「二簋」にまで簡略化し、質素の極限を表現している。

【特徴的な象徴】

インド神話においては、亀がその背に世界をのせているとされる。その亀が入った、蓋つきの聖杯。結晶化した鉱物を裾にあしらったドレス。踊っている様子。創造や高貴さを象徴するイルカ。

【人物像】

「水の中の地」を表す人物として、生命を支え、さまざまな反応の触媒となるようなイメージが、前面に押しだされることになる。

自分自身を強く打ちだすことはないが、それゆえに、多くの人の夢や感情を投影する対象となるため、結果的に願望を叶えるような女性を指すことが多い。

［好品位］愛らしく優しい人物。夢想好きでロマンティック。優雅。

［悪品位］怠惰。わがまま。贅沢。利己的。ただし、こうした性質は、往々にして他者の誤解や思い込みが投影されたものである。

【愛情面での行動パターン】

［好品位］官能的な魅力を発揮しているが、本人の行動としては親切で寛大、穏やかな態度に終始している。

［悪品位］自分だけのロマンスと歓喜の世界をつくりあげてしまうため、本人は満足するが、相手が何を求めているのかが、あまりよくわかっていない。

【仕事・学業での行動パターン】

［好品位］表面上は穏やかな笑顔を浮かべながらも、コツコツと努力をつづけて目標を達成する。ただ、見かけが優しいので、貧乏くじを引くこともある。

［悪品位］本人は普通に作業をしているのに、なまけている、遊んでいるなどと誤解されやすい。そのため、思うように成果が出せない。

【行動での注意点】

［好品位］笑顔の魅力を上手に使いこなすこと。時と場合によっては、軽く見られてしまう危険に要注意。

［悪品位］不要な誤解を招きやすいので、異性との会話や応対には慎重になること。

ソードのナイト

【本来の称号】
風と微風の主
風の精霊の王
シルフとシルフィードの王

【紋章または王冠】
回転する翼を模した六芒星と、
それがついた兜

【顔の向き】

左下（占う際は左向きとしても可）

【エレメントの割合】

風の中の火を表す

【支配域】

牡牛座20度～双子座19度

【支配域に太陽がめぐってくる時期】

5月11日前後～6月10日前後

【対応する易の卦】

雷風恒《らいふうこう》
卦辞は、「恒、亨、无咎、利貞、利有攸往」。

激しく雷が鳴り、強い風が吹いている様子を示す。そのような状況であっても、何事も方針を変えずに貫くことで、本当の幸福が得られる。

自己の立場をしっかりと定め、方針を確立するべきとき。


【特徴的な象徴】

回転する翼がついた兜。狂った馬。右手の長剣と左手の短剣。天空を駆けながら下る様子。


【人物像】

「風の中の火」を表す人物であることから、攻撃性が前面に出される。その攻撃は、物理的な手段よりは、辛辣な言葉で繰りだされることが多い。

クロウリーは彼を「大嵐の神」と呼んでいる。何かに突撃していくが、暴力的というより、突発的か衝動的なイメージが強い。

多くの場合、自分がふと思いついたアイデアに理屈を後づけして暴走するタイプの壮年男性を示唆する。

［好品位］器用。行動的。利口。デリケートで勇気があるが、熟考しないという傾向も。

［悪品位］決心できない。ペテン師。狡猾だったり、専制君主的だったりする人物。

【愛情面での行動パターン】

［好品位］洗練された言葉や態度で愛情を表現する。相手が少しでも困った様子ならば、すみやかに退き、きれいに去っていく。相手に嫌われたと早合点することも。

［悪品位］勇気を持って、激しく愛情表現や告白をする。自分の好意を受け入れない相手には攻撃的になる。

【仕事・学業での行動パターン】

［好品位］技巧に優れているため、たいていのことは難なくこなす。ときに、大きな願望の達成に生涯をかけることも。

［悪品位］ふと思いついたことに固執してしまい、効率的な行動がとれなくなりがち。敵対者・反対者によって作業を妨害されやすく、結果的に何も成果を上げられない。

【行動での注意点】

［好品位］自分の忍耐強さや大局的な視点を信じること。思いつきで行動せず、必ず物事を確認すること。

［悪品位］反対意見には耳を貸すべきだが、反対者に影響されるべきではない。人に決定権を与えず、自分で決断する勇気と責任が必須。

ソードのクイーン

【本来の称号】
風の玉座の女王
シルフとシルフィードの女王

【紋章または王冠】
子供の頭部がついた羽根飾り

【顔の向き】
微妙だが、左

【エレメントの割合】

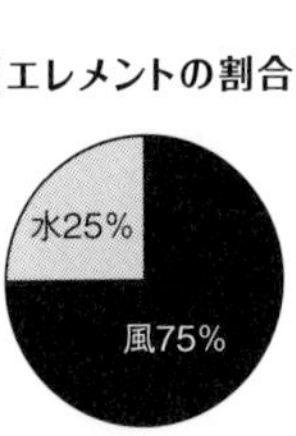

風の中の水を表す

【支配域】

乙女座20度～天秤座19度

【支配域に太陽がめぐってくる時期】

9月12前後～10月12日前後

【対応する易の卦】

沢風大《たくふうたい》過《か》

卦辞は、「大過、棟撓、利有攸往、亨」。

大風で家が傾くようなときではあるが、進んでよい。あふれてきた沢の水が、木を没して枯死させてしまうという様相を示す。

家の崩壊を食いとめるには、土台を固め、内部を刷新することが必要である。

【特徴的な象徴】

子供の頭部をのせた冠。積乱雲。切り取られた男性の頭部。雲の上の玉座。裸の上半身。下に向けた状態で握られている剣。

【人物像】

「風の中の水」を表す人物であることから、優れた観察力、理解力、直感などが、ほどよく混合されている状態が強調される。

ロゴスの代表であり、精神の解放者。

占いでは、高い能力と知性をあわせ持つが、その分、プライドも高いという、大人の女性を指すことが多い。

［好品位］優美な人物。抜きんでて高い洞察力。公平で上品。自信のある人物。やや過剰なほど徹底した個人主義。

［悪品位］陰険。冷酷。不誠実。信用できない人物。表面上だけを取り繕う人物。悪意のある毒舌やジョーク。

【愛情面での行動パターン】

［好品位］ＴＰＯをわきまえた礼儀正しいアプローチ。相手の家族や両親に気に入られるような態度。表情はクールだが、言動はホット。

［悪品位］相手の反応を上手に引きだすテクニックに長けているが、自分から愛情表現をすることはない。

【仕事・学業での行動パターン】

［好品位］正確で素早い記録能力を発揮し、ミスのない作業を行う。自分で設定したゴールを達成するまで、寝食を忘れてがんばる。目下の人間の過ちをさりげなくフォローできる。

［悪品位］優秀な能力に恵まれているのに、くだらない目的に力を注ぎ込んでしまう。細部にこだわるあまり、大きなヴィジョンを見誤る。能力が劣ると判断した人間を徹底的に無視する。

【行動での注意点】

［好品位］ひとりで何もかも背負わないようにすること。周囲のペースに合わせる気配りを。

［悪品位］人間関係は、基本的にギブ＆テイクであることを忘れないように。第三者的になりすぎないこと。

ソードのプリンス

【本来の称号】
風の戦車の王子
シルフとシルフィードの王子にして
皇帝

【紋章または王冠】
子供の頭部の王冠

【顔の向き】
下向きぎみではあるが、左

【エレメントの割合】

風の中の風を表す

【支配域】
山羊座20度〜水瓶座19度

【支配域に太陽がめぐってくる時期】
1月10日前後〜2月8日前後

【対応する易の卦】
巽為風《そんいふう》
卦辞は、「巽、小亨、利有攸往、利見大人」。
風が吹き渡るさまを指す。

風のように柔軟な適応力が求められるが、自分ひとりの判断では、その優柔不断さから、災いを招くことになりかねない。物事をよく知る識者の意見を聞くべき。

【特徴的な象徴】
幾何学的な翼を持つ王子。細かい部品が組みあわされている甲冑《かっちゅう》。幾何学的な構成の戦車、とくに前面の正八面体が目立っている戦車を引く有翼の3人の子供たち。

【人物像】

100%風のエレメントを代表する人物であることから、精神的な動きと、その制御のしにくさが前面に押しだされる。

発想やデザイン性に満ちた人物。とても利口だが、目的が一定しない。

占いでは、頭がよすぎて現実的な状態に適応できないか、正論ばかりにこだわって清濁あわせのむことができない若い男性を指すことが多い。

［好品位］純粋な教養。創造と破壊を同等のスピードで実行できる能力。聡明。合理的。

［悪品位］がさつで意地悪。偏執狂。信用できないタイプ。

【愛情面での行動パターン】

［好品位］自分の気持ちを押しつけすぎることはなく、常にスマートで爽やかな愛情表現ができる。お金がなくても素敵なデートを演出する。

［悪品位］どこか他人事のようで、責任感の伴わない愛情表現。以前の恋愛の失敗を後悔しないので、学習もしない。相手に高すぎる理想を押しつけて、常に欲求不満に陥る。

【仕事・学業での行動パターン】

［好品位］素早く的確な判断を下し、効率的に作業を片づけていく。情報収集能力を生かし、新しい局面にも柔軟に対応していく。

［悪品位］同僚や同級生などとの競争に勝つことだけを考え、実際の成果には興味がない。一時的な流行に溺れやすく、物事の本質を見失うことが多い。

【行動での注意点】

［好品位］有言実行を心がけること。ときには「沈黙は金、雄弁は銀」と心得ることも必要。

［悪品位］理想と現実の違いを理解すること。優柔不断と柔軟性を混同しないこと。酒やドラッグ、一過性の娯楽に逃避しないこと。

ソードのプリンセス

【本来の称号】
突風の王女
風の宮殿の睡蓮
シルフとシルフィードの王女にして
女帝
ソードのAの玉座

【紋章または王冠】
メドゥーサの頭髪で飾られた兜

【顔の向き】
左

【エレメントの割合】

風の中の地を表す

【支配域】

ソードのAとともに、天空では北極上の4分の1（山羊座・水瓶座・魚座）を、地上ではアメリカ大陸を支配する。

【対応する易の卦】

山風《さんぷう》蠱《こ》

卦辞は、「蠱、元亨、利渉大川、先甲三日、後甲三日」。

蠱は腐敗。皿の上の3匹の虫が、互いをむさぼりあう様子でもある。表面上はよくても、内部には膿がたまっている。腐敗したものを取り除くべきである。

【特徴的な象徴】

銀の祭壇、しかし荒れ果てている。怒りを表現するかのように、下に向けて突き立てられようとしている剣。荒れ狂う空模様。ミネルヴァ、アルテミス、ヴァルキューレなどのような、戦う女神たちを彷彿とさせる姿。

【人物像】

「風の中の地」を表す人物であることから、さまざまな力が天上から地上へと流れるさまや、概念の具体化といったイメージが強調される。

占いでは、大きな出来事に対して正義の怒りを抱き、正統な裁きや復讐を求めて行動するような若い女性を指すことが多い。

［好品位］堅実で、多くの実用的な知識を持つ。敏感。相手を叩きのめすような激しい論法。厳しさ。執念深さ。

［悪品位］軽薄。低俗。小利口。首尾一貫しない言動。自己制御ができない。

【愛情面での行動パターン】

［好品位］嘘偽りのない愛情表現。経済的に無理なデートなどを求めず、身の丈に合った行動で楽しむ。相手を過度に束縛しない。

［悪品位］相手がノーといえないような、押しの強い態度を取る。経済的に有利な立場にいる場合、札束で頬を張るような策略を立てる。

【仕事・学業での行動パターン】

［好品位］常に現実的な目標を設定し、効率的に動く。手際よく作業をこなす。議論の的になるような案件でも巧妙に立ち回る。

［悪品位］自分の実力以上の目標を設定しがち。いい加減なスケジュール管理で破綻を招く。インターネットなどに不用意に情報を流してトラブルを起こす。

【行動での注意点】

［好品位］相手を見て単刀直入がよいか悪いかを決めること。他者が自分と同じスピードで動けると考えないこと。

［悪品位］口は災いのもとと心得ること。最後につじつまが合えばよいという考えを捨てる。成果だけをつまみ食いしないこと。

ディスクのナイト

【本来の称号】
広大で肥沃な土地の主
地の精霊の王
ノームの王

【紋章または王冠】
牡鹿の頭部がついた兜

【顔の向き】
右

【エレメントの割合】

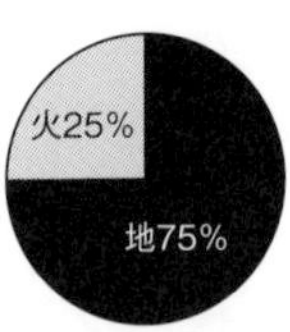

地の中の火を表す

【支配域】
獅子座20度〜乙女座19度

【支配域に太陽がめぐってくる時期】
8月12日前後〜9月11日前後

【対応する易の卦】
雷山《らいざん》小《しょう》過《か》

卦辞は、「小過、亨、利貞、可小事、不可大事、飛鳥遺之音、不宣上宣下、大吉」。

上に雷鳴が大げさに鳴り響く様子を示す。鳥が高く飛び去り、その音のみが後に残る。上に昇りすぎれば行き場を失い、下ると安んずる場を得られる。謙虚な心がけが大吉。

【特徴的な象徴】
堅固な板金の鎧。剣の代わりに持つ収穫用の唐竿。頑健で、戦闘用ではない馬車馬が4本の脚で大地に立っている。豊かに穀物が実った大地。頑丈で大きな盾《ディスク》。

【人物像】

「地の中の火」を表す人物として、勤勉、がまん強い、現実家といった特徴が前面に押しだされる。
火は熾火《おきび》のようなレベルで、嫉妬心として表れることも。占いでは、独創性はないが真面目で堅実、やや不器用だが憎めない壮年の男性を指すことが多い。

［好品位］働き者。辛抱強い。現実的な問題に上手に対応する。本能的。自然児。鈍感。

［悪品位］知的ではない。不器用。物質的な事柄に没頭しがち。野卑。無愛想。

【愛情面での行動パターン】

［好品位］甘い言葉を弄するのではなく、相手の仕事を手伝う、好きなものをプレゼントするといった具体的な愛情表現。性急な反応は求めず、じっと愛が熟するのを待つ。

［悪品位］相手の好みは無視して、高いレストランに連れていったり、ブランド品をプレゼントしたりする。ささいなことでもすぐに嫉妬する。

【仕事・学業での行動パターン】

［好品位］得意なことではなくても、ひとりで地道にコツコツと作業をつづける。農業など、大地に関連したことに才能を発揮する。本能に素直に従うことで成功を収める。

［悪品位］物事に知的な関心や視点をほとんど持たず、周囲を妬むことに終始する。イライラしながら作業するのでひとこと多くなり、物事を台なしにしがち。

【行動での注意点】

［好品位］がまんしすぎないこと。自分ひとりで何もかも背負い込まないこと。ときには路線変更を受け入れる必要がある。

［悪品位］自分と人を比べないこと。自分より優れている人や恵まれている人が「ずるい」などと考えないこと。

ディスクのクイーン

【本来の称号】
地の玉座の女王
ノームの女王

【紋章または王冠】

野生の山羊の大きな角がついた兜

【顔の向き】

左

【エレメントの割合】

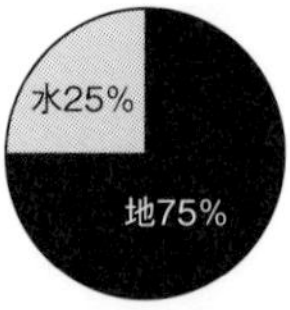

地の中の水を表す

【支配域】

射手座20度～山羊座19度

【支配域に太陽がめぐってくる時期】

12月12日前後～1月9日前後

【対応する易の卦】
沢山咸《たくざんかん》
卦辞は、「咸、亨、利貞。取女吉」。
山の上に沢があり、潤っているさまを示す。若い女（沢）と若い男（山）が互いに感じあい、相通じる姿とされ、直感で物事を動かすことを意味する。正しい道を守り通したときにのみ、願望が叶うことを表すとされる。

【特徴的な象徴】

鱗や貨幣をつなぎあわせてつくられた甲冑《かっちゅう》。

背景の砂漠には一本の川が流れ、潤いを与えている。球の上に立つ山羊。頭部の立方体の中に六芒星が輝く笏《しゃく》。植物の生命でできた玉座。球体で表される女王の円盤《ディスク》。

【人物像】

「地の中の水」を表す人物として、愛情、優しさ、心の広さといった特徴が前面に押しだされる。

占いでは、現実的で役に立つ事柄に興味や野心を持ち、経済感覚に優れ、穏やかな物腰の中年女性を指すことが多い。

［好品位］聡明ではないが、優しくて情愛に深い人物。家庭的。無口。現実感覚に優れている。

［悪品位］鈍感。卑屈。愚か。酒や麻薬、快楽のみのセックスに耽溺《たんでき》する。気まぐれ。

【愛情面での行動パターン】

［好品位］相手が何を求めているのかをじっくりと探り、不足している部分を満たすことで愛情を表現する。結婚を前提とした交際を好む。外でデートするよりも自宅へ相手を招いて親密度を高めようとする。

［悪品位］セックスへの欲求と愛情を混同して行動する。酒に酔った状態で、自分らしくない愛情表現をする。運命の愛、運命のパートナーといった考え方に固執する。

【仕事・学業での行動パターン】

［好品位］本能的に人々の和を図りながら、勤勉に作業に当たる。早道をしたりせず、手順を踏んで学んでいく。高望みはせず、無理のないゴールを設定する。

［悪品位］機械的に作業をこなし、自分では何も考えない。昇給や昇進を望まない。あくせくと能率の悪い方法で働く。

【行動での注意点】

［好品位］自分の直感や本能が語りかけてくるサインを信じること。周囲に気配りしたために消耗しないよう注意すること。

［悪品位］忙しさと成果を混同して考えないこと。ルーティン・ワークに満足しないこと。

ディスクのプリンス

【本来の称号】
地の戦車の王子
ノームの王子にして皇帝

【紋章または王冠】
有翼の牡牛の頭部がついた兜

【顔の向き】
ほぼ正面
（占う際は右としても可）

【エレメントの割合】

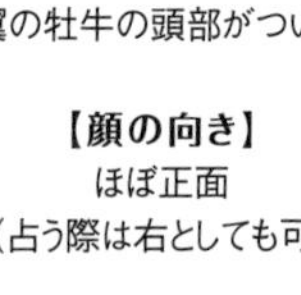

地の中の風を表す

【支配域】
牡羊座20度〜牡牛座19度

【支配域に太陽がめぐってくる時期】
4月10日前後〜5月10日前後

【対応する易の卦】
風山漸《ふうざんぜん》
卦辞は、「漸、女帰吉、利貞」。
「漸」は、徐々に進む状態を示す。山上の樹木が順調に伸びていく様相を示す卦である。順序正しく、急進せず、焦らず着実に進めていくとき。最短距離や一足飛びを望まないほうがよい。

【特徴的な象徴】
軽装の鎧。牡牛に引かれる戦車。「大いなる業（魔術）」の達成を象徴する十字がついた笏《しゃく》。地球によく似た球体で表された円盤《ディスク》。

【人物像】

「地の中の風」を表す人物として、活動的で忍耐強く、経営者にして従業員など、相反するが成功への秘訣になるような要素が強調される。

占いでは、精力的かつ真面目に業務をこなしていき、現実面でしっかりと成果を上げていく合理的な若い男性を指すことが多い。

［好品位］慎重。物怖じしない。信用に値する人物。現実的でエネルギッシュ。有能であり、思慮深い。

［悪品位］いったん怒ると手がつけられない。自分よりも精神的な生き方をする人に立腹し、いらだつ。感情的な感覚が鈍い。

【愛情面での行動パターン】

［好品位］ここぞというときに、はっきりとした愛情表現ができる。記念日を忘れずにレストランで祝ったり、プレゼントを渡したりする。相手に拒絶されても、理解されるまで粘る。

［悪品位］マニュアルどおりの愛情表現をする。お見合いや紹介など、お膳立てされた状態での交際を好む。相手に拒絶された場合は激怒するか、冷淡に離れるかの両極端。

【仕事・学業での行動パターン】

［好品位］どんな仕事でも創意工夫して、効率的にこなしていく。現状をよく分析して、改善するのが得意。残業や早出をいとわない。要領がよくない分は努力でカバーする。

［悪品位］取り立てて問題になる行動はしない代わりに、褒められるような努力もしない。何事にも感情を動かさず、惰性的に作業を進める。

【行動での注意点】

［好品位］知らず知らずのうちに過労ぎみになるので、がんばりすぎないこと。自分への投資を惜しまないこと。

［悪品位］毎日、少しでも向上していくことを目指すべき。これだけやっておけばいいや、といった発想を捨てること。

ディスクのプリンセス

【本来の称号】
木霊する丘の王女
地の宮殿のバラ
ノームの王女にして女帝
ディスクの A の玉座

【紋章または王冠】
牡羊の頭部と大きな角の頭飾り

【顔の向き】
下（占う際は左向きとする）

【エレメントの割合】

地の中の地を表す

【支配域】

ディスクのAとともに、天空では北極上の4分の1（牡羊座・牡牛座・双子座）を、地上ではヨーロッパとアフリカ大陸を支配する。

【対応する易の卦】

艮為山《ごんいさん》

卦辞は「艮其背、不獲其身、行其庭、不見其人、无咎」。

山が連なるさまが「艮」。山は不動の象徴であり、まったく物事が動かない時期、または動かさないほうがよい時期を示す。本来の立場を守り、動かないことで利を得る。

【特徴的な象徴】

ダイヤモンドがついた笏《しゃく》。しかもそれが地中に差し込まれていること。太極図があしらわれた円《ディ》盤《スク》。背景になっているのは神聖な木立。祭壇は小麦の束。

【人物像】

最も低次のエレメントである「地の中の地」を表す人物として、これから次の段階、より高いレベルへとジャンプする状態が強調される。

占いでは、大局を見る能力には欠けるものの、目の前のイベントに集中して対応することで物事を解決する、純真な若い女性を指すことが多い。

［好品位］女性的と表現される、すべてのポジティブな現象や感覚。すべての生命や可能性をその中にはらむ人物。優しくて寛大。慈善の心にあふれる。すべての存在に対して保護者的。

［悪品位］浪費。放蕩的な行動。自分自身が持っている可能性や品性を裏切るような行動。

【愛情面での行動パターン】

［好品位］相手を静かに観察してから、適切な愛情表現を行う。自分から積極的に行動を起こすことはなく、自分から好意を感じることもきわめて少ない。

［悪品位］真心などは無視して、贅沢なデートや流行のラブゲームに熱中する。楽しければ、それが不倫でもかまわない。道徳的に悪いことであるほど興奮する。

【仕事・学業での行動パターン】

［好品位］自分に与えられたことは完璧にやり遂げる。スケジュール配分を綿密に行い、ノルマも無理なく達成する。一緒に作業をする人たちが気分よく動けるように配慮する。

［悪品位］ありとあらゆる手段を使ってなまけるか、さぼる。実家や配偶者の資産を当てにして、自分は何もしない。

【行動での注意点】

［好品位］自分自身が本当に何をしたいのかを忘れないこと。苦情は正直に申し出ること。

［悪品位］その場だけよければ、という考えを捨てること。

4枚の「A」

A《エース》は、アテュに次いで強力な意味を持つカードである。だが、それにもかかわらず、クロウリーは『トートの書』で、Aについてはあっさりと触れているのみだ。その要点は「Aは各エレメントの力の根源である」という一文に集約される。魔術を学ぶ者ならば、四大エレメントについては熟知しているはずだから、解説の必要はないということだろう。

読者諸氏も、Aの性質をよく理解するためには、「四大理論」（↓340頁）を熟読していただきたい。Aの役割は、そこに書かれている各エレメントの要素を凝縮して表現することなのだ。

通常のタロットでは、Aはスモール・カードの最初に置かれ、「1」と大差ない役割を担うが、トートでは、以下3つのより大きな役割を担っている。

その1。Aは数札と同列ではなく、2～9の数札すべてを統合する存在である。さらに、同エレメントに所属する星座と数札を束ねる役割をも果たしている（左図参照）。

その2。コート・カードのプリンセスは「Aの玉座」とも称され、Aがプリンセスの上に座して、ほかのコート・カードや星座との連携を果たしている。

その3。Aは「エレメントの力の『根源』」である。これは、エレメントそのものが出現する源だということだ。そう考えると、虚空《アカシャ》や精霊《スピリット》の役割にも近い。そのため、Aが内包する力は渾然一体としていて言葉では定義しにくい。

こうした理由から、Aはスモール・カードの最初の一枚ではなく、Aという独立したカテゴリーで考えたほうがわかりやすいはずだ。

各カードの解説では、できるだけ占いに使いやすいような意味も記したが、それだけにとらわれることなく、広大なAの世界を把握するよう心がけてほしい。

各スートの数札とAの相関図

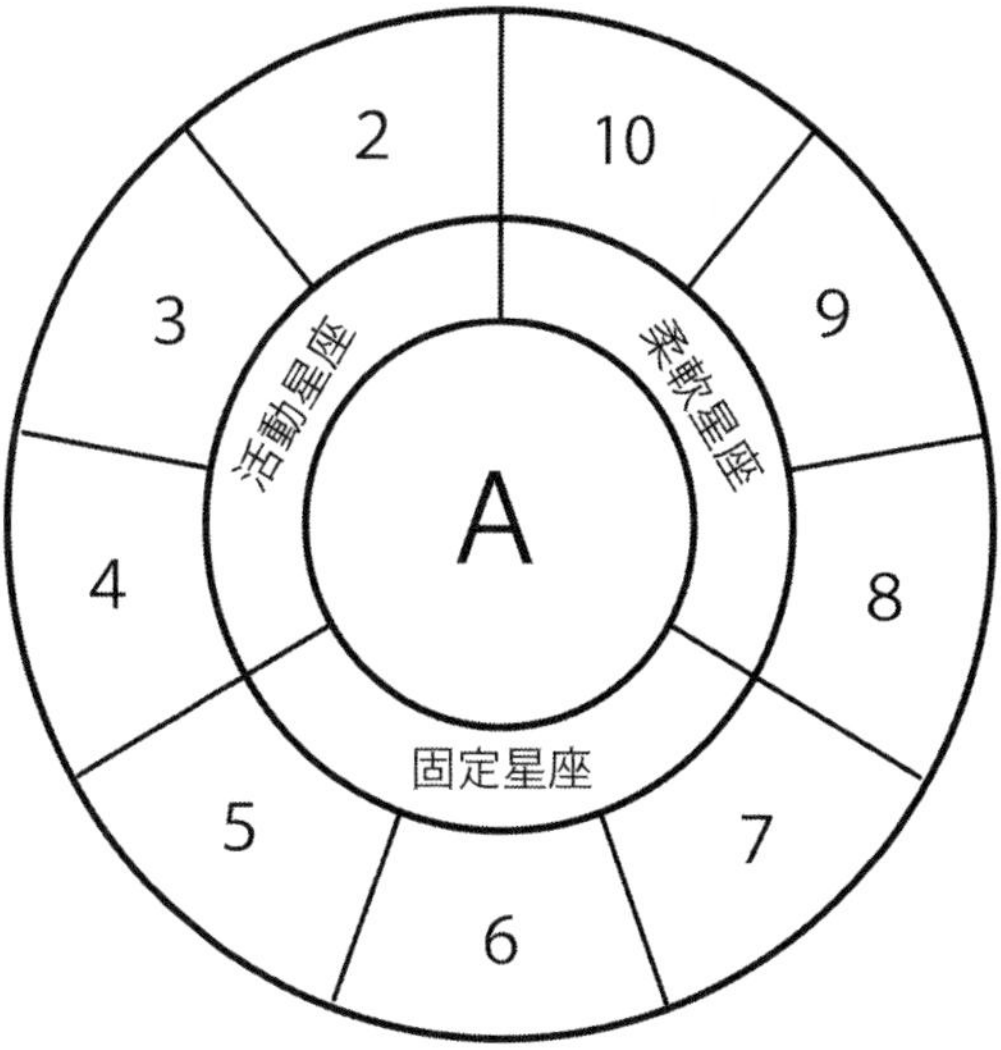

ワンドのA

【本来の称号】
火の力の根源

【支配域】
ワンドのプリンセスとともに、天空では北極上の4分の1（蟹座・獅子座・乙女座）を、地上ではアジア大陸を支配する。

【概説】

アテュ全体を表すカードは「愚者」だとされているが、魔術的タロット・カードの研究者の多くが、ワンドのA《エース》が「マイナー・カードのすべての意味を含むカード」だと語っている。それは四大エレメントで構成されたマイナー・カードの世界の最初、「火の中の火」を象徴するカードだからだろう。カバラ的には、すべては原初の火の世界から徐々に転写されて、水、風、地の世界へと降りていくのだ。

火という男性エレメントのAにふさわしく、燃えあがる巨大なワンドが男根信仰的なイメージを想起させる。よく見ると、10の飛びかう炎が生命の樹の10のセフィラーを描いているのがわかる。

クロウリーはこのカードを「（人為的に）召喚されたフォースの対極にある自然のフォースを示

す」と定義している。つまり、非常にパワフルで、人間には制御の困難な力だ。天空を切り裂く稲妻の美しさと力強さを連想してみると、イメージがつかみやすいのではないだろうか。

【愛情】

［好品位］本能的な愛情や感情のほとばしり。熱烈に愛し、あらゆるプレゼントやメッセージで相手を埋め尽くす、「愛のバズーカ砲」。愛情表現は熱烈だが、拒絶されれば意外に潔く身をひく。

［悪品位］ごく少数だが、愛情を拒絶されると暴力や暴言に発展する場合も。

【仕事・学業】

［好品位］一芸に秀でる熱血社員タイプ。営業など、はっきりとした数値が出る分野。若くして得意分野で起業し、成功する。入試などの本番に強い。学業以外のサークル活動やクラブ活動は、地域で一番の成績を上げたり、取材されたりするような状態までのぼりつめるが、流動的。

［悪品位］ひとつの分野だけに、エネルギーが偏って注ぎ込まれる状況。興味のないこと全般を見下すような発言や行動。

【財運】

［好品位］収入も支出も多く、お金が動きつづける。家や車といった高額の買い物。

［悪品位］ハイリスク・ハイリターンの投資。常に高収入の夢を見て破滅する状態。

【願望】

［好品位］目先のことには頓着しない。または宗教的な世界、精神世界に入って悟りを開く。あるいは人類の平和と進化に貢献するような究極の理想を追いかける。

［悪品位］世界征服といった巨大な野望を抱き、自分がそれにふさわしいと思い込む。

【使命】

［好品位］何事にも全力投球。生涯現役。

［悪品位］人を支配する地位に就く。

カップのA

【本来の称号】
水の力の根源

【支配域】
カップのプリンセスとともに、天空では北極上の4分の1（天秤座・蠍座・射手座）を、地上では太平洋を支配する。

【概説】

火と水は対極にあるエレメントだ。そしてこのカードは、非常に男性的なワンドのA《エース》の対極に座す、とても女性的なカードである。ワンドのAが宇宙エネルギーの男根であれば、カップのAはそれを受けとめる女陰だと考えてよいだろう。

水のエレメントの力を示すために、カップは究極の水である「海」の中に描かれている。台座を囲むホタテ貝は、このカードと対になる「カップのプリンセス」が抱いている貝でもある。2枚のカードのつながりが強調されているのだろう。

カップに差し込む光は、天上からの聖霊が降りてくる光の道だ。聖霊が入ることで、このカップはアーサー王伝説の「聖杯」にもなる。カップを満たす水は、聖霊により、すべての生きとし生けるものを癒やし、高みへと引きあげるエリクシール（不老不死の霊薬）へと変容するのである。

クロウリーは、カップのAを生産性、美、快楽、幸福といった「豊穣」全般の象徴だとしている。すべての生命の起源となった、穏やかな大海原などを連想してみるとよいだろう。

【愛情】

［好品位］幸福と快楽。美。苦労することなく、自然で優しい愛情表現ができる。幸福な妊娠や出産。物心両面で恵まれた結婚。

［悪品位］セクシーな体形や優れたルックスで、多くの人をひきつける。あまり内面的な優しさはない。望まない妊娠。打算的な結婚。よくも悪くも注目を集める恋愛。

【仕事・学業】

［好品位］高級レストランなど一流の接客業での成功。芸術的な感性。労働するというより、その仕事を楽しむ感覚。幼児教育。医療・介護職。

［悪品位］マルチ商法など、人の心を操る仕事。芸術的な感性が強いが、なかなか生かせない。成績はともかく学校生活を楽しむ。人から押しつけられる仕事全般。

【財運】

［好品位］豊穣。豊かな家に生まれる。裕福な友人や知人が多く、有形無形の援助がある。

［悪品位］平均よりは恵まれているが、浪費や衝動買いで苦労する。悪意を持って近づいてくる人に利用されやすい。

【願望】

［好品位］自分から積極的に願うことはあまりない。願ったことは成就する。

［悪品位］美しくなりたい。リッチになりたい。有名になりたい。

【使命】

［好品位］平和。博愛。人類は皆、兄弟！

［悪品位］争いや競争のない世界。そのせいで人類が進歩しなくても、よしとする。

ソードのA

【本来の称号】
風の力の根源

【支配域】
ソードのプリンセスとともに、天空では北極上の4分の1（山羊座・水瓶座・魚座）を、地上ではアメリカ大陸を支配する。

【概説】

自然界のパワーが描かれた火と水のA《エース》から一転して、非常に人工的な剣が登場している。

若きクロウリーは、このカードについて「善にも悪にも、大いなる力を振るう風の剣である」と説明している。その「力」とは、魔術師が召喚する人為的な力であり、自然界のフォースを意味する火のAの対極でもある。

その説明にふさわしく、このカードに描かれているのは、魔術儀式用の剣だ。

銅製の柄は、上弦と下弦の三日月をかたどったもの。刃は鉄製で、「神聖なる権威による裁き」の象徴として、上向きに描かれている。上向きになった剣の切っ先が収まるのは、アテュを象徴する22本の光線が発せられている王冠であり、これもまた神聖な力を想起させる。

魔術の剣は、知性によって徹底的に物事を分析する、つまり切り分けるための剣だ。だが、現代ではそうした行為自体も、殺人と同等かそれ以上の害をもたらす可能性がある。そこで、愛ゆえにこの剣を振るうという象徴として、柄には愛情の星である金星に属する銅が使われる。ハリスはさらに、この柄に「θελημα（テレーマ＝志）」の文字を刻み込んだ。志と愛をもってこそ、魔術の剣は生きるのである。


【愛情】

〔好品位〕あっさりとした愛情表現。遊びの交際と本気の恋愛をきっぱりと分ける。自分とつりあった相手を上手に見つける。

〔悪品位〕身近な人との諍《いさか》い。苦悩。相手への不満をため込む。幼少時のトラウマなどによる歪んだ愛情表現、ときに悲劇的な結末へつながる。


【仕事・学業】

〔好品位〕冷静かつエネルギッシュに取り組む。驚異的な分析力。学問全般に強い。IT系など数字や記号の多い仕事。執筆業。外科医。

〔悪品位〕懲罰。法律系の仕事に向くが、恨みを買いがち。興味本位のネット系ジャーナリズム。人との触れあいがない仕事。学校で孤立しがち。


【財運】

〔好品位〕実際のお金より、為替や株などのマネーゲームに強い。ファイナンシャル・プランナーとしても優秀。仮想通貨やクレジット・カードなど、観念的な経済ツール。

〔悪品位〕賭け事や高リスクの投資による大損。借金。詐欺の被害者にも加害者にもなり得る。


【願望】

〔好品位〕自分の才能を生かしたい。

〔悪品位〕自分の才能を評価されたい。


【使命】

〔好品位〕知的で合理的、無駄のない人生。

〔悪品位〕人との交流が少なく無駄のない人生。

ディスクのA

【本来の称号】
地の力の根源

【支配域】
ディスクのプリンセスとともに、天空では北極上の4分の1（牡羊座・牡牛座・双子座）を、地上ではヨーロッパとアフリカ大陸を支配する。

【概説】

人工的なソードのA《エース》の次には、再度、自然な緑に彩られたディスクのAがやってくる。この緑はとくに、冬に枯れた草木がまた芽吹く新生の色を意識しているという。これは、「地」というエレメントが、死んだように動かない性質ではなく、新たな生命を生みだすために、常に躍動しているという主張である。背景の文様も、木の年輪を思わせる配置で、変化する自然の力を示している。

トート以前のタロットでは、地のスートは「硬貨」という俗世的なアイテムで表されてきたが、クロウリーはこれを「円盤《ディスク》」に変えた。回転の象徴でもあるディスクは、最も低次であるからこそ、最も高次へと上がる可能性に満ちた「地」の象徴にふさわしい。魔術の金言「上のごとく下にもあり」を体現するカードだ。

タロットの制作者は伝統的に、地のカードに自分の署名を入れてきた。そこでこのカードには、ディスクの円周にクロウリーの魔法名「ト・メガ・セリオン」がギリシア語で記されている。
さらに中心には、三重の円と三日月、円の中心には太陽が点描され、６６６の「獣の印」が見える。これもまた、クロウリーの紋章である。
ディスクのＡは、物質のすべての側面を表す。物質は固体ではあるが、移ろいやすい。そのため、幻影的でもあるカードなのだ。

【愛情】

［好品位］愛のある結婚や婚約。健康な妊娠や出産。プロポーズなどのはっきりとした愛情表現。
［悪品位］打算的な結婚。愛人契約。交換条件的な愛情。セックスだけでずるずるとつづく関係。身内や恋人には親切だが、他人には冷たい。

【仕事・学業】

［好品位］労働と報酬のバランスが取れている。試験ではっきりとした結果の出るタイプの学習。経験を積んでからの起業。公務員。
［悪品位］労働と報酬がアンバランス。目先の収入に縛られる。過重な学習塾や習い事。名声だけのためにする学習。

【財運】

［好品位］安定した富。充足。伝統的な仕事で地域も自分も豊かになる。祖先からの恵まれた遺産。優れた家業からの収入。
［悪品位］手もとにどれだけ現金や物資があっても満足できない。一攫千金を狙う。名前と歴史だけで中身のない家業。

【願望】

［好品位］恵まれない人を金銭的に援助したい。
［悪品位］手に入るものはすべて手に入れたい。

【使命】

［好品位］地に足のついた生活をする。
［悪品位］善悪両面で金銭の力を駆使する。

具体的な回答が表れる「スモール・カード」

スモール・カードは、運命の流れを示すアテュに対して、人間がどのような行動や対策を取れるのかを示すカードである。つまり、質問に具体的な回答を与えるカードなのだ。ゆえに、アテュだけでなく、スモール・カードも使いこなしてこそタロット占いができるのである。

肝心のカードの意味だが、ここでもまた、ＹＨＶＨ《ヨッドヘーヴァウヘー》と四大エレメントが重要な役割を果たしている。スートごとに対応をまとめた表を掲げるので、これを頭に入れて読み進めてほしい。

じつは、スモール・カードの意味は、以下のようにスッキリとした術式で表現できる。

カードのエレメント×カードの数×カードの星座×デカンの惑星（副主星）＝意味

◆スモール・カードの区分表◆

スート	ヘブライ文字	エレメント	星座	天使	象徴
ワンド	ヨッド（י）	火	牡羊・獅子・射手	ミカエル	獅子
カップ	ヘー（ה）	水	蟹・蠍・魚	ガブリエル	蠍（鷲）
ソード	ヴァウ（ו）	風	天秤・水瓶・双子	ラファエル	人間
ディスク	ヘー（ה）	地	山羊・牡牛・乙女	ウリエル	牡牛

「ワンドの６」を例に挙げてみよう。

エレメントは、情熱や強い意志を示す「火」（上掲の表を参照）。数は「６」で、生命の樹では、調和や美という意味が強い「ティファレト」に対応する（332頁の図を参照）。星座は、プライドの高い「獅子座」で、デカンの惑星は、慈悲と保護の力が強い「木星」（199頁の表を参照）。

術式は、火×「６：ティファレト」×獅子座×木星で示される。

クロウリーは、カードごとに術式を考慮し、そのエッセンスを各カードの称号とした。「ワンドの６」の場合、「勝利」である。

もっとも、術式がスッキリしているとはいえ、明確な理解にいたることは容易ではない。

だが実際、スモール・カードの意味は、エレメント、生命の樹、占星術の三者が重なっているだけであり、そこから使用者は、無限大の可能性を引きだしていくことができるのだ。

もちろん、この術式を駆使するためには学ぶべきことがたくさんあるので、初学者でも占えるよう、各カードの意味をしっかりと記載した。それに慣れ、カバラなどの学習も進んできたら、前掲の術式に従って、自由に意味を読み取っていけばよい。

ひとつ安心できる材料がある。最後の「カードの星座とデカンの惑星」については、カードの図柄にシンボルが描き込まれているので、丸暗記する必要はない。

さて、スモール・カードは、前頁の表で示した対応のほか、1枚ごとに占星術の1デカンが対応している（左表参照）。デカンとは「10」という意味の言葉で、各星座を10度ずつに3等分したときの1区分（10度）を指す。

そのため、各カードが対応する星座のデカンを見れば、何月何日ごろにその出来事が起こるのかを知ることができる。たとえば、「次の恋に出会えるのはいつか」という質問に対して「カップの8」が出てきたら、対応するデカンの度数に太陽がめぐってくる時期を見る。この場合は、2月19日〜2月28日ごろだとわかるのである。

そしてもうひとつ。それぞれのデカンには惑星が対応している。これは「副主星」だ。もともと十二星座には、獅子座＝太陽、蟹座＝月などのように「主星（支配星とも）」が配当されている。ひとつの星座を3つに分割したデカンにも個別の惑星が配当されているため、星座の主星と

◆スモール・カードのデカン対応表◆

カード	支配デカン	主星	副主星	およその日付
ワンドの5	獅子座0～9度	太陽	土星	7月23日～8月1日
ワンドの6	獅子座10～19度		木星	8月2日～8月11日
ワンドの7	獅子座20～29度		火星	8月12日～8月22日
ディスクの8	乙女座0～9度	水星	太陽	8月23日～9月1日
ディスクの9	乙女座10～19度		金星	9月2日～9月11日
ディスクの10	乙女座20～29度		水星	9月12日～9月22日
ソードの2	天秤座0～9度	金星	月	9月23日～10月2日
ソードの3	天秤座10～19度		土星	10月3日～10月12日
ソードの4	天秤座20～29度		木星	10月13日～10月22日
カップの5	蠍座0～9度	火星	火星	10月23日～11月1日
カップの6	蠍座10～19度		太陽	11月2日～11月11日
カップの7	蠍座20～29度		金星	11月12日～11月21日
ワンドの8	射手座0～9度	木星	水星	11月22日～12月1日
ワンドの9	射手座10～19度		月	12月2日～12月11日
ワンドの10	射手座20～29度		土星	12月12日～12月21日
ディスクの2	山羊座0～9度	土星	木星	12月22日～12月30日
ディスクの3	山羊座10～19度		火星	12月31日～1月9日
ディスクの4	山羊座20～29度		太陽	1月10日～1月19日
ソードの5	水瓶座0～9度	土星	金星	1月20日～1月29日
ソードの6	水瓶座10～19度		水星	1月30日～2月8日
ソードの7	水瓶座20～29度		月	2月9日～2月18日
カップの8	魚座0～9度	木星	土星	2月19日～2月28日
カップの9	魚座10～19度		木星	3月1日～3月10日
カップの10	魚座20～29度		火星	3月11日～3月20日
ワンドの2	牡羊座0～9度	火星	火星	3月21日～3月30日
ワンドの3	牡羊座10～19度		太陽	3月31日～4月9日
ワンドの4	牡羊座20～29度		金星	4月10日～4月19日
ディスクの5	牡牛座0～9度	金星	水星	4月20日～4月29日
ディスクの6	牡牛座10～19度		月	4月30日～5月10日
ディスクの7	牡牛座20～29度		土星	5月11日～5月20日
ソードの8	双子座0～9度	水星	木星	5月21日～5月30日
ソードの9	双子座10～19度		火星	5月31日～6月10日
ソードの10	双子座20～29度		太陽	6月11日～6月20日
カップの2	蟹座0～9度	月	金星	6月21日～7月1日
カップの3	蟹座10～19度		水星	7月2日～7月11日
カップの4	蟹座20～29度		月	7月12日～7月22日

※各デカンに太陽がめぐる日にちは、毎年1日ほど前後する

デカンの副主星の関係から、同じ星座に生まれても、デカンごとに微妙な違いが出てくるのだ。各星座の主星ははっきりと決まっているが、デカンに対応する副主星の決め方には、さまざまな流儀がある。クロウリーの方式について、以下に説明しよう。

デカンの開始点は、獅子座0度とする。そこから順に、土星、木星、火星、太陽、金星、水星、月と、惑星を当てはめていく。この順番は、地球から見て公転周期の遅い順で、カルディアン・オーダーと呼ばれる。また、カバラの観点から見れば、ビナーから順番に生命の樹のセフィラーを下っていく順番でもある。しかし、36のデカンに七惑星を当てはめていくと、惑星がひとつ足りなくなってしまう。

この点の対処についてては、前掲の対応表を見ていただきたい。「カップの10」と「ワンドの2」の箇所で、火星がつづいているのがわかる。ちょうど春分のころだ。

クロウリーによれば、冬が終わり、春分からの一年間を動かすためには、火のエネルギーで気合を入れる必要があるため、火星を重ねたということらしい。

なお、「A《エース》」の説明でも図示したが（↓187頁）、各スートのスモール・カードは、数字によって活動星座・固定星座・柔軟星座との対応が決められている。

2、3、4……活動星座
5、6、7……固定星座
8、9、10……柔軟星座

占いをしているときに迷わないよう、覚えておくとよいだろう。

さて、先述したように、スモール・カードのデカン対応を駆使すれば、何日ごろに特定の出来事が起きるかを予測できる。しかし、その日がわかったとしても、実際の占断では、もっと短い時間の単位が要求されることが多い。また、「あとどれくらいで○○できますか」という質問も少なくない。そんなときは、スート別に日時を推測する方法がある。

ワンド……時
カップ……日
ソード……週
ディスク……月

各スートが示す「時」や「日」などの単位に、出てきた数札の数をつけるだけだ。

たとえば「就職の面接結果はあとどれくらいで通知されるか」という問題に「カップの6」が出れば「6日後に返答がくる」と解釈できる。

Aとコート・カードは使わないので、2から10までの数で答えを出すことになる。占った当日を「1日目」と数えるか、翌日を「1日後」と数えるかは占者しだいだ。

ただ、どの場所に出たカードを日時として読むかには諸説があるうえ、実践して慣れていくしかない手法でもある。「案ずるより産むが易し」の精神で、いろいろと試してほしい。


なお、各カードの解説には、36デカンに2柱ずつ配当されている「シェム・ハ・メフォラシュの天使」の名称と、そのおよその意味も記載した。これは別名「神の72の名前」とも称されるものだ。

シェム・ハ・メフォラシュの天使は、タロット魔術などでよく使用されるものだ。

これは、『旧約聖書』の「出エジプト記」第14章19節から21節に用いられているヘブライ文字から生まれた天使だ。以下に、少し説明しておく。

「出エジプト記」第14章19節から21節は、いずれも72のヘブライ文字で構成されている。

まず、第14章19節の72文字を右から左へ並べ、その下に20節を左から右に、さらにその下に21節をまた右から左へと並べる。横に並んだ3行を縦に読むと、ヘブライ文字を3文字ずつ組みあわせたものが72個できあがる。その下（3文字のヘブライ文字の下）に天使を意味する「el」や「yah」という語尾をつければ、天使名が完成する。本書では読みやすさを優先して、ヘブライ文字ではなくアルファベットで表記してある。

普通に占うだけならば、これを気にする必要はないが、クロウリー・スプレッドを実践する際には重要な要素となる。また、タロットを魔術的に使用したい人には、必須の知識である。

ワンドの2
領土

【本来の称号】
領土の主

【対応デカンの天使】
VEHOOEL
昼　高尚にして大いなるもの
DENEYEL
夜　慈悲深い審判

【意味の術式】

火×「2.コクマー」×牡羊座×火星

【概説】


　意味の術式を見ればわかるように、100%、男性性の要素だけで構成されている。カード全体を覆う赤の色調も、燃えあがる炎や精錬中の鉄などを連想させる。最も高尚な「火」ともされる。ワンドのA《エース》から生まれた火のフォースが、このカードから流出し、方向を見いだしていくのだ。

　まず目を引くのは、中央で交差し、「2」の象意を示す金剛杵《バジュラ》だが、その後ろには4本の赤い線で炎が描かれ、合計で「6」の象意が隠されている。これは、牡羊座でエネルギーが高くなる太陽を示唆しているという。

　金剛杵はチベット仏教など、仏教の特定の宗派で用いられる法具である。もとはインド神話でインドラ神が、ヴリトラという悪魔を倒すため、ブラフマー神に頼んで手に入れた武器だ。仏教では一般的に、金剛杵は煩悩を破るための法具として使われるが、ここでは原点である「武器」としての意味が強く感じられる。ちなみにカードの金剛杵は、意識的に選んで描いたのかどうかは不明だが、鬼が彫られた「鬼面金剛杵」である。

【愛情】

［好品位］お互いを尊重してバランスの取れた関係を構築できる。玉の輿などには興味がなく、対等な地位と能力のパートナーを求める。

［悪品位］頑固で自分の偏った理想に執着する。相手を思い通りにしたがる。

【対人関係】

［好品位］他人へ影響を与えるパワーがある。言葉は厳しいが、情熱に裏打ちされているので理解者を多く得る。

［悪品位］他者を見下して不埒《ふらち》な態度を取る。暴言や悪口が多い。

【仕事・学業】

［好品位］勇気を持って新しいことを始められる。行動は少し荒っぽいが、それが有利に働く。これまで他人が手をつけていない分野で成功するパイオニア精神にあふれている。

［悪品位］落ちつきがなく、ひとつのことに打ち込めない。興味の対象が次から次へと変わっていき、その度にゼロからやり直すことになる。

【財運】

［好品位］支出と収入が常に一定のレベルで安定しているので、困ることはない。ただし、貯蓄などをするのは苦手。

［悪品位］収入は多いが、なぜか常に支出が上回りがち。真面目に働くが報酬には恵まれない。

【願望】

［好品位］自分の実力を正当に評価されたい。

［悪品位］実際の自分よりひと回り大きな人物として評価されたい。世間の評判に、中身がついていくはずだから。

ワンドの3
美徳

【本来の称号】
確立された勢力の主

【対応デカンの天使】
HECHASHYAH
昼　慈悲深い審判
AAMAMIAH
夜　秘密にして不可解

【意味の術式】
火×「3.ビナー」×牡羊座×太陽

【概説】

伝統的なタロットでは、いわゆる「棍棒《こんぼう》」的な棒が、ワンドのスートに描かれてきた。しかしトートで描かれるのは、魔術儀式やさまざまな宗教的象徴が強調されたマジカル・ワンドが多い。そしてこのカードでは、西洋魔術の儀式で使用されるロータス・ワンドが、3本交差して描かれている。激しい図柄の多いワンドのなかでは、とてもシンプルで落ちついた構成だ。

カードの性質も安定している。まず、牡羊座の太陽は「高揚」という性質を持つため、ポジティブで明るく力強いといった、太陽と牡羊座双方の長所が発揮され、暴走することもない。また、ビナーというセフィラーが女性的な性質を加味するため、穏やかで現実的な力を行使できる。

そんな状態を示すのが、本来の称号である「確立された勢力の主」だろう。もともと好意的なカードなので、「悪品位」の場合も、常に希望が残っていると考えておくとよい。

【愛情】

［好品位］高潔。愛情表現も相手探しも、品よく行う。相手だけでなく相手の家族にも好かれる。

［悪品位］尊大。自信のある態度が異性をひきつけるが、思いやりのなさでふられやすい。強引にアプローチするが、トラブルになると弱い。

【対人関係】

［好品位］小さなことではびくともしない、腰の据わった強さと落ちつき。頼りになる人。本人も周囲も、善意の人であることがほとんど。

［悪品位］うぬぼれ。自慢。ただ、能力や中身がそれにつりあっている場合が多い。謙虚さがないのであまり頼られない。

【仕事・学業】

［好品位］（困難な状況であっても）希望があることがわかるか、実感できることが多い。目の前の課題を真面目にこなすことで、大きな収穫がある。諦めていた分野での成功。

［悪品位］さんざん苦労した後の成功。成功は収めても横取りされる。縁の下の力持ち。辛い仕事を押しつけられがち。学業では真面目さが実る。入試などの本番で実力が発揮しにくい。

【財運】

［好品位］棚ぼた的な幸運はないが、１の労働の成果が３にも10にも増える。遺産相続に幸運だが、金銭というよりは家宝の可能性が高い。必要な金額は手に入る。

［悪品位］損はしないが大儲けもしない。正当な労働による正当な収入。ギャンブル性の高いものは、損失に終わる。

【願望】

［好品位］苦労しても正しい目標を叶えたい。

［悪品位］成功しやすそうな事柄を見つけたい。

ワンドの4
完成

【本来の称号】
完成した作業の主

【対応デカンの天使】
NANAEL
昼　誇り高きものの落胆
NITHAEL
夜　天上の王

【意味の術式】
火×「4.ケセド」×牡羊座×金星

【概説】

片方に白鳩、もう片方に牡羊の頭部をつけたワンドが、4本交差している。牡羊は、このカードが属する牡羊座の聖獣だが、ケセドのセフィラーに対応する神の聖獣でもある。

牡羊に対峙する白鳩は、金星の聖獣のひとつであり、このカードが属するデカンの惑星の力を示している。勇猛果敢な牡羊と柔和な白鳩という組みあわせは、ほとばしるような火のエレメントの力を女性的な金星が受けとめて、均衡を図っているという状態を示唆するのだろう。

よく見ると、4本のワンドは交互に並んでいないことがわかる。4という安定した数にふさわしく、牡羊と白鳩が順序よく交互に並びそうなものだが、あえて不規則にしてある。このような配置にした理由は定かではないが、1から3までの数は、生命の樹の「至上の三角形」と呼ばれるセフィラーに対応するのに対して、４で初めて深淵《アビス》より下の、現実に近いセフィラーに入ってくることを示すのかもしれない。

【愛情】

［好品位］多くの異性に好感を与える美しい立ち居ふるまい。婚約や結婚といった目標のある交際。敏感な反応。誠実で堅実な愛情。努力しなくても自然体が好かれる。

［悪品位］真面目だが行動が性急すぎて、相手に不信感を与えがち。正直であるがゆえの失敗。お世辞などがいえない。第一印象がよくない。

【対人関係】

［好品位］若いころから人づきあいの経験を蓄積して、よい対人関係を築けるようになる。ひとつの場所に定住して濃厚な人間関係を築く。陽気。

［悪品位］過度の心配性、あがり症になりやすく、結果的に意思疎通がうまくできない。時間をかけないと理解されない誠意。不安定。不確実。

【仕事・学業】

［好品位］艱難辛苦《かんなんしんく》の末の大きな成功。実りは大きく、労働の後には甘美な休息がある。学校の成績はもちろん、人生の諸事に関して利口。

［悪品位］ほとんど好品位と同じだが、成果に到達するまでの時間と労苦が倍増しがち。人知れず重ねる苦労も増える。

【財運】

［好品位］あくせくしなくても必要な金額が得られる。正当で満足のいく遺産。困っている人への援助や寄付。信託基金。

［悪品位］他人のための不本意な出費。先祖代々引き継いだものの高額な維持費。不動産購入などのローンで苦しむ。

【願望】

［好品位］能力を生かして社会貢献したい。

［悪品位］能力を生かしたい。

ワンドの5
闘争

【本来の称号】
闘争の主

【対応デカンの天使】
YAHAVIAH
昼　高貴なる神
YELAYEL
夜　剛毅

【意味の術式】
火×「5.ゲブラー」×獅子座×土星

【概説】

クロウリーがこのカードに強い思い入れがあったことは、中央を貫くチーフ・アデプトのワンド見れば一目瞭然だ。ハディトを模したその頭部には、クロウリーの紋章である「獣の印」が刻まれている。彼は天秤座の生まれだが、アセンダントはこのカードが支配するデカンであり、自分はこのデカンの性質が強いと考えていたらしい。

中央のワンドの周囲には、メジャー・アデプトが使うフェニックス・ワンドと、マイナー・アデプトが使うロータス・ワンドが一対ずつ配置されている。だが、カードの意味は高尚なものではなく、対立とエゴむきだしの競争心がメインだ。実在の魔術師たち、そして何よりも自分自身をよく知っていたクロウリーならではの選択なのか。

火のエレメント、火のセフィラーであるゲブラー、そして最も安定した火とされる獅子座という術式は、火のフォースの素直な流れを思わせる。だが、問題は最後に控えるデカンの支配星、土星だ。障害の星座に入った土星が、火の力をせきとめて停滞させるため、エネルギーがネガティブに浪費される。そのため、このカードは好品位であっても、あまりよい意味にはならない。

【愛情】

［好品位］口論。強い性的欲望。自分の欲求だけを通すような愛情表現。本能に訴えるような強いセックス・アピール。

［悪品位］絶え間ないけんか、ときには暴力沙汰も。性欲優先の恋愛関係。

【対人関係】

［好品位］ライバルとしての友人。けんかするほど仲がよい。援助者への感謝の欠如。

［悪品位］殴りあいまでに発展する意見の衝突。憎悪を増長しあうような友情。弱い者いじめ。

【仕事・学業】

［好品位］競争の中で本領を発揮する。一夜漬け。最先端の研究。独自理論の開発。

［悪品位］非情な手を使ってでもトップを取る。過程を無視する。自分に都合のよい結果のみを認める。買収。

【財運】

［好品位］懐《ふところ》具合《ぐあい》とは無関係に気前がよい。周囲をハラハラさせるお金の使い方をするが、最後は帳尻が合う。趣味には無制限にお金をかける。

［悪品位］浪費家。高額のギャンブル。高級な酒や葉巻などのクラシックな嗜好品に大金を使う。他人の懐を当てにした散財。たかり体質。

【願望】

［好品位］周囲との軋轢があっても自分の道を進んでいきたい。

［悪品位］むしゃくしゃしているので、何とかそれを発散したい。

ワンドの6
勝利

【本来の称号】
勝利の主

【対応デカンの天使】
SAITEL
昼　要塞と確信
OLMIAH
夜　力強さ　封印

【意味の術式】
火×「6.ティファレト」×獅子座×木星

【概説】

ワンドの5の次に控えるワンドの6は、描かれているマジカル・ワンドの種類が同じなのに、バランスよく配置され、落ちついてフォースの輝きを放つような図柄である。

各スートの「6」は、特別にラッキーで安定した数だ。生命の樹では、中央のセフィラー「ティファレト」に6が対応する。美や均衡の象徴であるティファレトの意味を端的に表すなら、「幸運」や「安定」ということになる。とくにワンドの6は、幸運を意味する木星の加護を得ているので、4つのスートの中で最もラッキー度が高い。

ワンドの5と同様に、3種類のマジカル・ワンドが描かれているが、大きな違いは、背景で爆発するかのように描かれていた炎が、ワンドがつくりだすグリッドの中で規則正しく穏やかに燃えていることだ。ここで、火のフォースが人の手で制御しやすいものへと変換されたと考えてもよい。

なお、炎が6個ではなく9個なのは、ティファレトのすぐ下に位置する女性的なセフィラー「イェソド」の数を反映しているからだ。男性的フォースの奔放な流れは、女性的フォースという容器に出合うことで落ちつきを得るのだ。

　なお、クロウリーは、このカードは品位に影響されるという言葉を残している。周囲に出ているカードをよく見て意味を選択すること。


【愛情】

［好品位］真実の愛。ふたりの愛情が同質でバランスが取れている。相思相愛。結婚や婚約にこだわらない関係。

［悪品位］不和を克服しての復活愛。上司と部下など上下関係のある恋人。年齢の離れた相手。


【対人関係】

［好品位］優れた社交性。高度な争議回避能力。集団の中心的存在。

［悪品位］自慢。横柄。成功と富からくる驕《おご》り。


【仕事・学業】

［好品位］成功。獲得。長期的ヴィジョン。職場や学校での中心的人物。医師。教師。福利厚生の整った職場。

［悪品位］障害を克服した後の勝利。粘って成功まで持ち込むが、その状態を維持しにくい。


【財運】

［好品位］労働を通して得られる嬉しい報酬。印税。自分の才能が大きな収入になる。

［悪品位］恵まれていることを当然だと思う。しかし不遇にあってもなんとか切り抜ける。人気や気持ちをお金で買おうとする。


【願望】

［好品位］自分だけでなく、だれもが無理なく最高に幸福になってほしい。

［悪品位］幸福の境界線を無限に広げたい。

ワンドの7
武勇

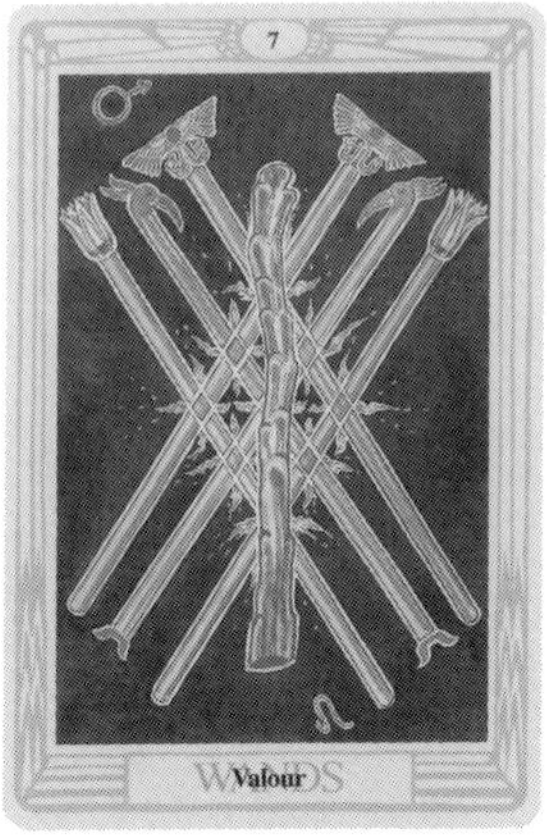

【本来の称号】
武勇の主

【対応デカンの天使】
MAHASHIAH
昼　安全の探求
LELAHEL
夜　賛美に値する

【意味の術式】
火×「7.ネツァク」×獅子座×火星

【概説】

ワンドの6と似た図柄だが、6では穏やかに燃えていた炎がここではランダムに飛び散り、6本のワンドの中央には、荒削りな棍棒《こんぼう》がある。

このカードが示すのは、A《エース》から流れてきた火のフォースが、最後の絞りカスのようになった様子だと、クロウリーは述べている。

意味の術式を見れば、火、獅子座、火星という勢いのよい要素が並び、それを受けとめる女性的なセフィラー「ネツァク」がある。それなのに、なぜ「絞りカス」なのだろうか。

その答えは、ネツァクが、この一連のフォースの受け皿としては力不足だからだ。その結果、せっかくの火のフォースの統制が崩れ、ランダムに飛び交っていくだけになる。人間にたとえれば、負けが見えている戦場で、ただひとり生き残った戦士が、絶望と戦いながら敵に抵抗しているようなものだ。それが、このカードに「武勇」という名がついている理由である。

【愛情】

［好品位］片思い。それが募り、ストーカー的になる。礼儀正しく愛情表現をするが、拒否された場合、それを受け入れられない。

［悪品位］パートナーのいる相手に一方的に恋い焦がれる。不倫&略奪愛。自分の思いが受け入れられないとヒステリックまたは暴力的になる。

【対人関係】

［好品位］仲はよいが、べったりくっつくか、ライバル心を燃やして離れるかの関係。ときにはその両方を同じ相手に交互にくり返す。

［悪品位］ささいな原因による頻繁な口論。上下関係がはっきりした関係。親族など距離が近い相手ほど関係は悪化する。

【仕事・学業】

［好品位］苦戦するが勝利は可能。困難が待ち受けるが、立ち向かう勇気はある。集団行動より一匹狼で力を発揮する。芸術家。漫画家。

［悪品位］集団行動ができない。計画性のなさをスタミナで補って猪突猛進する。下手な鉄砲も数打ちゃ当たるという態度。

【財運】

［好品位］カツカツだが赤字にはならない。自転車操業。収入は十分だが、不注意から出費が絶えない。衝動買い。

［悪品位］クレジットカードやローンの無計画な使いすぎ。見栄からの浪費。一攫千金を求めるが、かえって損失を招く。

【願望】

［好品位］孤軍奮闘してでも、今の苦境を切り抜けたい。

［悪品位］大変なことは、頼りになる第三者にできるだけ任せたい。

ワンドの8
迅速

【本来の称号】
迅速さの主

【対応デカンの天使】
NITHAHIAH
昼　拡大者
HAAYOH
夜　秘密の天国

【意味の術式】
火×「8.ホド」×射手座×水星

【概説】

これまでワンドに描かれていた炎が消えた。ワンドの7で最後の力を振り絞った火のフォースは、ワンドの中にすべて吸収されている。吸収されたエネルギーは、8本の振動する電気の矢へと変容している。そんなワンドの8が象徴するのは、エレクトリックなスピード感である。

ワンドの8は、火のフォースの熾火《おきび》をかき集めて、箱庭にリフォームしたようなものだ。新世界の構築を祝う虹も、視点を変えれば最初は一条の輝く光だったものが、七色に分解されたともいえる。それだけスケールが縮小しているのだ。

ただ、縮小し、圧縮されたフォースは、射手座という自由な星座のもとで飛び回る電気になった。その結果、素早い行動や伝達といった、現代的なエネルギーの使い方をするには有効だ。ただ、一度放たれた電気は元に戻らない。やりっ放し、言いっ放し……。いわば半人前が集まって、好き勝手な意見を言いあっているような状態だ。情報は行き交うが、実用化されることはほとんどなく、最後は口論や陰口で終わる可能性が高い。エネルギーは飛び交うが、実にならないのだ。

【愛情】

［好品位］さっぱりとした愛情。友人関係からの恋愛。共通の趣味を通しての恋愛。メールを多用しての愛情表現や告白。

［悪品位］いきなり友人から恋人にレベルアップしようとして、破局を招く。相手と自分の好きの度合いがかみあわない。

【対人関係】

［好品位］弁説さわやか。共通の話題で徹底的に議論ができるような関係。単独行動。相手に好かれるかどうかは気にしない。マイペース。

［悪品位］忘れ物などが多くて、つまはじきにされがち。相手の気持ちが読めず、トラブルになる。

【仕事・学業】

［好品位］電光石火。何事も素早くそつなくこなす。文筆家。ＤＪ。講演者。市民活動家。

［悪品位］ケアレスミス。竜頭蛇尾《りゅうとうだび》。結果を急ぐあまり大局が見えない。プロジェクトの初期にスピードを出しすぎてエネルギー切れする。

【財運】

［好品位］金は天下の回りもの、余裕があってもなくても気にしない。株式投資、先物投資などに幸運。だが儲けを次につぎ込む。計画的な借金。

［悪品位］ギャンブル好き。ギャンブル的な投資。マルチ商法など人を利用する金儲け。

【願望】

［好品位］さまざまな情報を利用して、少ない労働時間で成果を出したい。

［悪品位］自分はできるだけ動かずに、金銭的な利益がほしい。

ワンドの9
勢力

【本来の称号】
大いなる力の主

【対応デカンの天使】
YIRTHIEL
昼　釈放者
SAHYOH
夜　邪悪を取り去るもの

【意味の術式】
火×「9.イェソド」×射手座×月

【概説】

ワンドの8で電気になった火のフォースが、ここでは矢によって表現されている。一度手から離れたら、コントロールが利かない点は同じだ。

輝く太陽が描かれているため、デカンの惑星が太陽なのかと誤解しがちだが、このカードに対応する惑星は、鏃《やじり》や矢羽根に表現された月だ。

太陽が強調されているのは、中央の矢が、生命の樹で射手座に対応する「サメク」の径《パス》を象徴するからだ。その径は、太陽のセフィラーであるティファレトと月のセフィラーであるイェソドをつないでいる。そのため、下に月、上に太陽という構図になっているのだ。また、9という数字もイェソドに対応している。この二重の月の影響を多くの月によって示したのだろう。

月は変化の象徴かつ女性的で、保護的な力を持つ。そのため守りには強いが、効果を得るためには変化を受け入れねばならないことを示唆する。

【愛情】

［好品位］臨機応変な態度。力強い愛。力強いが強引ではない愛情表現。健康的な関係。遠距離恋愛。相手に対して保護者的な態度を取る。

［悪品位］相手に自分の理想を押しつけがち。交際は始まっていないのに、妄想でエスカレートする・される。結婚を焦る。

【対人関係】

［好品位］不和と対立を乗り越え、よりよい状態を目指せる。さまざまな人と交流できる。目下の人間から頼られる。新しい友人がすぐにできる。

［悪品位］ギブ&テイクで人間関係を考え、手当たりしだいに交友関係を広げる。正義感からの暴走。目上の人間との衝突。ボランティアには熱心だが、家族や恋人には無関心。

【仕事・学業】

［好品位］転校や転職で成功する。医師や医療関係など、病気からの回復を促す職業。恐怖を乗り越えて成果を上げる。フレックスタイムの職場。夜間など通常とは異なる時間帯の学校。社会人になってから大学への再入学。

［悪品位］限度を知らない努力。苦労するほど偉いと考える。無茶な学習スケジュール。実力に見あわない学校や塾。暗記学習。

【財運】

［好品位］借財の多い状態からの創意工夫による復興。労働に見あった報酬。収入と支出は不安定だが実入りはよい。貯蓄より投資が幸運。

［悪品位］設備投資などを嫌がり、結果的に収入が下がる。多重債務。見栄からくる赤字。

【願望】

［好品位］生きている限り、常に前進したい。

［悪品位］だれもが皆、自分のようにがんばってくれたらよいのにと思う。

ワンドの10
抑圧

【本来の称号】
抑圧の主

【対応デカンの天使】
REYAYEL
昼　期待
EVAMEL
夜　がまん強い

【意味の術式】
火×「10.マルクト」×射手座×土星

【概説】

ワンドの10は、2本の金剛杵《バジュラ》で始まった火のスートの終着点だ。そこには再び2本の金剛杵が描かれている。だが、ワンドの2であふれんばかりのフォースを感じさせた金剛杵が、ここでは縦に引き伸ばされ、火のエレメント界に入ろうとする不届き者を阻止しているかのようだ。寺院の門を守る2体の金剛力士像を彷彿とさせるが、保護よりは敵対心を感じる。金剛杵の後ろでは、かぎ爪のついた8本の棒が交差している。

ワンドの2ではピュアな稲妻のようだった火のフォースが、燃えながら縮んでいく、現実界での火へと変質したと考えてもよいだろう。

こうしたネガティブな状態は、意味の術式にある「マルクト」と「土星」によるものが大きい。マルクトは生命の樹の最下位にあるセフィラーで、これまでの９つとは比較にならないほど重たく、混乱したエネルギーを放っている。その重たさに土星が拍車をかけている点といい、十二星座中で最もフットワークの軽い射手座や、エネルギッシュに飛び回る火との相性が悪すぎる。

そのため、射手座の自由さは無責任さに、火のフォースは重圧や抑圧へと姿を変えてしまった。

占断では力の誤用や重苦しいムードを示す。


【愛情】

［好品位］自己犠牲的な愛情。相手に一方的に尽くし、貢ぐ。自信がないため対等な関係から逃げる。虐待されても別れを選べない。

［悪品位］邪悪な下心のある誘惑。自分が既婚者であることを隠して不倫する。長年の三角関係。別れた人に何年も復活愛を迫る。


【対人関係】

［好品位］寛大。サークル活動などでは縁の下の力持ち。トラブルの責任を押しつけられがち。

［悪品位］表面はともかく、冷酷な態度。お互いを利用しあうような関係。義務だけでの交流。


【仕事・学業】

［好品位］実力以上のタスクやノルマ。無理な目標も、徹夜などで乗りきる。難易度が非常に高い試験。目上の人にすすめられての入学や就職。

［悪品位］劣悪な労働環境でもがんばってしまう。利己主義のため職場や学校で孤立し、成果が上げられない。遠距離通勤や通学。自分に合わない環境での仕事。過労死。不法な長時間労働。


【財運】

［好品位］負の遺産。いつもぎりぎり&赤字すれすれの収入。常に次の支払いがある状態。

［悪品位］悪意や復讐心からの詐欺。搾取。借金の取り立て。債務超過からの夜逃げ。


【願望】

［好品位］苦しくてもがんばって改善したい。

［悪品位］どこかへ消え去りたい。

カップの2
愛

【本来の称号】
愛の主

【対応デカンの天使】
AAYOEL
昼　人の子の喜び
CHABOOYAH
夜　最大の自由の与え手

【意味の術式】
水×「2.コクマー」×蟹座×金星

【概説】

クロウリーは、このカードには「志の下の愛の主」という称号のほうがふさわしいと述べた。カップの2は、78枚のカードの中でトップクラスに穏やかで、愛情に満ち、喜ばしいカードである。その福々しさは、柔らかなピンクを基調とした画面から放射されているかのようだ。

このカード全体は、ロゴス的な作用がある2やコクマーが、水のエレメントのフォースを、最も崇高でわかりやすい「愛」という概念にして提示してくれた状態だと考えればよい。

水のスートを象徴する海や蓮、美しく澄んだ流水と、それを受けとめる聖杯などもわかりやすい象徴だ。ピンク色の2匹の魚は、クロウリーの説明ではイルカだという。

イルカは伝統的に、愛の女神アフロディーテの使いとされるが、クロウリーは、このイルカが象徴するのは「王の術」だとした。王の術とは、錬金術の別称だ。錬金術では、黄金をつくりだす最終段階、金の凝固をイルカが示すことが多い。

カップの2は、男性的なエネルギーと女性的なエネルギーが最も完璧に調和している状態だともいう。であれば、そこから「賢者の石」が生まれ、黄金が生成される可能性を秘めている。

このカードから生まれるのは、究極の愛なのか、それとも魂の錬金術の成就なのだろうか。

【愛情】

［好品位］完璧で穏やかな調和。激しい喜びとエクスタシー。快楽。結婚。

［悪品位］結婚詐欺など愛情を利用されての被害。恋愛だと思えるが、じつはセックスだけの関係。

【対人関係】

［好品位］温かい友情。娯楽。人情の機微を読む能力。社会的地位の高い人との自然な交流や友情。善良な人たちとの交流。

［悪品位］好品位とほぼ同じだが、長く交際するにつれ、相手に利用される危険が増す傾向あり。

【仕事・学業】

［好品位］人に優しく応対する職業すべてに幸運。楽しい学校生活。芸術的才能を活用。

［悪品位］消失。愚かさ。自分からは動かない。親や先輩にいわれるままの作業。

【財運】

［好品位］あくせくしなくてもお金に困らない。現金だけではなく有形無形の財産が自然に集まってくる。友人や親族からの紹介による利益。

［悪品位］無駄遣い。あればあるだけ使う。友人や恋人にどんどん貢ぐ。人を信じすぎて損をする。

【願望】

［好品位］世界を愛で満たしたい。

［悪品位］自分が愛で満たされたい。

カップの3
豊富

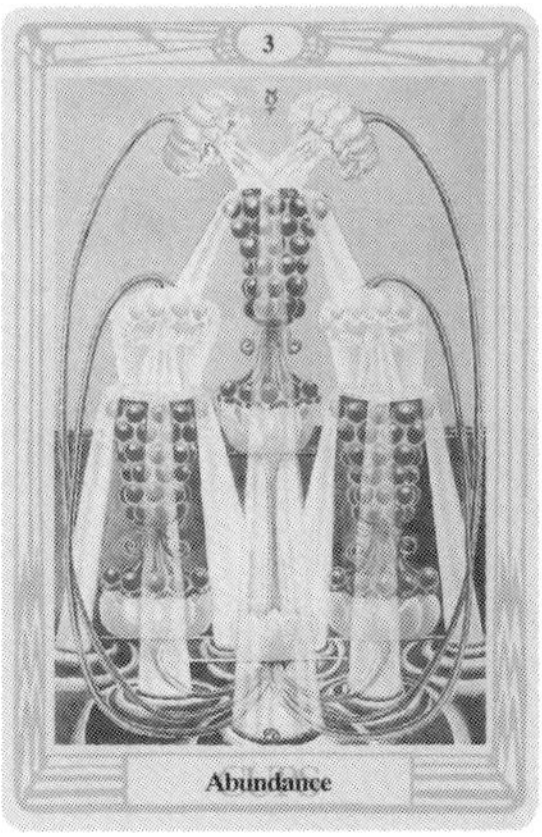

【本来の称号】
豊富さの主

【対応デカンの天使】
RAHAEL
昼　すべてを見守るもの
YABOMAYAH
夜　言葉にてつくりだすもの

【意味の術式】
水×「3.ビナー」×蟹座×水星

【概説】

カップの2が「志の下の愛の主」ならば、このカップの3は「愛の志」が結実したカードだ。豪華なシャンパングラスのように見える赤い聖杯は、柘榴《ざくろ》の実でできている。このカードはビナーのセフィラーに対応するが、そこに対応する女神はギリシアの大地母神デメテルや、その娘で冥王ハデスに略奪されたペルセポネである。

デメテルは、冥界に連れ去られた娘ペルセポネをどうにか見つけるが、すでに彼女はハデスからすすめられた柘榴12粒のうち、4粒を口にしていた。そのため、一年の3分の1は冥界で過ごさねばならなくなった。この神話がカップの3に重なる意味はどこだろうか？

2では「愛」という概念だった水のフォースは、3で現実的な感情として結実する。理解しやすくはなったが、概念は永遠でも、実際の感情は色褪せることもある。この皮肉な状態が、柘榴を食べたペルセポネの逸話とかぶってくるのだ。何かを得れば、必ず別の作用が伴うものだ。

それでも、このカードは豊穣の霊的基盤とも呼ばれるめでたいカードだ。

【愛情】

［好品位］豊富。愛情。快楽。官能。結婚。妊娠。周囲から祝福されるような関係。真面目な人から好意を寄せられている。

［悪品位］お見合いや紹介での結婚、別に不幸ではない。お互いの愛情に食い違いがある。相手はほかにも関係している人がいる。

【対人関係】

［好品位］親切なもてなし。博愛。喜びや嬉しさ。気軽に楽しい時間が持てる仲間。鷹揚《おうよう》。

［悪品位］長年の友情が惰性に変わりかけている。約束にルーズ。家が近い、クラスや会社が同じといった消極的な理由での友情。

【仕事・学業】

［好品位］成功、とくに受け身の姿勢で。ツイている。タイミングがよい。実学、実技での卓越した才能。天才セールスマン。

［悪品位］あと一歩のところで成功を逃す。当初の目標よりかなり縮小された成功。がんばっても要領の悪さで成果が出ない。

【財運】

［好品位］豊かさが保証されている。気前がよい。使いすぎでも節約しすぎでもない。お金の適切な使い方を本能的に知っている。

［悪品位］お金に困らず気前がよいが、それを利用しようと企む輩《やから》に縁がある。投資話などでの詐欺。偽の募金。遺産を減らしてしまう。

【願望】

［好品位］よりよい状態を目指したい。

［悪品位］もっと幸福になりたい。

カップの4
贅沢

【本来の称号】
混合した快楽の主

【対応デカンの天使】
HAHAYEL
昼　宇宙の主
MEVAMAYAH
夜　宇宙の果て

【意味の術式】
水×「4.ケセド」×蟹座×月

【概説】

術式は、水のエレメントに蟹座、蟹座の主星の月、安定力が強いケセドという組みあわせ。最高の安定感を思わせるが、宇宙のサイクルでは、頂点をきわめたものは、下りへと向かう。

カードの水は澄んでいるが、聖杯の容量をはるかに超えて滝のように注がれている。聖杯はその衝撃と重さに必死でバランスを保っているような様子だ。空には黒雲が湧き、海面も動きを見せて、「嵐の前の静けさ」である。

クロウリーはこのカードについて、ジオマンシーのポプラスとヴィアに関連していると述べている。ジオマンシーは西洋の易《えき》といわれ、奇数と偶数の組みあわせから判断する占術である。ポプラスは偶数だけの、ヴィアは奇数だけの組みあわせで、クロウリーはこれを新月と満月であると解釈した。奇数ないしは偶数がきわまり、次の局面へと移り変わろうとする状態だ。それは自然な流れだが、4という数字の安定性が流れをせきとめるため、変わるに変われなくなってしまうのだ。

勇気を持って次の局面へ打って出るか、現状にとどまり、真綿で首を絞められるような状態に耐えるか。そんなイメージのカードである。

【愛情】

[好品位] 今が最高の相思相愛。心配がないまぜの快楽。長い春。幸福だが進展がない。つきあっているのかどうか、はっきりしない。復活愛。

[悪品位] 快楽の中に罠が仕掛けられている。欲望の放棄。別れが近づいている。別れたのにセックスだけでつながっている。

【対人関係】

[好品位] 一緒に遊ぶには最高。家族や昔なじみとは良好な関係。普段は親密だが、クラスや部署が変われば切れてしまう友情。

[悪品位] 弱さ。飲酒やギャンブルといった悪癖を共有してつながる関係。幼なじみの悪友。

【仕事・学業】

[好品位] 成功と喜びが混合。現状が当然と思っていると徐々に先細りになる。実力以上の成功を得るが、それが重荷になる。チーム作業に幸運。結果はともかく過程は楽しい。

[悪品位] 不公平。課題や仕事を期日までに終えられない。チームの和を重んじるあまり、作業能率が落ちる。

【財運】

[好品位] 悪くないが、これ以上に増えることはない。遺産や引き継いだ家業。

[悪品位] 目減りしていく貯蓄や遺産。無計画で少額の散財。落とし物などでの損失。

【願望】

[好品位] 無理でも幸福な現状を継続させたい。

[悪品位] 安易に同調できる何かがほしい。

カップの5
失望

【本来の称号】
快楽の内の損失の主

【対応デカンの天使】
LIVOYAH
昼　急ぎ耳を傾ける
PHEHILYAH
夜　贖罪者、解放者

【意味の術式】
水×「5.ゲブラー」×蠍座×火星

【概説】

カップの4で暗示されていた変化の結果を示すカードである。

画面の中央には、鈍い色の聖杯が5つ、逆五芒星を描いて配置されている。逆五芒星は悪魔主義の象徴などという風評があるが、魔術の伝統では「物質性が精神性にまさっている状態」を示すものであり、邪悪でも悪魔的でもない。この配置は、これまでさまざまな愛を語ってきた水のフォースの変容を象徴しているのだ。

豊かに流れていた水は枯渇し、聖杯は空になっている。睡蓮は吹き飛ばされ、干上がった沼にかろうじて根を張っている様子だ。赤茶けた空は火星の景色を彷彿とさせるが、ここではまさに「火星」が解読の鍵となる。意味の術式では、火星が対応するゲブラー、火星を守護星とする蠍座に加え、デカンの主星も火星だ。これほど火星が集約していれば、統一性があってよいと思えるかもしれない。だが、水のフォースがこれほど強い火星の象意と出合うこと自体が問題だ。火の勢いが強すぎて、水が干上がってしまう。愛や感情に勢いをつける火星だが、過剰すぎて暴走し、せっかくの愛情を破壊している状態なのである。

【愛情】

［好品位］失望。悲しみ。これから喜ばしい状況になっていくはずだったときに足もとをすくわれる　パートナーへの失望からの浮気。

［悪品位］裏切り。絶望。パートナーの死によって終わる関係。浮気される。

【対人関係】

［好品位］本人は誠実なのに、友人から不親切にされる。悲しい出来事。なかなか誠意を理解してもらえない。新しい友人ができない。

［悪品位］友情を失う。悪意。親切と施しを悪用されるような関係。孤立を恐れて不利な交際をがまんする。仲間はずれ。

【仕事・学業】

［好品位］予期しないタイミングでの妨害。先行きが見えず、いつも不安と戦っている。客の入らない店。成績の悪化。努力の成果が出にくい。

［悪品位］後悔。辛い役目ばかりを押しつけられる。試験に落第する。不作。低迷。

【財運】

［好品位］当てにしていた遺産などがないことがわかる。不渡りの小切手。支払いを踏み倒される。倹約してもカツカツの家計。

［悪品位］所有財産の価値が下がる。お金に関する不安やトラブルと縁が切れない。兄弟姉妹や親族への仕送りで苦しむ。

【願望】

［好品位］この状態から抜けだしたい。

［悪品位］私のことは忘れてほしい。

カップの6
快楽

【本来の称号】
快楽の主

【対応デカンの天使】
NELOKHIEL
昼　御身一人
YEYAYIEL
夜　御身の右手

【意味の術式】
水×「6.ティファレト」×蠍座×太陽

【概説】

カップの5で乾ききったかに見えた水のフォースは、ここで調和を取り戻したようだ。聖杯は黄金に輝き、そこには適切な量の水が注がれている。海には波があるが、とても自然な様子だ。

ティファレトが対応する6のカードは、どれも幸運を意味する。術式を見ると、ティファレト＝太陽であるのに加え、デカンの主星も太陽であり、その影響がとても強い。太陽が意味する事柄の筆頭は、成功である。そのため、水のエレメントが代表する感情とその成功ということで、恋愛の成就や喜びといった意味が強くなるのだ。

しかし、クロウリーはこのカードを、努力や無理、緊張などのない自然な力が調和した状態であり、現実的な願望成就とは対極の状態を示すはずだと述べている。無為自然といえば、東洋的な枯れた思想のようだが、占断上の意味では、肉体的欲求の充足など、世俗的な成功が並ぶ。これは蠍座の太陽による作用でもあるし、人間界での喜びに限界があるせいでもある。


【愛情】

［好品位］満足。幸福。両思いからの幸福な結婚。いつまでも恋人のような結婚生活。性的欲求の充足。意中の人からの告白。

［悪品位］図々しい。恋人のプライバシーに配慮しない。自分の欲求が先走ったセックス。好かれていると勘違いする。


【対人関係】

［好品位］気楽。辛抱強い。愛想がよい。明るいのでだれからも好かれる。周囲にも明るい人たちが集まりやすい。

［悪品位］生意気。恩知らず。無礼な言動。図々しい。でしゃばり。だが、たいていの場合はトラブルにならず、個性として認められやすい。


【仕事・学業】

［好品位］成功。看破。知識。レベルの高い志望校に合格する。大企業や公職での成功。世界を相手にする仕事。自分の才能を生かして起業する。

［悪品位］不当な自説の主張によるトラブル。才能はあるが態度が悪くて昇進できない。希望を上げすぎて入試に失敗する。器用貧乏。


【財運】

［好品位］順調な増収が始まる。獲得。身近な人から、まとまった援助を受ける。宝石など高額なプレゼント。

［悪品位］順調な増収が始まるが、始まっただけなので安心はできない。虚飾。


【願望】

［好品位］エネルギーに満ちている今のうちに、いろいろと向上していきたい。

［悪品位］エネルギーに満ちている今のうちに、いろいろなものを手に入れておきたい。

カップの7
堕落

【本来の称号】
幻影的成功の主

【対応デカンの天使】
MELOHEL
昼　邪悪なるものを追い払う
CHAHAVIAH
夜　人の内にある善

【意味の術式】
水×「7.ネツァク」×蠍座×金星

【概説】

カップの6の安定性が崩れたときの様相を示すのがカップの7だ。清浄な蓮は枯れたオニユリに変わり、腐敗した汚水が聖杯に垂れ流されている。その聖杯も、腐りかけのような、嫌な虹色だ。これまでは同じ大きさで描かれてきたが、ここでは一番下だけが極端に大きくなっている。全体に、カップの6のバランスを崩し、邪悪で気持ちの悪い方向へと発展させたカードだ。

しかし、意味の術式を見ると、蠍座は不動宮でどっしりとしているし、デカンの主星の金星は、ネツァクに対応する惑星でもある。どれもが協調している……と思えるだろうか？

じつは、蠍座は金星にとって障害の座に当たる。金星のネガティブな力が出やすく、すべてがマイナスの方向へと加速されてしまう。

金星は美や快楽を象徴する星だが、それが過ぎればどうなるだろうか。華やかなパーティーのために大金を使って準備したものの、その場の雰囲気にのまれてお酒を過ごし、悪酔いしてトイレに駆け込むような状態。せっかくのドレスも汚れてしまう。そんな様子が示唆されているのだ。

【愛情】

［好品位］情欲。陶酔。関係者が納得している状況での不倫。他人の恋人や配偶者への片思い。

［悪品位］妄想。嘘。姦淫。不倫。何度もくり返す浮気。行きずりの関係。

【対人関係】

［好品位］一時的な友情。実害はないが腐れ縁。飲み仲間。ギャンブル仲間。嫌みや愚痴の多い友人。噂話や第三者の悪口で盛りあがる友情。

［悪品位］友情や愛情の喪失。約束を破る。激怒しやすい性質。自分より弱い者への暴力。自己中心的な放蕩生活。

【仕事・学業】

［好品位］錯覚しやすい成功。一般的な成功も可能だが、本人の決断力のなさで吹き消される。集中力がない。不規則な生活が原因で、入試などで実力が出せない。人気に左右される商売。

［悪品位］後から有罪判決を受けるような仕事。ミスの多発。酒による失敗。遅刻や欠席による単位不足。サボり癖。マルチ商法。

【財運】

［好品位］親族や友人への借金。しぶしぶではあっても経済的な援助者がいる。投資の失敗。好きなアイドルなどに多額のお金をつぎ込む。

［悪品位］詐欺。虚飾。麻薬やアルコールを購入するための散財や破産。

【願望】

［好品位］自分はきちんとしていると、だれかに認めてほしい。

［悪品位］何があっても私のせいではない。

カップの8
怠惰

【本来の称号】
放棄された成功の主

【対応デカンの天使】
VAVALIAH
昼　王と統治者
YELAHIAH
夜　永久にとどまるもの

【意味の術式】
水×「8.ホド」×魚座×土星

【概説】

カップの7では、さまざまな過ちが表現されていた。このカップの8は、ウンザリしている状況を示すことで、カップの7と対になっている。

カップの7がパーティーで飲みすぎて醜態をさらす状態ならば、カップの8はその翌朝だ。二日酔いで割れそうな頭を抱えながら、パーティーの主催者は自分だったのに、みっともない真似をしたと後悔しているときに、一緒に悪酔いしたゲストたちが壊した物品の請求書が届いた……。

ここまで悲惨な運勢になる理由は、魚座は気性の優しい星座だが、困難をどうにかする気力や底力が不足しているからだ。そのため、土星に抑えつけられた部分はつぶれてしまう。ホドの水星も障害の座にあり、危険予知などは無理で、惨めな言い訳をひねりだすくらいにしか使えない。

ただ、聖杯は少し欠けてはいるものの真鍮色に輝き、背景の海は濁っているが、流れる水は澄みはじめている。今はこの状態を受けとめて、次はどうするかを考えるべきなのだろう。

【愛情】

［好品位］愛がなくなり、情だけで続く関係。孤独を恐れて愛していない相手で妥協する。出会いがない環境。既婚者と知らずに交際する。性的嗜好の異なる相手とのセックス。

［悪品位］不安定。惨め。断っても諦めてくれない相手。ストーカー。アニメの主人公などに本気で恋愛感情を抱く。不本意な愛人契約。

【対人関係】

［好品位］裕福な友人の世話になるなど、屈辱的だが実入りのよい関係。自分より優れた人の引き立て役。ＳＮＳなどで正体を隠して交流する。

［悪品位］愚痴をこぼしあう関係。転居が多く友人をつくりにくい。足を引っ張りあう関係。

【仕事・学業】

［好品位］より高次元のものを目指すため、俗世界での成功を手放す。ひとつのことに絞れば成功は可能だが、将来につながらない。怠け癖。約束を忘れたことによるトラブル。

［悪品位］すべてのことに興味を失う。成功の放棄。無断欠勤・遅刻。はっきりした理由のない登校拒否。ブラック企業。違法なビジネス。

【財運】

［好品位］裕福な知人や愛人のおこぼれに与《あずか》る。親の貯金や遺産を少しずつ食いつぶす。

［悪品位］その日暮らし。ギャンブルで小銭を稼ぐ。違法な仕事の収入。配偶者や家族の収入に頼り続ける。

【願望】

［好品位］俗世間は苦しいので、より清浄な世界を目指したい。

［悪品位］何も考えたくない。

カップの9
幸福

【本来の称号】
物質的幸福の主

【対応デカンの天使】
SALIAH
昼　すべての物事の原動力
AARIEL
夜　啓示者

【意味の術式】
水×「9.イェソド」×魚座×木星

【概説】

カップの8から一転して、明るさに満ちた様相である。この差は、対応するセフィラーが、中央の柱にあるイェソドで、均衡が取れていることが大きい。同じ大きさの9つの聖杯が整列し、等量の水が注がれている。7と8では美しさを失っていた聖杯だが、ここでは上品な藤色で彩られ、水のフォースを受け取る喜びにあふれている。

セフィラーの効果だけではなく、魚座を本来の座とする木星の存在も重要だ。保護や慈悲、そして幸運の作用が強い木星が、魚座の弱さを補い、優しさや思いやり、幸運を享受するノリのよさなどを強化しているのである。

この幸福は、これまでの苦難を乗り越えてきたから得られたものという解釈もできるし、それとは関係なく、天から降ってきた幸福だという可能性もある。ただ、そんなささいなことはどうでもよくなってしまうほど、楽しく、満足して、笑顔がこぼれるようなカードなのである。難しいことは考えず、ビー・ハッピー‼

【愛情】

［好品位］快楽と幸福のコンビネーション。身体的な相性がよく、気楽。これが完璧な幸福なのだという気づきを得る。ひと目惚れ。愛の告白は完全に受け入れられる。妊娠。

［悪品位］完璧に近い幸福だが、一時的なもので終わる可能性が高い。愛情に目がくらみ、ほかのことが見えない。妊娠が契機となる結婚。

【対人関係】

［好品位］自分のことばかり話す。でも話題が面白く愛嬌があるので人には好かれる。性善説。子供のころから仲のよい仲間。たくさんの友人。

［悪品位］虚飾。危険な関係。自己否定。調子のよいときだけの友情。後輩などを甘やかしすぎ。

【仕事・学業】

［好品位］有能であるがゆえに目標を高く設定しすぎて、平凡なアイデアでは満足できない。テストの山勘がよく当たる。人を相手にする職業。営業職。タレント。

［悪品位］自画自賛。独断。うぬぼれ。最終的にはなんとかなるが、費用や時間をかけすぎる。実力以上の学校や会社に合格し、その後が苦しい。

【財運】

［好品位］特別なことをしなくても、十分な収入がある。不動産や儲かる家業を引き継ぐ。計画的な金銭管理は苦手だが、なんとかなる。

［悪品位］気の早さと独断による計算間違い、それが大きな損害につながる。各種手続きなどのミスで遺産を失う。食べていくには困らない。

【願望】

［好品位］今が幸福、もう何もいらない。

［悪品位］今でも幸福だが、もっとほしい。

カップの10
飽満

【本来の称号】
完成した幸福の主

【対応デカンの天使】
AASLAYOH
昼　公正な審判
MIHAL
夜　父のごとく放つ

【意味の術式】
水×「10.マルクト」×魚座×火星

【概説】

黄金に光る10個の聖杯は、蓮が形づくる生命の樹にセフィラーよろしく配置され、輝くような水を受けとめている。

だが、よく見てみると、背景には自然界の水がない。左右の聖杯はわずかに傾き、少しでもバランスが崩れれば、ひっくり返ってしまいそうだ。

カードの称号である「飽満」は、これ以上は何も入らない状態を示す。いわばこのカードは、ふくらみきった風船であり、そろそろ外側が疲弊して、しぼむか破裂する一歩手前なのである。そして、デカンの主星は火星。その攻撃性を思えば、今の幸福はバチンと弾け飛ぶかもしれない。

従来、カップの10は好ましいことだけを示すカードとして扱われてきた。だがクロウリーは、若いころの著書『春秋分点』でも、カップの10は退屈な状態から生まれるトラブルや、快楽を追求しすぎるあまり麻薬やアルコールに溺れる可能性を示唆するカードだと述べている。トート・タロットでの解釈は、それが結実したものだろう。

明日はどうなるかわからない。だから今の幸福にしがみつくか、新たな世界へ目を向けるのか。それが試されるカードかもしれない。

【愛情】

［好品位］高次元から触発され、永続する愛情。カップの９ほど官能的ではないが、平均よりはずっと幸福な愛。周囲から祝福される婚約や結婚。恋は盲目、だが覚めないので問題はない。

［悪品位］完璧な恋愛をして快楽の追求に走るが、満足のいく結果にはならない。浮気性。相手の愛情をわがままで試す。

【対人関係】

［好品位］寛大。和解。いつもワイワイと楽しい仲間。新しい友人がすぐできる。食事や飲み会は大人数。流行の遊びを一緒に楽しむ。

［悪品位］哀れみ。退屈に起因する口論。セレブ気取りの人にウンザリする。酒浸りの友人。

【仕事・学業】

［好品位］不変の成功。プロジェクトは手順を踏んで、希望したところに落ちつく。徹夜や残業のない仕事。ホワイト企業。飲食業。

［悪品位］堕落。停滞。可もなく不可もない成果。勉強や仕事より周囲とのつきあいを優先する。

【財運】

［好品位］高額の定期収入、ただしいつかは終わる。親のすねかじり。宝くじやギャンブルの高額賞金。いつもおごってもらえる。

［悪品位］損失。無駄遣い。贅沢のしすぎ。

【願望】

［好品位］このまま何もせずに過ごしたい。

［悪品位］もっとよいことがあるはずだ。

ソードの2
平和

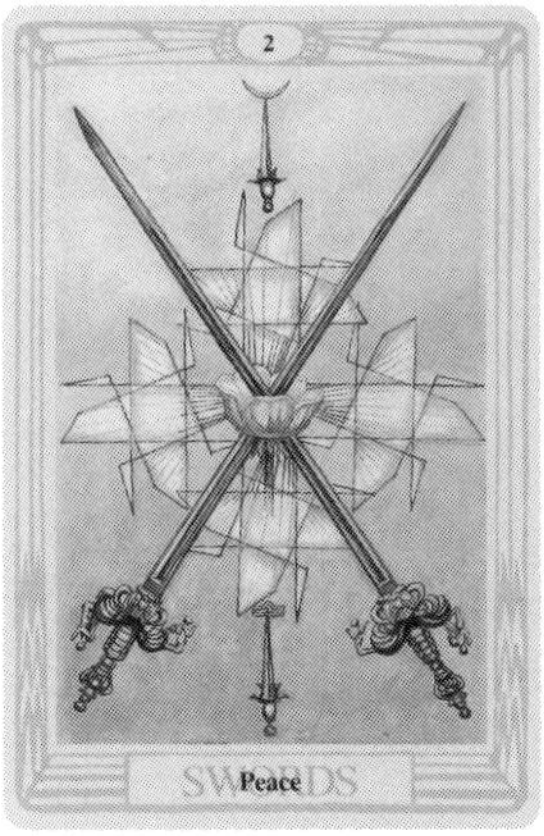

【本来の称号】
復興された平和の主

【対応デカンの天使】
YEZAHEL
昼　すべての物事への歓喜
MEBAHEL
夜　保護者

【意味の術式】
風×「2.コクマー」×天秤座×月

【概説】

風のエレメントであるソードのカードには、世界各地の剣が登場する。そしてソードの2には、よく見ると4本の剣が描かれている。なぜハリスが4本の剣を描いたのかは、いまだに不明だ。

構図はワンドの2と似ているが、中央には青いバラが描かれている。青いバラの文様は伝統的に天秤座の象徴として使われ、このカードが属する星座を示している。交差した剣の背景には、ギリシア十字が配されている。これも天秤座の象意である「バランス」を強調するものだ。

天秤座の月は、占星術的に見ると、自分を現場から引き離す傾向が強いことを示す。だから冷静な対処ができるのだが、高みの見物と非難されることもままある。ソードの2は、こうした性格を中心に意味づけられている。

剣は本来、人を殺《あや》めるための用具である。そのため、このスートには厳しい象意が増えがちだ。現代では切る、分析する、相手を傷つけることを覚悟のうえで動くといった意味で使われることがほとんどだが、厳しさが和らぐわけではない。

剣がもたらす平和は、一難去ってまた一難が降りかかるまでの、刹那を埋めるにすぎない。それを忘れないこと。

【愛情】

［好品位］トラブルと犠牲から生まれる強い愛情。矛盾した気性をあわせ持つ人との恋愛関係。ぎくしゃくしてはいても復活愛が成就する。

［悪品位］苦悩の後の快楽。苦悩の経験に磨かれた美しさ。大げんかした後の仲直り。

【対人関係】

［好品位］争いが終わり、平和が訪れる。優柔不断。利他的な行動。真実。正義。多弁。

［悪品位］緊張感のある関係。利己的な行動。虚偽。善意の行動が、かえって人を傷つける。

【仕事・学業】

［好品位］整理整頓。平和を取り戻す作業。弱者救済。人に頼み事をしがち。質問攻め。

［悪品位］休戦状態。大目に見てもらっていることを知りながら侮蔑的な行動をくり返すため、仕事が続かない。気配りの欠如。

【財運】

［好品位］なんとか収支のバランスが取れているが、いつ苦しくなるかハラハラするレベル。労働に見あった収入がくるが、興味本位で仕事を選択するため、財政は苦しい。

［悪品位］親や過去の自分がつくった借財の返済。赤字にはならないが貯金もできない。投資の研究は好きだが、元手が貯められない。

【願望】

［好品位］恋やお金より知識を身につけたい。

［悪品位］自分の長所を知りたい。

ソードの3
悲哀

【本来の称号】
悲哀の主

【対応デカンの天使】
HARAYEL
昼　援助
HOQMIAH
夜　日夜祈るもの

【意味の術式】
風×「3.ビナー」×天秤座×土星

【概説】

ソードの2では、2本の剣を抑えて平和を保っているように見えたバラは、下から割り込んできた3本目の剣に切り裂かれて散っていく。その様子は、涙を流しているかのようだ。

だが、意味の術式を見ると、デカンの主星である土星は天秤座で高揚し、ポジティブで落ち着いているはずだ。しかもビナーは女性的で、エレメントのフォースを現実化してくれるのでは？

その通りだが、ビナーは生命の樹の最上部を形成する「至高の三角形」の一角であり、人知が及ばぬことを忘れてはならない。そこではときに、不思議な方向へとフォースが動く。

ここで具現化されているのはふたつの現象だと考えると、多少は理解しやすい。まず、このカードが示す悲哀とは、恋人との別離や失職といった具体的なものではなく、生きていくことそのものの、いわば諸行無常的な悲哀だということだ。

もうひとつの現象は、黒い聖母のパワーだ。聖母マリアに代表される慈悲深い女性像が浸透する以前、各地には、インドのカーリー女神に代表されるような黒い大地母神がいた。生と死を司り、命を生みだす一方で刈り取る、無慈悲な女神たちだ。人間は、その絶対的な生殺与奪《せいさつよだつ》のパワーの前にはなすすべがなく、ひれ伏し、降参するしかない。人生にはそんな時期がやってくるものだ。このカードが出てきたら、あがくことをやめ、今の自分と向かいあうべきかもしれない。

【愛情】

［好品位］不幸。プラトニック・ラブは幸運。別れたほうが幸福になれる関係。禁断の快楽を味わい、そのとりこになる。

［悪品位］デートでのＤＶ。不誠実。中絶手術。口論。別離。

【対人関係】

［好品位］メランコリー。涙。約束を誠実に守る。傷ついた経験から、同じ立場の人に優しい。

［悪品位］不和と内輪もめの種をまく。崩壊。嘘をくり返す。罪悪感のない行動。

【仕事・学業】

［好品位］歌唱能力が高いので、それを生かせられれば幸運。成績はよいがそれでいじめられる。

［悪品位］遅延。欠陥。分裂。妨害。何をやってもうまくいかない。

【財運】

［好品位］金銭取引に正直なので、めぐりめぐって幸運が訪れる。

［悪品位］利己的。浪費癖。ときに気前がよい。

【願望】

［好品位］傷ついた自分をわかってほしい。

［悪品位］傷ついた自分がする悪事を大目に見てほしい。

ソードの4
休戦

【本来の称号】
闘争からの休息の主

【対応デカンの天使】
LAVIAH
昼　すばらしい
KELIAL
夜　祈願するにふさわしい

【意味の術式】
風×「4.ケセド」×天秤座×木星

【概説】

見るだけで胸が張り裂けそうなソードの3からこのカードに移ると、ホッとする人が多いのではなかろうか。苦痛を連想させるソードの中で、大輪の白バラに剣の切っ先を休ませているこのカードは、最も安心できるものかもしれない。

白バラには7×7の数である49の花弁があり、社会的な調和を示しているとクロウリーはいう。バラと剣の背景には、「聖アンデレ十字」と呼ばれるタイプの十字架がある。これもまた、固定した状態や硬直した状態を示すものである。

ここでも、ほかの4のカード同様、ほとばしるフォースをケセドがせきとめ、次の段階に備えさせる。デカンの主星である木星は、ケセドに対応する惑星でもあるため、風のエレメントの長所である「知識」が占断上の意味に多く採用される。

また天秤座は、穏やかな停止状態を補助する。

せきとめられたフォースは、ほかと交流できない。自由に飛び回る風のエレメントにとっては、息が詰まるような状態と孤独感の原因となる。

そして、止まっているフォースは、やがて堰《せき》を切って流れだしていく。そのときはもう、統制が取れないのである。


【愛情】

［好品位］心配からの解放。長い片思いの成就。離婚の危機からの脱出。パートナーの健康問題が解消される。

［悪品位］惚れた弱み。好意があることを利用されがち。出会いがない。望まない縁談。


【対人関係】

［好品位］紛争の後の平和。悲しみを癒やす休息。精神的混沌から脱出できる。苦難をくぐり抜けてから静寂や豊富さを獲得する関係。

［悪品位］人づきあいが苦手。リアルでの交際ができずネットの中に閉じこもる。


【仕事・学業】

［好品位］苦闘の後によい方向へと向かう。病気からの回復を助ける仕事に幸運がある。教育者。宗教の創立。寄宿舎のある学校。

［悪品位］病院や刑務所など、外界から隔絶されがちな仕事。登校したいのに何らかの理由でできない。自宅学習。がんばっても成績が伸び悩む。


【財運】

［好品位］自分の力で財をなす。無駄遣いをしないので蓄財できる。思いがけない遠縁の親戚からの遺産。

［悪品位］実家や祖先の祭祀に費用がかかる。相続すると損をする遺産。経済的価値はないが、文化的価値のある家財や遺産に恵まれる。


【願望】

［好品位］ひとりが好きで孤独を楽しみたい。

［悪品位］もうひとりでいるのは嫌だ。

ソードの5
敗北

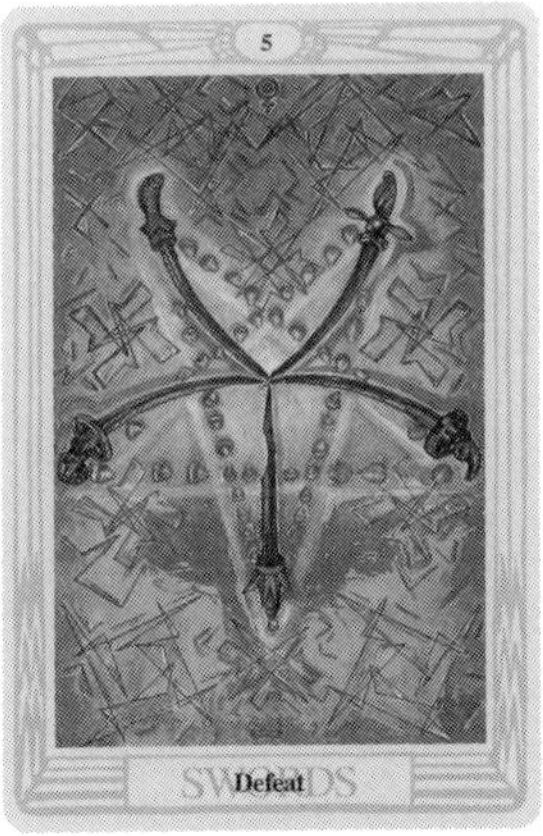

【本来の称号】
敗北の主

【対応デカンの天使】
ANIEL
昼　美徳の主
CHAAMIAH
夜　地の果ての希望

【意味の術式】
風×「5.ゲブラー」×水瓶座×金星

【概説】

ソードの4でかろうじて落ちついていた風のフォースは、破壊のセフィラーであるゲブラーに到達した。その結果が、このカードである。

逆五芒星を描く5本の剣は、どれも異なる種類の剣であるばかりか、錆びて刃のこぼれたボロボロの状態だ。実戦どころか、威嚇する役にも立たないだろう。美しかった白バラは、血がにじんだような花びらになり、点々と逆五芒星を描く。そのさまは、心が血を流しているかのようだ。

意味の術式を見ると、冷静なヒューマニストの水瓶座に加え、穏やかで優しい金星がデカンの主星だ。なのに、どうして無残な絵柄になるのか。

じつは、その優しさがかえって仇になっているのだ。自由を好む風のフォースは、たとえ破壊のゲブラーに蹴散らされても、どこ吹く風とばかりに、好き勝手に漂いつづける。だが、水瓶座と金星が手を取りあい、仲よくしよう、穏やかに過ごそうと、フォースを受けとめてしまうのだ。

しかし、水瓶座も金星も、根気や根性といった素質は皆無なので、すぐに「やーめた」と、暴れん坊の風を手放してしまう。結局、一緒にならなければ別離の悲しみもなかったのに、余計なワンクッションがあったために、引き裂かれた傷の痛みを抱えながら、さまようフォースになっているのである。いわば、ここでの風は、精神的な「手負いの獣」だといってもよいだろう。

【愛情】

[好品位] 絆。弱さ。トラブル。

[悪品位] 邪悪な相手。不名誉な関係。苦悩の後で悲嘆がやってくる。愛しあっている人たちへの憎しみ。

【対人関係】

[好品位] 中傷する・される。お節介。損をさせる、悪意のある気性の人。嘘。哀れみの気持ちを抱きやすいが、長続きしない。

[悪品位] 意地の悪い話し方。悪意。友人同士を仲違いさせる。冷酷で卑怯。

【仕事・学業】

[好品位] 懸念。望んでおらず、公平でもない競争。落ちつきがない。思考と弁論はスピーディーで優秀。

[悪品位] 損失。失敗。骨折り仕事。話をねじ曲げられる。頼りにならず、感謝の心もない同僚。

【財運】

[好品位] 強欲。貪欲。高望みしすぎて損をする。虚勢に起因する破産。

[悪品位] 貧困。多重債務。違法な金融。助けてくれる人がいない。

【願望】

[好品位] 「だれか助けて！」と声をあげたい。

[悪品位] 「あなたは悪くない」といってほしい。

ソードの6
科学

【本来の称号】
勝ち取った成功の主

【対応デカンの天使】
REHAAIEL
昼　素早い容赦
YEYEZIEL
夜　喜ばしくする

【意味の術式】
風×「6.ティファレト」×水瓶座×水星

【概説】

辛く苦しいソードの5の次は、明るいカードだ。6、つまりティファレトの場所にきたカードは安定し、そのスートの最もポジティブな力を発揮する。とくに風のスートでは、その効果が強く表れる。

ティファレトは、太陽に影響されるセフィラーだが、そのバランス感覚と公平な性質は、風のエレメントと非常に相性がよい。そのため、剣の鋭い切っ先は、知恵や知識といった現代的な鋭さに置き換えられ、血のイメージは払拭されている。

そのスマートさは画像にも表れている。現代的な剣、おそらくは17世紀ごろから使われた決闘用のレイピア6本が整然と六芒星を形成し、その後ろには円と正方形が描かれ、バランスのよさと規則正しさを後押ししている。さらに、6本の剣の切っ先が、黄金とルビーでできた薔薇十字（↓349頁）の中心に重ねられている。魔術にとって特別な意味のあるこの薔薇十字は、完璧な世界を表す象徴だ。

水瓶座と水星の組みあわせは、鋭く知性的な人物や、効率的な精神集中を意味する。これも風のスートと相性のよい現象だ。自由奔放でつかみどころのない風も、吹く方向が定まるとすばらしい効果を生む。それを証明するカードなのである。

【愛情】

［好品位］美しさ。優勢。お見合いでの幸福な結婚。社内恋愛・社内結婚。ネット経由など、相手に会わないで始まる恋愛。

［悪品位］自己中心的。友人感覚の恋愛。遠距離恋愛。だんだんと愛情が冷めていく。穏やかな別離。結婚詐欺。

【対人関係】

［好品位］適切な自己評価。依存せず、刺激しあえる関係。共通の研究などを通しての友情。

［悪品位］うぬぼれがあるが、謙遜もする人。ブラックジョーク。学閥などで固まっている仲間。

【仕事・学業】

［好品位］労働や仕事そのものが幸運。到達点に達した知性。水路による移動に関連した仕事が幸運。不安の後の成功。自力で成績を上げる。

［悪品位］教養を鼻にかける。学問はできるが、それ以外は苦手。数字やデータの処理をする仕事。企業の合併や乗っ取り。

【財運】

［好品位］困難な時期は過ぎた。これからは収入が増えていく。ぼろ儲けはできなくても順調。

［悪品位］詐欺。株投資などでの損失。ファイナンシャルプランの破綻。

【願望】

［好品位］合理的に物事を片づけていきたい。

［悪品位］理屈は嫌いで思うままに行動したい。

ソードの7
無益

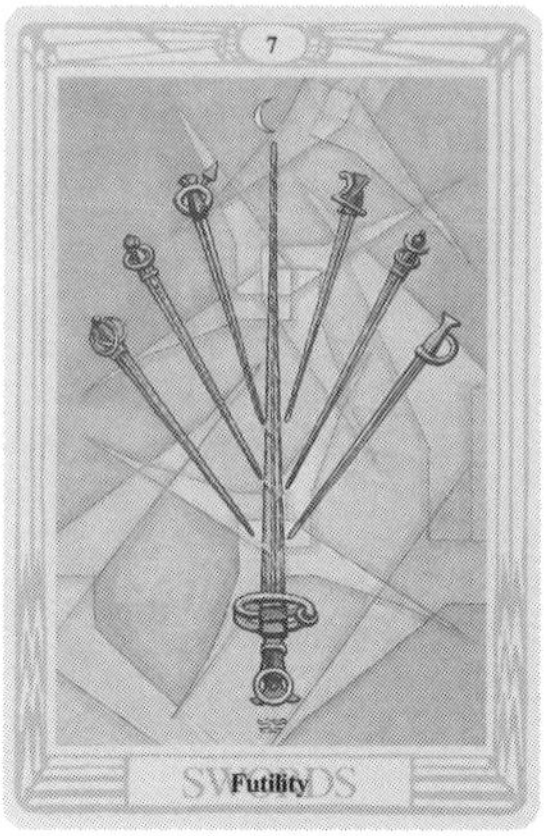

【本来の称号】
不安定な尽力の主

【対応デカンの天使】
HEHIHEL
昼　三位一体
MICHAEL
夜　神の似姿

【意味の術式】
風×「7.ネツァク」×水瓶座×月

【概説】

6のカードがどれも好意的な象意になるのと同様に、7のカードはどれもネガティブで逃避的な象意になる。ソードの7は、逃避の度合いはワンドの7より上で、ネガティブの度合いはカップの7より少し下といったレベルだ。

このカードが最も強く意味するのは「多勢に無勢」。儂《わし》はまだまだやれる！　という意気込みで出陣した老騎士が、現実を思い知る場面である。

7に対応するセフィラーは「勝利」を意味するネツァク。勝利と剣という組みあわせのよさから、ポジティブな象意が生まれる。水瓶座と月の組みあわせも、物事に執着しないよさが強調される。だが、どれも永続的なものではないので、さらりと受けとめておくのが賢明だろう。

ソードの7の絵柄はすっきりとしているが、剣の柄をよく見てほしい。中央の大きな剣の柄には太陽の記号があり、それに向かう6本の剣の柄には、左から月、金星、火星、木星、水星、土星の記号が描かれている。重たい太陽の剣を引きずりながら、こざかしい若者たちに向かっていく老騎士の姿が見えるようである。

【愛情】

［好品位］ルックスに魅了される。流行のレジャースポットを回るデート。結婚や婚約を考えない関係。実際の恋愛より恋をしている自分が好き。

［悪品位］信用する価値のない人物に恋をしている。成就する見込みのないひと目惚れ。的外れな愛情表現、だが憎めない。

【対人関係】

［好品位］へつらう。態度が揺れ動きやすい。大勢の中だと浮いてしまい、一対一だと緊張してしまう。性別で態度を変えない。

［悪品位］動揺。生意気。尊大。他人の生活を探る。頼りがいがない。

【仕事・学業】

［好品位］不安定な成果。陸路による旅行や輸送に関する仕事が幸運。エネルギーが枯渇しはじめた段階での部分的成功。

［悪品位］強力すぎるライバルに対する空しい奮闘。あとひと息で諦めて失敗する。信頼を裏切りがちだが故意ではない。

【財運】

［好品位］裕福さを愛する。しかし、哲学的なレベルで終わりがち。お金には困らないが、資産家にはならない。

［悪品位］お金に執着も関心もない。あれば使うし、なければないでどうにかする。

【願望】

［好品位］なんの足かせもなく、自分の興味や好奇心を満足させたい。

［悪品位］何か面白いことないかなぁ？

ソードの8
干渉

【本来の称号】
短縮されたフォースの主

【対応デカンの天使】
VEMIBAEL
昼　すべてを超越する名前
YAHOHEL
夜　至高の結末、本質

【意味の術式】
風×「8.ホド」×双子座×木星

【概説】

後ろに並ぶ6本の剣は、幸運や悪運をもたらすインドネシアのクリス剣、グルカ族の刀であるククリ、おもに南米で農作業に使われる山刀マチェーテ、紀元前から西欧にあるスクラマサクス、短剣、オスマン帝国の刀剣ヤタガン。その手前にある2本は、ヨーロッパ式のロングソードだ。

形や用途も違えば用いる民族も異なる6本の剣をヨーロッパ式のロングソードが押さえ込む構図は、第二次世界大戦前後、ヨーロッパの列強が植民地を押さえ込んでいた構図を彷彿とさせる。

とはいえ、ソードの8には、それほど悲惨な意味はない。ホドのセフィラーは、水星に対応するので知性全般に強い。つまり、風のエレメントのフォースを強化するわけだ。そのうえ、基礎的な学問に幸運のある双子座、高等教育や哲学などに恵みを与える木星が集う。愛情や感情には弱くても、何かを学び、追求することには利点として働く場合が多いのだ。ただし、ここでも凧の自由気ままさは出てくるので、苦手なことでもがんばってなんとかするというのは、無理な相談である。

【愛情】

［好品位］特定の事柄にだけ、ありったけの思いやりを注ぐ。好きなタイプに出会っても、すぐにあら探しを始める。恋をすることを恐れる。

［悪品位］お互いが同じくらい混乱しているため、不幸なのにバランスが取れている恋愛関係。愛情そのものが弱く、利己的。

【対人関係】

［好品位］衝動的。寛大。ひとりの人間の内面に相反する対人スキルがあり、自分でもどれが本当の自分なのかわからない。

［悪品位］賢い人を崇拝するが、その力をたいして価値のないことに使おうともする。雑談。

【仕事・学業】

［好品位］完全に不慮の悪運。ささいなことにこだわってエネルギーを使い果たす。細かな事柄を忍耐強く追求できる。利発。鋭い。研究職。

［悪品位］進取の気性に欠けるため大胆な成果は出せない。長期的なプロジェクトを続ける気力・体力・根気に欠ける。志望校が最後まで定まらない。忘れ物が多く、学習が進まない。

【財運】

［好品位］お金や贈答品をあげるのももらうのも同じくらい好きで幸運。いろいろな投資を試す。デイトレード。

［悪品位］制限。長期的計画はできない。ゲーム感覚のマルチ商法。損をしても気にしない。

【願望】

［好品位］自分が動く前に周囲の様子を見たい。

［悪品位］どうせうまくいかないのだから、努力などしたくない。

ソードの9
残酷

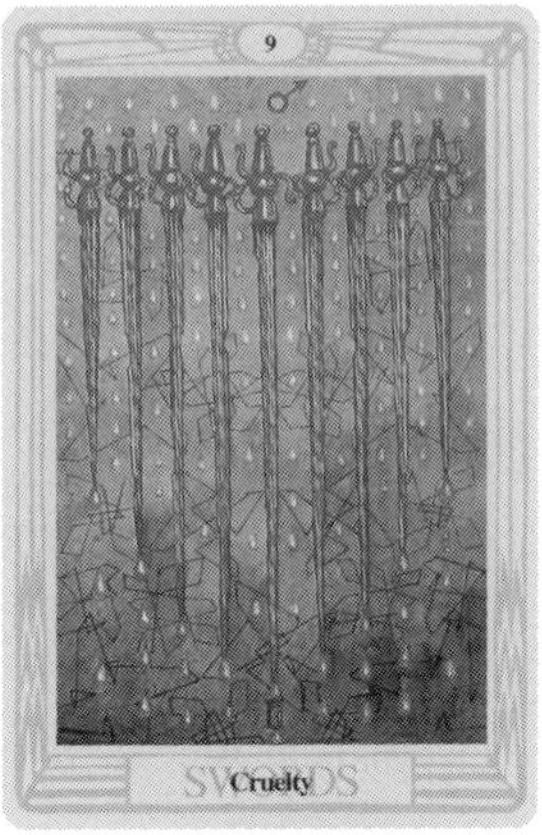

【本来の称号】
絶望と残酷の主

【対応デカンの天使】
AANEVAL
昼　歓楽
MACHAYEL
夜　姓名の与え手

【意味の術式】
風×「9.イェソド」×双子座×火星

【概説】

ワンドやカップの9は、それぞれのエレメントのフォースを安定させ、現実的で好ましい象意にしてきたが、ソードの9は、そうはいかない。

2から8までは、剣がさまざまな象徴として使われてきたが、ここでは本来の用途である戦いと殺戮に向けられている。剣の切っ先からはポタポタと血がしたたり、刃身は、長い戦闘を切り抜けてきたかのようにボロボロだ。

このカードは、肉体的な障害やけがなどを示唆するが、それより比重が大きいのは、精神的な苦痛である。ここで流されているのは「血の涙」だと考えると理解しやすい。

人は、心が切り裂かれても簡単に死ぬことはできない。血を流す心を抱え、苦悩にうめきながらも、仕事に学業に家事・育児と、いつもと変わらぬ日常を送らねばならない。そんなやりきれない苦悩を示すカードなのである。

生命の樹の中央、イェソドに対応するカードだが、双子座の火星が暴走して風のフォースを乱すことが、この悲惨な象意のおもな原因である。

このカードに救いがあるとすれば、抵抗の放棄だ。大けがをしたら、痛みを我慢するより病院に駆け込むべきだ。同様に、あまりにも苦しい事態に見まわれたときは、あがくのをやめ、流れに身を任せて乗り切るのも有効な処世術なのである。

【愛情】

［好品位］誠実。希望のなさ。心配。悩み。告白して玉砕。わかっていた別離。失恋の苦悩。

［悪品位］先の見えない苦悩。自暴自棄。不誠実。相手には配偶者や婚約者がいる。やり直そうとしたのに、また裏切られる。

【対人関係】

［好品位］従順。がまん強い。正直に相手に対応する。傷つけられても人を信じる。

［悪品位］邪悪。苦痛。重荷。薄情。嘘。中傷。執念深い復讐。

【仕事・学業】

［好品位］労働。無私の心。機敏。技能。ひとりでコツコツと作業する職業全般に幸運。

［悪品位］病気によるハンディキャップ。けがや事故による学業の中断。志望校を断念する。勤め先の倒産。

【財運】

［好品位］損失、ただし自分以外の人に迷惑はかけない。株式投資や為替投資の失敗。取引銀行の倒産。給与の遅配や欠配。

［悪品位］困窮。予定していた収入の消失。多重債務。ローンによる破産。

【願望】

［好品位］いつかは事態が好転するだろう。

［悪品位］もう何も考えたくない。

ソードの10
破滅

【本来の称号】
破滅の主

【対応デカンの天使】
DAMABAYAH
昼　知識の源
MENQEL
夜　すべてへの滋養

【意味の術式】
風×「10.マルクト」×双子座×太陽

【概説】

ソードの9がどん底かと思いきや、ソードの10は、その上を行く。意味の術式を見ると、セフィラーは、現実世界を表すマルクト。そのため、これまではおもに精神的な苦痛を表現してきたソードが、ぐっと現実的なカタストロフィーを示すようになる。双子座の太陽は、ビジネスライクに事実だけを突きつけ、優しさのかけらもない。

だが、冷静に考えれば、現実的だから最悪だとは言いきれない。たとえば交通事故にあい、入院・治療費が発生して経済的に苦しくなっても対策は立てられる。最悪、自己破産したとしても人生が終わるわけではなく、一からやり直せる。その一方で、ひどい言葉を投げつけられて精神的な傷を負い、一生立ち直れない可能性もある。

つまり、目に見える具体的なダメージだからこそ、転機にできる可能性が見えてくる。どん底まで堕ちれば、あとは上昇あるのみという、究極のターニングポイントを示しているわけだ。

10本の剣は、生命の樹を模しており、中央の柱で剣が重なりあう。下から見ていくと、マルクトを示す剣の上に、イェソドの剣がぴたりと重なる。その上の剣は、ティファレトに柄が置かれ、刃が折れている。安定を意味するティファレトで、重荷に耐えられず折れた剣。そのイメージは風のフォースの最終形として適切で、悲しい。

【愛情】

［好品位］失恋、だがすべての希望が失われたわけではない。思い違いが終わる。傷つけあう関係からの脱却。

［悪品位］現実離れした理由による失恋。無理強いされての性的関係。妊娠中絶。流産。

【対人関係】

［好品位］無駄なおしゃべり。お茶目な出しゃばり屋。軽蔑、だが楽しめる範囲でもある。

［悪品位］尊大で横柄だが利口な人物との交流。適度な距離を置いてつきあう同業者やライバル。

【仕事・学業】

［好品位］死に向きあう仕事。失敗。同じことをくり返し行う。頭がよい。能弁。できる教科とできない教科に極端な差がある。

［悪品位］惨事。崩壊。規律がない。完全な失敗と崩壊。がまんできない。塾や習い事が重荷。

【財運】

［好品位］相続拒否や自己破産、だがその結果、借財から逃れられる。任意整理。

［悪品位］交通事故などの医療費、賠償費の負債。争いが財運を相殺する。差し押さえ。夜逃げ。

【願望】

［好品位］すべてを捨てて現状から逃げたい。

［悪品位］私は悪くないのだから、この辛い現実は間違っている。

ディスクの2
変化

【本来の称号】
調和的変化の主

【対応デカンの天使】
LEKABEL
昼　指導者
VESHIRIAH
夜　直立した

【意味の術式】
地×「2.コクマー」×山羊座×木星

【概説】

「変化なきところに魔術なし」とは、魔術の本質を言い表した言葉のひとつである。すべてのエネルギーは躍動し、常に変わりつづけることでのみ均衡を保てるのである。そして魔術とは、その変化をうまく利用するテクニックなのだ。

　ディスクの2は、コクマーによる地のフォースの顕現化を表す。地は物質に連結する重たいエレメントであるため、往々にして顕現化＝固定化だと思い込みがちだが、ディスクの2は、永遠の変化こそが顕現化の根幹であることを示す。

　ディスクを模して描かれたふたつの太極図は、上が右回り、下が左回りだ。この図が示すのは、陰がきわまれば陽に変じ、陽がきわまれば陰に変じるという宇宙の法則である。勾玉《まがたま》の中央にある魚眼のような円は、陰中の陽、陽中の陰を示すものであり、きわまった陰陽の中にも相反する気が存在して、次なる変化のきっかけとなることを表す。太極図は通常、白黒で表現されるが、ハリスは生命の樹に対応した彩色を施している。もちろん、意味するところに変わりはない。

太極図を取り巻く蛇は、王冠をかぶっていることから、不老不死の象徴でもある「ウロボロス」だとわかる。通常のウロボロスは、自分の尾をくわえる姿で描かれるが、ここでは無限大（∞）のポーズを取らせて、躍動的なエネルギーが永続することを強調している。

【愛情】

［好品位］調和のある変化。喜ばしい変化。友人から恋人へ。転校先、転職先での出会い。

［悪品位］放浪癖のある恋人。落ちつくと不満が出てくる関係。お互いの存在に飽きる。

【対人関係】

［好品位］陽気さと憂鬱さがある人との交流。友人と訪問しあう仲。親切だが立場を変えやすい。

［悪品位］強さと弱さがある人との交流。疑り深い。多弁。議論好き。自分以外の人の持ち物や地位を妬み、ほしがる。

【仕事・学業】

［好品位］さまざまな仕事に有能。旅行業。転校先での成績上昇。学部の転籍。バーター取引。

［悪品位］勤勉だがあまり信用できない同僚や上司。転職をくり返す。正規雇用になれない。がんばるという価値観がない。

【財運】

［好品位］交互にやってくる獲得と損失。堅実な管理による幸運。小銭貯金。

［悪品位］信じられないほど愚かなミスによる損失。土地転がしなどの詐欺被害。

【願望】

［好品位］よりよい自分へと変身したい。

［悪品位］今とは異なる何かがほしい。

ディスクの3
作業

【本来の称号】
物質的作業の主

【対応デカンの天使】
YECHAVAH
昼　すべてを知るもの
LEHACHIAH
夜　慈悲深い　寛大

【意味の術式】
地×「3.ビナー」×山羊座×火星

【概説】

永遠に運動しつづけるディスクの2と比べると、ディスクの3は、やや固定度が高い。これは物質化の力が強いビナーと、山羊座で高揚する火星の力による。火星のポジティブな力は、物事の破壊ではなく建設に向かう。

地のフォースは、自分の居場所をつくるために効果的だ。それは一生をかけて自分の手でつくるべきものであり、だれかがお膳立てしてくれるわけではない。そのためカードの意味は、現実界での立ち位置に気づく、未来を見すえて仕事や作業に就くという趣旨になる。「一生をかける」宗教や魔術の修行に関連づけられることも多い。クロウリーは魔術を「Great Work（大いなる業）」と呼んだ。このカードとの関連性を思わせる。

画面中央には、「時の夜の偉大なる海」（ビナーの別称）の中に建つ三角錐のピラミッド。底辺の3箇所からは、火星的なエネルギーが勢いよく噴きだして、ディスクを形成している。中心にはそれぞれ、錬金術の三元素である硫黄、塩、水銀の記号が小さく刻み込まれている。

地のフォースによる現実化には長く孤独な作業が必要だ……そんなことを告げるカードである。

【愛情】

［好品位］プロポーズなど、具体的な愛情表現。気づき。物質的なもの（贈り物など）での愛情表現を増やす。

［悪品位］不可能なことをおねだりする恋人。財産で恋人を選ぶ。

【対人関係】

［好品位］中身のある交流。狭く深い友情。同僚との意味ある交流。宗教や信仰を通じた友人。

［悪品位］わがまま。ずるさ。偏見。困ったときだけやってくる友人。

【仕事・学業】

［好品位］ビジネスそのものがラッキー。建築業。創造。設立。昇進。他者への影響力が増す。後代に完成する事業の開始。哲学よりは実学。一生を費やす学問の始まり。

［悪品位］結果だけを見て経過を評価しない・されない。成果を横取りされる。志望校のレベルを落としすぎている。

【財運】

［好品位］仕事への寛大な報酬。商業取引で財をなす。利益になることを鋭くかぎつける。文化財になるような建築物の相続。

［悪品位］立派すぎる家や物品を相続して出費がかさむ。スポンサーの気分しだいで裕福にも貧乏にもなる。

【願望】

［好品位］ライフワークを見つけたい。

［悪品位］安定した仕事がほしい。

ディスクの4
力

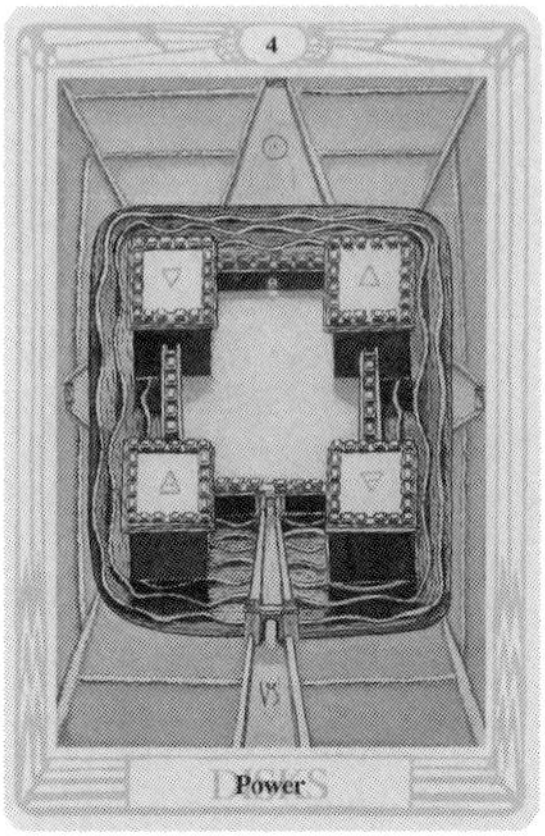

【本来の称号】
現世的力の主

【対応デカンの天使】
KEVEQIAH
昼　恵まれている
MENDIAL
夜　名誉ある

【意味の術式】
地×「4.ケセド」×山羊座×太陽

【概説】

ディスクの2から3では、物質を示す堅固な地のフォースとはいえ運動が見られたが、4では一転して、不動で堅固な要塞となっている。

4枚の四角いディスクが要塞の胸壁に描かれ、その上には火、水、風、地という四大エレメントの印が刻まれている。クロウリーは、この四角いディスクも「回転している」と述べている。要塞は防御のための建物であり、静止状態では機能せず、猛烈に動いているからこそ防御できる、というのが彼の理論なのだが、このカードに回転を見いだすのは、非常に困難だ。

それでも、意味の術式にある山羊座と、デカンの主星である太陽の組みあわせからは動きが読み取れる。山羊座に太陽が入る時期は「冬至」である。太陽の南中高度が最も低く、一年で昼が最も短い日だが、魔術的には太陽神が死して再生する重要な日なのだ。だからこそ、イエスの象徴的誕生日は12月25日に設定されたのである。

山羊座の太陽は、最も動かない「死」でありながら、最も命にあふれ、躍動する「生誕」でもある。内に秘めた生命を守りながら、それを育てるために外に対しては不動の構えを取る。この要塞はそんな状態を的確に表している。そして、命を育む母体は、排他的でわがままにもなる。そんな様子が、このカードに反映されているのである。


【愛情】

［好品位］結婚だけが目的。愛情表現は必ずプレゼントで。社会的地位が上がる結婚や婚約。

［悪品位］常に不満を抱えている。愛情があってもセックスはしたくない。愛情はなくてもセックスだけはしたい。


【対人関係】

［好品位］同僚や同級生。幼なじみ。シェアハウスなどで一緒に暮らす。いとこや遠縁の親威など血のつながりから始まる友情。

［悪品位］偏見。疑い深い。秘密を共有して楽しむ。いじめや人種差別。


【仕事・学業】

［好品位］大地に根ざした仕事。成功。順番。支配。運動能力が高く、それを生かせる。慎重。手順をしっかりと守る。

［悪品位］大地に根ざした力があるが、伸び悩む。オリジナリティーの不足。冒険心がゼロ。


【財運】

［好品位］利息と利益。コツコツとした貯蓄に幸運。古い家屋のリノベーションなどによる収入。

［悪品位］欲が深い。出し惜しみ。ケチ。人の財産を妬み、横取りを画策する。


【願望】

［好品位］できることを着実に進めていきたい。

［悪品位］できるだけ早くゴールに着きたい。

ディスクの5
心配

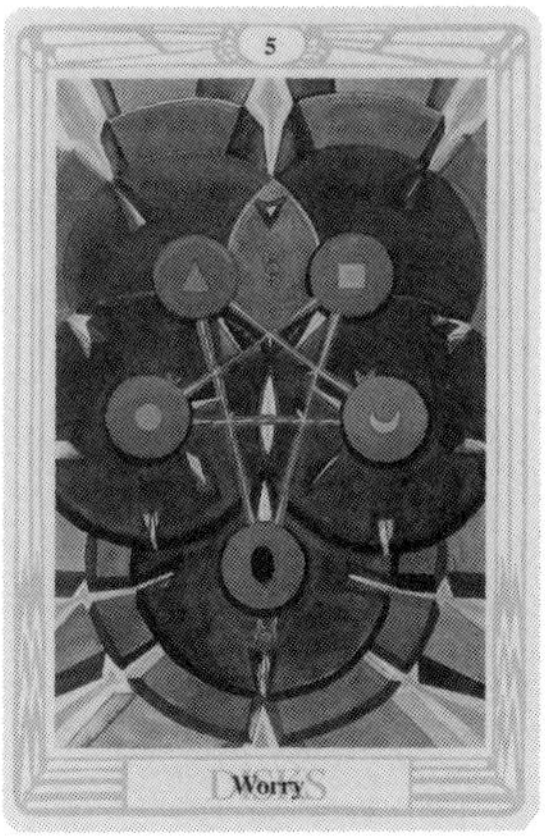

【本来の称号】
物質的トラブルの主

【対応デカンの天使】
MIBAHAIAH
昼　不滅
POOYAEL
夜　すべての物事の維持者

【意味の術式】
地×「5.ゲブラー」×牡牛座×水星

【概説】

ディスクの5は、4の均衡状態が破られ、崩壊しはじめた様相を表す。背景は暗く、壊れた歯車のようにも見える。クロウリーはこのカードを「物質の基礎が壊されていく地震」と表現した。

とはいえ、ほかのスートの5にはなかった救い——というよりは静かな諦めのようなものがある。それは、地が物質を意味するフォースなので、そこから精神性が抜けても、ほかのエレメントほど打撃を受けないからだろう。さらに、牡牛座と水星という組みあわせは、忍耐強く、知的な傾向を生みだす。そのため、カードの品位しだいでは、苦境にあっても努力して這いあがるような意気込みを見いだすことができるのだ。

ディスクに描かれているのは、ヒンドゥー教のタントラに伝わる「タットワ」という技法に使われる5つの印だ。ゴールデン・ドーンでは、これを用いて霊視の訓練を行った。

5つの印が表すものを下から時計回りに示すと、卵形が「空《アカシャ》」、円形が「風《ヴァユ》」、三角形が「火《テジャス》」、四角形が「地《プリティヴィ》」、三日月が「水《アパス》」。西洋の四大エレメントとは少し異なる概念だが、ゴールデン・ドーンでは、四大エレメントに「空」が加わると考えていたので、そう理解してもよい。

【愛情】

「好品位」決心したことは変えない。家風などがつりあった見合い結婚。復活愛の失敗、だがそのほうが幸運。経済的理由のみで続く結婚生活。

「悪品位」激しい緊張状態が続く。援助交際。ダメだとわかっていてもお金を貢いでしまう関係。

【対人関係】

「好品位」慎重。親切。相手のプライバシーに踏み込みすぎない。控えめだが長続きする友情。内気な人ほど理解されやすい状況。

「悪品位」厳しく、無情。障害が多い。物の貸し借りからのトラブル。面倒な近所づきあい。

【仕事・学業】

「好品位」知的な職業に幸運。土地の開墾。建築業。高等教育を生かす職業に就ける。労働は楽しめる。土地に関連した知識や勘を生かす。

「悪品位」降格。重労働。想像力の欠如。基礎学習の不足。資金不足で高等教育を諦める。必要な資金が交付されない。

【財運】

「好品位」損失はあっても、重労働をいとわなければ取り戻せる。今感じている不安が現実化する危険は少ない。

「悪品位」現金の損失。財政上の不安。貧困。プライドと引き替えに得る金銭。

【願望】

「好品位」今は苦しいが、がんばって改善したい。

「悪品位」辛い自分をだれかに労ってほしい。

ディスクの6
成功

【本来の称号】
物質的成功の主

【対応デカンの天使】
NEMAMIAH
昼　愛らしさ
YEYEELEL
夜　叫び声を聞くもの

【意味の術式】
地×「6.ティファレト」×牡牛座×月

【概説】

ゲブラー＝5の辛い象意は、ティファレト＝6で、つかの間の休息を得る。牡牛座で高揚する月の後押しがあり、もともと動きが緩慢な地のフォースなので、ほかのスートに比べれば少しはマシかもしれない。だが、長居はできない。ラッキーを与えてくれる月もまた、変化の惑星だからだ。

6枚のディスクが六芒星の形に配され、それぞれに七惑星のシンボルがひとつずつ記されている。数がひとつ合わないのは、中心の薔薇十字（→349頁）が太陽を象徴するからだ。

じつは、絵柄全体が薔薇十字を図式化したものだ。中心の薔薇の周囲に惑星の薔薇が咲くところや、その周囲に鋭い薔薇の葉が配置されているところなど、さまざまな類似点が見て取れる。ただし、本物の薔薇十字にある7×7＝49枚の花びらは、ここにはない。

　惑星のシンボルが描かれた6枚のディスクは、中心の太陽に照らされることで輝いているだけであり、ここにも「つかの間」の強調がある。このカードが示す幸運が、いつまでも続くと考えてはいけないのである。


【愛情】

［好品位］高潔な愛。博愛主義。つかの間の夢のような状態。遠距離恋愛。円満な別離。

［悪品位］放蕩。結婚や婚約の口約束。結婚前の妊娠。事実婚や通い婚。


【対人関係】

［好品位］影響力。社会的地位。高貴さ。リーダーシップをとる立場。町内会などのまとめ役。目下から慕われる。

［悪品位］いきすぎた思想などからくる尊大さ。頼られるばかりで頼れる友人がいない。お金や地位でつながる友情。


【仕事・学業】

［好品位］物質的な事案での成功と利益。パワーがある。事業全般に幸運&成功。自由で公平な態度。成績の一時的な急上昇。志望校に合格する。

［悪品位］塾や学校のレベルが高すぎてついていけない。残業や休日出勤が多すぎる職場。実力不足。赤字経営。


【財運】

［好品位］順調。予定どおりの増収。不動産などの相続。満足のいく株式投資。

［悪品位］財運はよいが、お金があるほど本人は不誠実になる。札束で頬を張るような使い方。賄賂。下心のある取引。


【願望】

［好品位］足もとがしっかりしてきたので、長期的なプランを立てたい。

［悪品位］何でもよいので、得になることを探したい。

ディスクの7
失敗

【本来の称号】
満たされなかった成功の主

【対応デカンの天使】
HEROCHIEL
昼　すべてに浸透するもの
MITZRAEL
夜　抑圧されたものの上昇

【意味の術式】
地×「7.ネツァク」×牡牛座×土星

【概説】

ディスクの7は、ネツァクのダークサイドが噴出したかのようなカードである。7のカードは、どれもどんよりとしたムードに支配されるが、ここでは地のエレメントの鈍重な性質と、牡牛座の土星という、よりヘビーな意味の術式から、その重苦しさが増していることがわかる。

愛のネツァクと、成長や食べ物を意味する牡牛座のコンビに、死や停滞を意味する土星が入り込む。その状態をハリスは、枯れて腐りかけた植物を背景に描くことで表現した。ディスクは、鉛の硬貨7枚として描かれている。クロウリーは、この硬貨は「悪貨」の象徴だという。悪貨は良貨を駆逐する。つまり、質の悪いものが蔓延することで、よいものが淘汰される状況を指すのだろう。

しかも7枚の硬貨は、ジオマンシーで「ルベウス」と呼ばれる形に配置され、怒り、戦い、不道徳、破壊などを表す。これもまた、このカードのネガティブな象意を強めている。占う際、最も出てきてほしくないカードのひとつである。
とはいえ、人生はよいことだけの連続ではない。毛嫌いせずに向かいあってみよう。

【愛情】

［好品位］婚約・結婚の破談、だが長期的にはそのほうが幸運。離婚・別離。相手にほかの交際相手がいる。返事がないまま放置される。
［悪品位］希望を裏切られる。惨めさを感じる交際。金目当ての恋愛。結婚詐欺。性病をうつされる。

【対人関係】

［好品位］幼なじみ、ただしもう話は合わない。疲れるご近所づきあい。一方的に世話をしなければならない友人、だが性格は合う。
［悪品位］失望。恋人になれずに友人でがまんしつづける。遅刻魔。愚痴をこぼすだけの関係。

【仕事・学業】

［好品位］物質的な報酬を期待せず、労働の意味や価値で行う名誉ある作業。飲み込みは遅いが、着実に学び、成果を上げていく。ものぐさ。
［悪品位］労働の放棄。確実な成功を投げだす。無益な考察。奴隷的な労働。開墾や農業、だが収益はわずか。

【財運】

［好品位］入ってくるはずだった大金を失う。やっと生活ができる収入。借金の利子がふくらむ。
［悪品位］利益の少ない重労働。高収入が約束されていた仕事が破綻する。多額の慰謝料などを請求される。

【願望】

［好品位］この苦境から脱出する方法を知りたい。
［悪品位］今の責任から逃げる方法を知りたい。

ディスクの8
慎重

【本来の称号】
慎重さの主

【対応デカンの天使】
AKAIAH
昼　長き苦悩
KEHETHEL
夜　崇敬すべき

【意味の術式】
地×「8.ホド」×乙女座×太陽

【概説】

まっすぐな木に美しいディスクの花が咲き、背景は優しい夕暮れのような色合いで、今日も一日よく働いたな、という満足のため息が聞こえてきそうなカードだ。

意味の術式のホドは、水星に対応するセフィラーであり、その水星が最も落ちついて実務能力を発揮できるのが乙女座だ。そこに太陽が加わり、乙女座の力をポジティブな方向に活性化する。

また、乙女座は処女宮と称され、これから開拓される処女地というイメージが重なる。つまり、時間はかかるだろうが、将来的な実りが期待できるという象意が追加されるのである。

ただし、こうした性質がすべて消極的であることは無視できない。つまり、ディスクの8は「待つ」カードなのだ。

この受動的な姿勢を強調するのが、ジオマンシーでいう「ポプラス」の形に配されたディスクだ。それは、自らが足を踏ん張って立つ固定ではなく、大雨で流れてきたゴミが排水溝をふさぐような、究極に受動的な固定である。そのため、より大きな力や個性に出合ったとたん、ばらばらと崩れ落ちてしまうと覚悟しておく必要がある。

【愛情】

[好品位] お金をかけないデートや結婚式。今は貧乏だが将来性のある恋人。友情から愛情への順調な進展。ふたりで事業を営むような結婚生活。

[悪品位] 経済感覚の違いによる争い。いつまでも次の段階へ進まない。メールなどへの返答が極端に遅い。大切なことを話しあえない。

【対人関係】

[好品位] 趣味や仕事を通じた親友。ずっと仲のよい幼なじみ。友好的なご近所づきあい。信頼できる友人。依存しすぎない関係。

[悪品位] 相手の財布を当てにするような交流。どちらかがイヤイヤつきあう友情。義理があって切れない関係。ごまをすり、へつらう。

【仕事・学業】

[好品位] 農業。建築業。学業をしっかりと現実に活用できる。職人技術。コツコツと学ぶ。自習が成果を上げる。手先が器用。長期的な計画。

[悪品位] 細部にこだわって全体を見ず、失敗する。基礎を学ぶ根気がない。

【財運】

[好品位] 報酬が正確に支払われる。定期的に昇給できる。周囲に善人が多く、そのために低額で暮らしていける。適切な節約。

[悪品位] 小銭を惜しんで大金を逃す。貪欲。粗悪品をつかまされる。人の負債をかぶる。

【願望】

[好品位] 自分の才能を認められたい。

[悪品位] 成功への近道をこっそり知りたい。

ディスクの9
獲得

【本来の称号】
物質的獲得の主

【対応デカンの天使】
HAZAYEL
昼　慈悲深い
ALDIAH
夜　有益である

【意味の術式】
地×「9.イェソド」×乙女座×金星

【概説】

ディスクの9は、8よりどっしりと物質界に根を下ろし、そこで利益を謳歌している。

四大エレメントのなかで最も低次元の地と、生命の樹の下部にあるイェソドという術式で、エネルギーは物質的だ。当然、物質界では、かなりよい成果をもたらす。金銭問題を占う際、このカードが好品位で出たら、ダンスを踊るくらい喜んでもよい！

ただ、ディスクの8でかろうじて感じられた精神性は、ほとんど残っていない。そのため、悪品位で出てきたときは、かなり嫌な象意となる。

そんな象意にふさわしく、ディスクはおもに硬貨として描かれている。中心には、獣の印を彷彿とさせる3つのディスク。周囲には、クロウリーが編みだした一筆書きの六芒星を模した背景と、その六芒星の頂点付近に6枚の硬貨が配置されている。中の顔は、月、火星、水星、木星、金星、土星の六惑星の神々だ。中央のピンクのディスクは、太陽の記号を示すものだろう。獣の印との類似性からも、これが太陽の象徴だと考えてよい。
徹頭徹尾、物質的であり、その力をフルに活用することを示唆するカードである。

【愛情】

［好品位］贅沢なデートやプレゼントが得られる恋愛。豊かな結婚生活。だれもが納得している愛人契約。玉の輿。

［悪品位］お金のためにがまんして続ける結婚生活。プレゼントなど物質での愛情表現を強制される。金の切れ目が縁の切れ目。援助交際。

【対人関係】

［好品位］素朴だが善良な人に囲まれ、その影響を上手に取り入れられる。争いや対立のないおっとりした友情。園芸や家庭菜園がつなぐ縁。

［悪品位］お宝収集がつなぐ縁、収集した物が原因で仲間割れも。同僚や同級生とのあまり楽しくない交流。面倒な親戚づきあい。

【仕事・学業】

［好品位］物質的な事柄全般に関して幸運。インテリア業。造園業。ペット産業。1番ではないが成績はよい。スポーツ枠入学。志望校に合格する。資格取得に吉。

［悪品位］不正行為。闇金融。怠惰。学習・勤労意欲の欠如。業務上の過失や横領。

【財運】

［好品位］相続。財産の大いなる増加。物質的な利益を完全に理解する。裕福な実家。不労所得。

［悪品位］強欲。窃盗。詐欺。人にたかる。実家の資産を放蕩や贅沢で食いつぶす。

【願望】

［好品位］お金は大切だから、もっとほしい。

［悪品位］お金だけが大切だ。

ディスクの10
富

【本来の称号】
富の主

【対応デカンの天使】
LAVIAH
昼　高揚した
HIHAAYAH
夜　避難所

【意味の術式】
地×「10.マルクト」×乙女座×水星

【概説】

40枚の長きにわたるスモール・カードの終着点は、地のエレメントにマルクトという、最も次元の低い意味の術式を持つディスクの10である。

現実的な観点からいえば、ホッと荷物を降ろせる場所であり、物質的な実りを刈り入れるときなので、安定と豊かさは手に入る。

だが、変化が必須の魔術的観点からいえば、動く余地のない状態にとどまることは無意味だ。この先には「死」があるのみなので、再生の循環過程を始めるしかないと、クロウリーはいう。

地は最も低次であるがゆえに、次のレベルにジャンプする直前だとも考えられている。だが、そのような次元を飛び越える変容は、待っているだけで始まるものではない。

変容を可能にする鍵は、意味の術式の水星にある。水星は乙女座の主星なので、最もパワフルな状態だ。ヘルメス・トリスメギストスに代表される魔術の守護神は、すべて水星に対応する。それゆえに、魔術的ポテンシャルに満ちている。

エネルギーが下方にたまり、次の瞬間には、水星の力を借りて爆発しながら上昇していく……そんなぎりぎりの状態を示すカードなのである。

【愛情】

［好品位］年齢差の大きい恋人同士。幸福な見合い結婚。中高年での幸福な結婚・再婚。物質的な不安のない恋愛や結婚。

［悪品位］熱意もなしにダラダラと続ける関係。どちらか片方が権力を握るパートナーシップ。財産目当ての年の差婚。強制された政略結婚。

【対人関係】

［好品位］年老いた友人。昔から住んでいる土地での地縁・血縁が有効に働く関係。気どらず、ざっくばらんな態度。

［悪品位］ものぐさな友人。重苦しい関係。風習の違いなどに起因するいじめ、村八分の状態。

【仕事・学業】

［好品位］物質的幸運がきわまるが、努力をしないと安定は得られない。今が成功の頂点。望んで努力したものは手に入る。不動産業。鉱山業。

［悪品位］大金が入るが、部分的に失敗し、損失をかぶる。金銭取引には鋭敏だが精神的には鈍感。ハイリスクな投資での失敗。

【財運】

［好品位］現金に限らず、物質的繁栄と豊かさが手に入る。安定した老後。恵まれない人へのスポンサーとして活動。

［悪品位］現金化しにくい遺産、しかも維持費で赤字になる。代々の親族の負債を背負う。

【願望】

［好品位］お金の有効な使い方を知りたい。

［悪品位］お金を自分のところにとどめたい。

《第2章》

トート・タロットによる占いの技法

占いに共通する技法

いよいよ、トート・タロットを使った占いの実践に入る。

「はじめに」でも述べたように、クロウリー自身はトートを占いに使用してはいない。そのため、第1章と同じように、この章で述べることの多くは、クロウリーが『トートの書』より数十年も前に執筆した『春秋分点』などを参照した内容と、筆者が実際に占いをしながら研究してきたことだ。この点をあらかじめお断りしておきたい。

タロット占いの的中率を高めるには、カードの特性を最大限に引きだす効率的なスプレッドが不可欠だ。しかし、クロウリーが『トートの書』で提示したのは、のちに「クロウリー・スプレッド」（→296頁）として知られる、非常に難解で実践することが難しいスプレッド1種類のみだ。

このスプレッドは、ゴールデン・ドーンで採用されていた「オープニング・ザ・キー」という複雑な占法に、直感的な要素を加えた高度なもので、クロウリー自身でさえ、これを愛用していたとは思えないような代物だ。

彼が残した記録からは、安易な占いで法外な金額をとっていた当時の一般的な占い師に対する嫌悪感が強くうかがえる。それだけに、自分が精魂込めて作成したカードをそのように使われたくないと、一朝一夕にはマスターできないスプレッドを考案したのかとも思える。

このクロウリー・スプレッドも、ステップ・バイ・ステップで解説しているので、半日以上の時間があるときに挑戦していただきたい。

とはいえ、クロウリー・スプレッドは実践が困難すぎるため、魔術的タロットの使用者たちは、よりシンプルで使いやすい「フィフティーン・カード・スプレッド」（↓290頁）という技法を推奨している。読者も、こちらから入ったほうがわかりやすいだろう。

また、どのスプレッドを実践するにしても、トート・タロットを使った占いには共通する技法がある。以下、順番に記していこう。

①高次の力の召喚

クロウリーは、タロット占いも立派な魔術作業だと見なしていた。そのため、占いの前には必ず、タロットの天使である「HRU《フールー》」の召喚を行うべし、と述べている。この姿勢は、魔術的タロットを使用するのであれば、真摯に受けとめるべきだ。あなたはこれから時の帳《とばり》をかいくぐって、未来の可能性を垣間見るのだ。これが魔術でなければ、何なのだろう……？

だが、すべての魔術的タロットの使用者が、天使召喚の儀式を行っているわけではない。ある人は自分が信仰している神に祈り、ある人は大自然の力が集まってくるように精神を集中する。そこに共通しているのは、自分より高次の力の存在を認め、これからの作業に助力を頼むという謙虚な姿勢だ。そうすることで、自我の肥大を防ぎ、占いを通じて「だれかを救ってあげる」などという傲慢な誤解に陥る危険が減るのである。

日本人の場合は、特定の神仏を信仰していない人が大多数だろう。だが、何らかの神秘的なパワーの存在を信じていなければ、魔術や占いに興味など持ってはいないはずだ。あなたが信じるそのパワーを、特定の神や天使という型にはめなくてもよいし、名前をつけなくてもよい。ただ静かに精神を集中して、助力を願う時間を取ることは非常に有効だ。

【高次の力の召喚方法（簡易法）】

タロットを目の前に置き、しばし目を閉じる。精神を集中して、タロットを全部片手にのせ、もう一方の手を高くあげる。あげたほうの手に、自分が助力を願う力が集まってくると想像する。このとき、白く輝く光が手に集まってくると考えるとやりやすい。あげた手に集まった光が、もう一方の手に持っているタロットの上に降り注いでいくと想像すれば完了だ。

②シグニフィケーターの選出

タロット占いにおけるシグニフィケーターとは、質問者を示すカードのことだ。そのカードがどこにスプレッドされるのかなどが、占いの回答を大きく左右する。

トートにおけるシグニフィケーターは、たいて

◆誕生日とコート・カードの対応◆

誕生日	コート・カード	コード・カードの支配域
1月10日〜2月8日	ソードのプリンス	山羊座20度〜水瓶座19度
2月9日〜3月10日	カップのナイト	水瓶座20度〜魚座19度
3月11日〜4月9日	ワンドのクイーン	魚座20度〜牡羊座19度
4月10日〜5月10日	ディスクのプリンス	牡羊座20度〜牡牛座19度
5月11日〜6月10日	ソードのナイト	牡牛座20度〜双子座19度
6月11日〜7月11日	カップのクイーン	双子座20度〜蟹座19度
7月12日〜8月11日	ワンドのプリンス	蟹座20度〜獅子座19度
8月12日〜9月11日	ディスクのナイト	獅子座20度〜乙女座19度
9月12日〜10月12日	ソードのクイーン	乙女座20度〜天秤座19度
10月13日〜11月11日	カップのプリンス	天秤座20度〜蠍座19度
11月12日〜12月11日	ワンドのナイト	蠍座20度〜射手座19度
12月12日〜1月9日	ディスクのクイーン	射手座20度〜山羊座19度

いの場合、質問者の太陽星座の度数を支配するコート・カードになる。これについては、第1章のコート・カードの説明にある「支配域に太陽がめぐってくる時期」を調べればよいのだが、便宜を図るために一覧表を作成した（↓280頁）。たとえば5月5日に生まれた人なら、「ディスクのプリンス」がシグニフィケーターだ。

クロウリーは、ホロスコープ上のアセンダントも対応すると述べているので、自分のアセンダントの度数がわかり、そのほうがぴったりだと感じる人は、そちらを採用すればよい。

なお、その場にいない人を占う場合や、質問者が誕生日を教えたくない場合は、その人の性格や行動パターンに当てはまるコート・カードを選出すればよい。性別や外見にとらわれないでカードを選ぶことがポイントだ。

なお、占う際は、シグニフィケーターも一緒にシャッフル&カットして、スプレッドする。1枚だけ取りだして別の場所にスプレッドするわけではないので、注意してほしい。

③シャッフル

シャッフルとは、ひとかたまりになっているカードをよく混ぜる作業だ。

クロウリーは、たんに「シャッフルする」としかいっておらず、どのような方式をとるかにはこだわっていない。よく混ざればスタイルは問わないが、昔からカード占いには、ウォッシュシャッフル、リフルシャッフル、マシンガンシャッフルの3種類が使用されている。

この3つの技法に共通するのは、どれもカードゲーム（おもにポーカー）で使われてきたという点と、テーブルからカードが離れないという点だ。カードをテーブルから離してシャッフルすると、さまざまな不正が可能になるので、禁止されてきた歴史が残っているのだろう。

シャッフルの方法

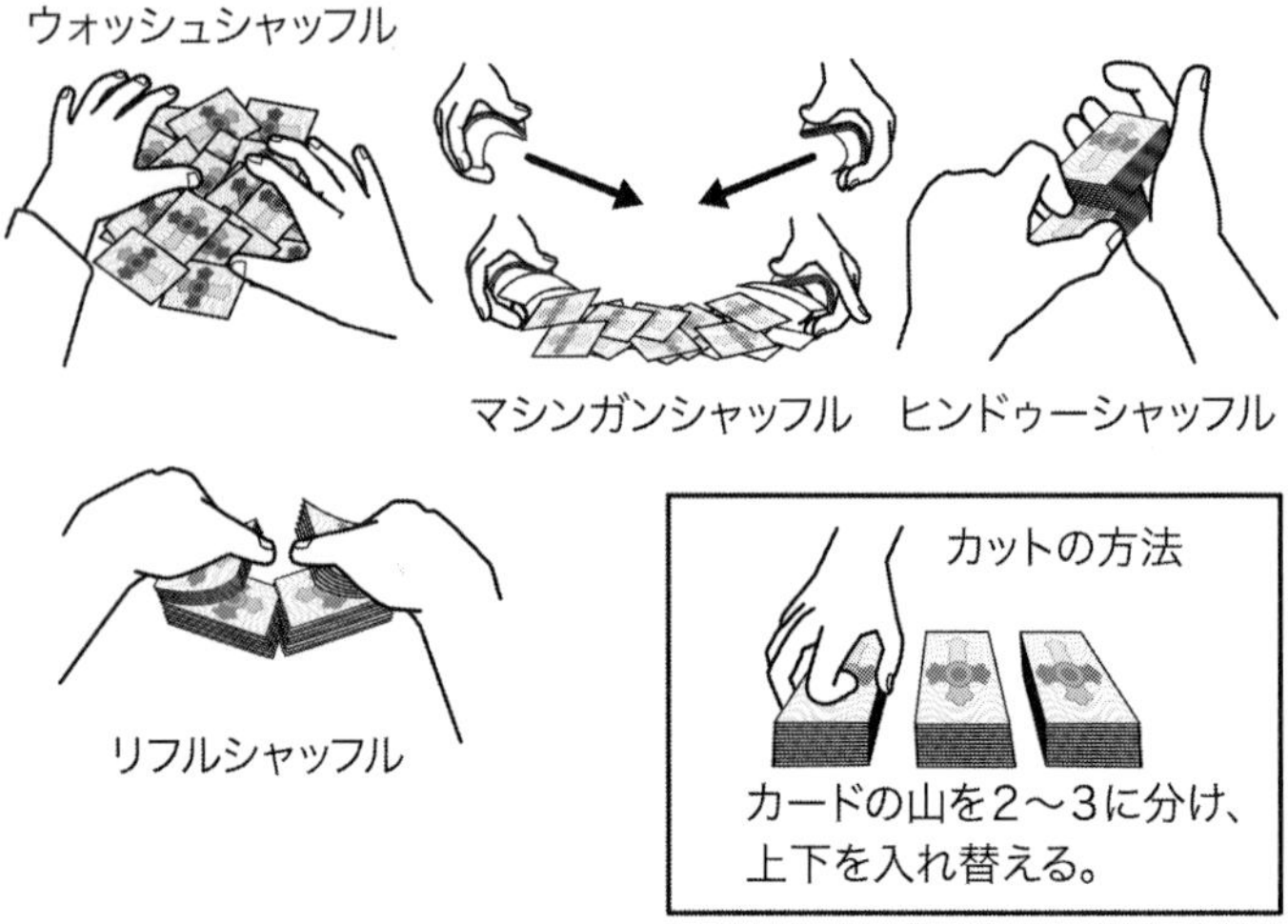

最近では、ヒンドゥーシャッフルと呼ばれる方法もよく使われている。普通のトランプを切るやり方と同じで、日本人にはなじみがあるスタイルだ。自分の手の大きさや握力、占いをする場所などに合わせて使いやすい方法を採用すればよい。

④カット

カードを十分にシャッフルしたら、今度はカットを行う。これはひと山にまとめたカードを二つか三つの山に分けて、上下の順番を入れ替えてから一つの山にまとめ直す方法だ。

とくにウォッシュシャッフルを使った場合、左右に広がったカードはよく混ざるが、上下がほとんど動かないため、この手順は不可欠だ。

伝統的には、一つの山を二つに分けて上下を入れ替えるだけだが、とくに指定はないので、自分の好きな数だけカットすればよい。質問者がいる場合は、質問者にカットを任せるのが一般的だが、必ずそうしなければならないわけではない。

⑤スプレッド

①〜④の手順を終えたら、指定された形にカードを配置していく。これがスプレッドだ。ひとまとめにしたカードを上から順に1枚ずつ取り、配置していけばよい。

トートは正位置・逆位置（→9頁）のないタロットだが、だからといって、カードの向きを正位置に直したりすると、クロウリー・スプレッドなどが正しく行えない。カードの向きは、山から取ったときのまま配置することが重要だ。

⑥カードの吉凶の見分け方

トート・タロットに正位置・逆位置はないが、好品位・悪品位という考え方がある。これは、隣接するカード同士のエレメントの相性によって判断するものだ。

四大エレメントには、相互に「友好」と「敵対」の関係がある（次頁図参照）。複数枚のカードをスプレッドしたときは、相互の位置関係によって、次のように吉凶が決まる。

(1)同じエレメントが隣接しているときは大吉。
(2)友好エレメントが隣接しているときは吉。
(3)敵対エレメントが隣接しているときは凶。
(4)(1)〜(3)が両隣に混在しているときは、ケースバイケースで判断する。たいていの場合は、ニュートラルだと判断してよい。

「隣接」という言葉が示すように、トートは複数枚で占うのが基本であり、最近流行しているワン・カード・オラクルには使いにくい。

ところで、スモール・カードとコート・カードは、どのエレメントに対応しているかすぐにわかるのだが、悩むのはアテュだろう。

クロウリーは、スモール・カードは隣接するカ

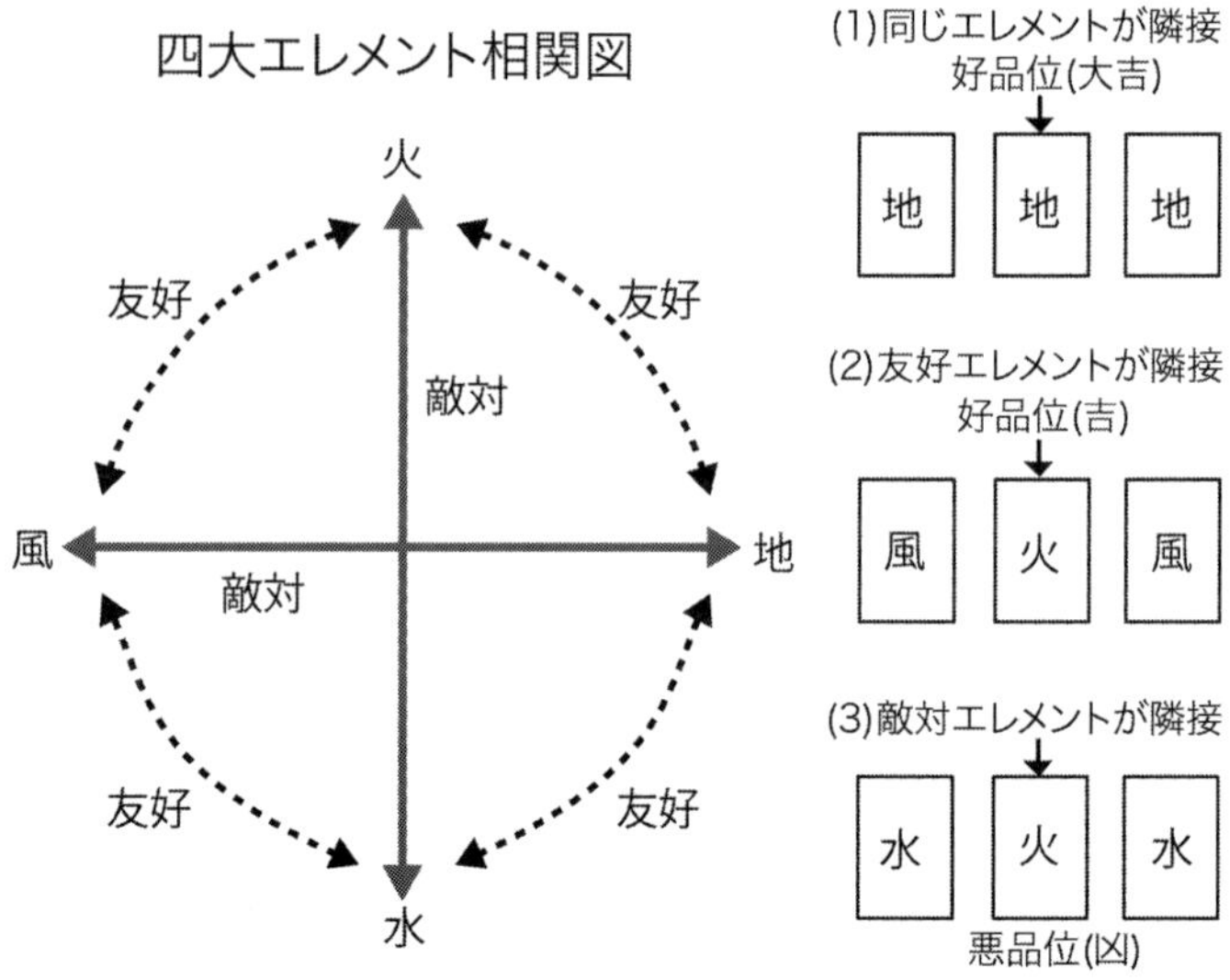

ードの影響を受けると述べているが、それ以外についてはとくに言及しなかった。そのため、アテュはまったく独立していると考える研究者もいる。しかし、占っているときに意味の吉凶がわからないのでは、使いにくい。そこで、アテュのエレメントを次頁の表にまとめた。判断の基準は、所属の惑星や星座である。

⑦マジョリティーと優勢

カードをスプレッドしたら、まず全体を見渡して、配置されたカードに偏りがないかをチェックする。同じ数などのカードが3枚以上出ている場合は「マジョリティー」と呼ばれ、占断の際に、その影響を考慮する必要がある。

マジョリティーの影響については、次頁の一覧表にまとめた。どの程度の影響を及ぼすと見るのかは、占者の判断しだいだが、いわば料理の最後に加えるスパイスのようなものだと考えればわか

◆アテュとエレメントの対応◆

0. 愚者（風）	8. 調整（風）	16. 塔（火と水）
1. 魔術師（風と地）	9. 隠者（地）	17. 星（風）
2. 女司祭（水）	10. 運命（火と水）	18. 月（水）
3. 女帝（地と風）	11. 欲望（火）	19. 太陽（火）
4. 皇帝（火）	12. 吊された男（水）	20. 永劫（火と精霊）
5. 高等司祭（地）	13. 死（水）	21. 万物（地と風）
6. 恋人（風）	14. 術（火）	
7. 戦車（水）	15. 悪魔（地）	

◆マジョリティー一覧◆

カード	3枚のときの意味	4枚のときの意味
ナイト	予期せぬ出会い	大いなる速さ
クイーン	強力で、影響力を持つ友人	権威と影響力
プリンス	地位と名誉	大いなるものとの出会い
プリンセス	若者の集い	新しい考えと計画
A	富と成功	大いなる力
2	再編成、やり直し	会議と会話
3	偽り	決意と決断
4	勤勉	休息と平和
5	口論、けんか	秩序、定期性
6	獲得と成功	喜び
7	条約と締結	失望
8	たくさんの旅行	たくさんのニュース
9	大量の通信	付加される責任
10	購入、売却	懸念と責任

スートなど	優勢のときの意味
ワンド	情熱的　けんかっ早い　対立
カップ	感情的　優柔不断　快楽　娯楽
ソード	トラブル　悲しみ　疾病
ディスク	現実的　貪欲　ビジネス
コートカード	社会的　多くの人との出会い
アテュ	強さ　質問者が制御できないほどの運命的な流れ

りやすいかもしれない。なお、スートなどの「優勢」については、スプレッドしたカードの半数以上がひとつのスートなどで占められている場合に「優勢」と見る。

⑧カード1枚ごとの意味

ここまでの内容をだいたい把握したら、あとは1枚ごとの意味をじっくりと考えながら解読していけばよいのだが、気をつけなければいけないのは、1枚「だけ」の意味にとらわれないということだ。タロットは本来、数枚のカードの関連を見ながら読み解いていくものである。全体的なバランスを見失わないようにしよう。

豆知識――トート・タロットにバカにされる?

筆者はよく、「トート・タロットは占う人を選ぶのではないか」という相談を持ちかけられる。また占者によっては、トートを使うと適切なカードが出てこなくて占いにくいという人もいる。

確かにタロットデッキと占者の相性というものはあるが、占者がたんに使いにくいと感じる以上の現象があると主張する人が多いのは、トートだけかもしれない。

こうした人たちによく話を聞き、どのように占っているのかを実際に見せてもらうと、そこには大きな特徴があった。彼らは「質問者はこれに悩んでいるので解決策がほしい」とか「この目標に達するためにはどうしたらよいか」といった明確な占的を立てることなく、「何かよいことはないか」とか、「自分が何をしたいのかわからない(ので、カードに決めてもらいたい)」といった漠然とした占い――言葉を換えれば、自分の意志をカードに委ねるような占いをしていたのである。

クロウリーは、その生涯を『法の書』の普及に費やした。そこでの中心哲学は「汝が志すことを行え」である。彼がそうした思想をトート・タロットに投入しているとすれば、自分の意志を棚上げにしてしまうような質問では、カードが反応しないのも当然ではないだろうか？

トートを使いこなすためには、何がしたいのか、何を知りたいのかくらいは自分で把握しておくことが肝心なのである。

以下、スプレッドを個々に説明していく。

フォー・カード・スプレッド

まずは、最も簡単な4枚のスプレッドから始めてみよう。就職や入試、愛情の告白などの結果がはっきり出やすく、どのように努力すればよいのかというアドバイスがほしいときに最適だ。

【手順】

①質問する内容と、質問者のシグニフィケーターを決める。シグニフィケーターは、プリンセスを除く12枚のコート・カードから選ぶ。誕生日との対応については280頁の表を参照。

②タロットデッキをシャッフル&カットする。

③カットし終えたデッキの上から4枚を、左から順番にスプレッドする。

【占いの実例】

【質問者】 12月4日生まれの女性

【質問の内容】

接客業に就いているが、あまり向いていないので、辞めてデスクワークをしたい。しかし、求人情報などをもとに動いても、なかなか採用までい

フォー・カード・スプレッドの例

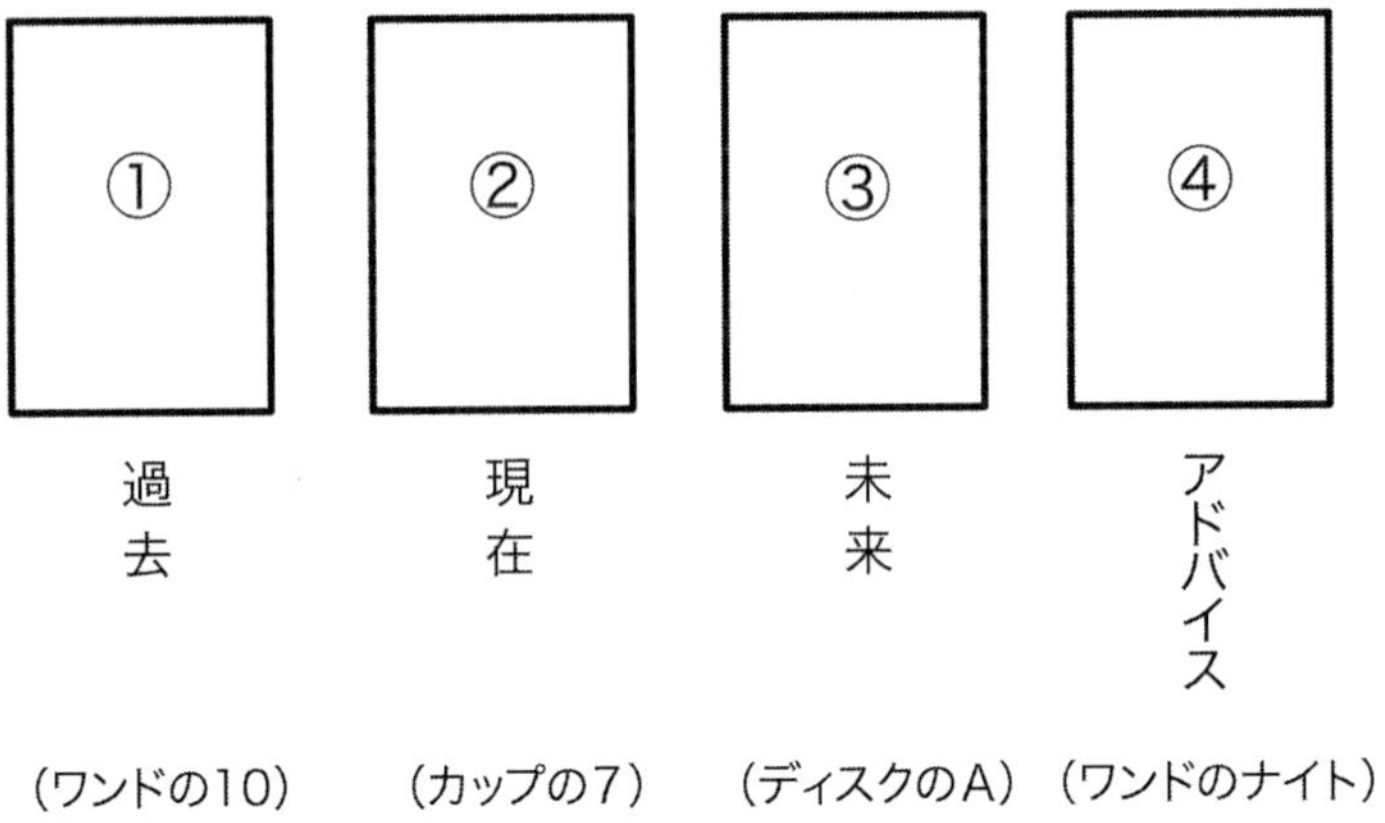

かず、悩んでいる。

【スプレッドの結果と解読の手順】

質問者の誕生日は12月4日なので、シグニフィケーターは「ワンドのナイト」。これを頭に入れてシャッフル&カットを行い、4枚をスプレッドすると、上図の（　）内のようになった。

全体を見ると、以下のことがわかる。

(1)質問者のシグニフィケーターが出てきたので、今回の占いは、かなり当たる確率が高いと判断できる。シグニフィケーターが出なかった場合は、1か月以内の状況判断は確実だが、長期的な見通しにおける的中率は下がることが多い。

(2)アテュが出ていないので、この問題には運命的な流れはあまり関係せず、人間側の努力しだいで状況が動くと判断できる。

(3)マジョリティーはないので、特別な意味は加味されない。

(4)過去と現在で、火と水のカードが隣接しているので、ここは悪品位になりがちだ。

この4点を踏まえて、カードを読んでいく。

①**過去**は「ワンドの10」。中傷や抑圧を表し、現在の職場環境がうかがえる。接客業で無茶なお客様に対応してきたことに加え、同僚からのいじめやパワハラ的な問題もありそうだ。

②**現在**は「カップの7」。嘘や妄想、虚飾を表す。過去のカードから察するに、質問者は、自分をだましだまし、今の職場に勤めているのだろう。辛い現状を周囲にいえず、虚勢を張って余計に自分を苦しめている可能性が高い。このような態度が、新しい職探しにも悪影響を及ぼしているのではないだろうか？

③**未来**は「ディスクのA」。物質的な富や労働という意味があるので、今よりも高収入で、労働環境のよい職に就けると読める。ただし、現在の状態との隔たりが大きい。そのギャップを埋めることはできるのか？　次のカードを見ていこう。

④**アドバイス**は「ワンドのナイト」。これは少し判断が難しい。このカードは、質問者本人のシグニフィケーターなので、まず何よりも、自分に嘘をつくのをやめて、正直に、自分らしく行動することが大切だと占断できる。

次に、カード自体の意味から、通常よりも高いゴールを目指して努力できることに注目し、新規の就職先をもっとよい会社に絞ったほうが効果的であることが見えてくる。また、自分の能力を一途に信じて行動することも大切なので、くよくよせず、胸を張って新たな会社を探すほうがよい。

コート・カードは、その問題にかかわる人物の性格を示すものなので、最終カードや結果の場所に出ると、どう読めばよいのか戸惑うことになりがちだ。そんなときは、そのような性質に該当する人が動いてくれる、そのような性格になったつもりで自分が行動するといった読み方ができる。それも難しければ、もう1枚、カードを引いてもかまわない。

フィフティーン・カード・スプレッド

魔術系タロットでの占いに愛用されているスプレッドである。最初は複雑だと思うかもしれないが、ひとつひとつしっかりと手順を押さえていけば、それほどでもない。長期的な見通しが立てられるため、込み入った問題の占断にも便利である。そして何よりも、ひとつの意味に3枚ずつカードを展開するため、好品位・悪品位の読み取りが非常に楽なのだ。

【手順】

前項のフォー・カード・スプレッドと同じだ。①質問する内容と質問者のシグニフィケーターを決め、②タロットデッキをシャッフル&カットし、③ひとつにまとめたデッキの上から15枚を、左の図の番号順にスプレッドする。

【解読のポイント】

図中の①は、質問者自身を示す場所なので、ここにコート・カードが出た場合は、質問者に大きな影響を与えている人物の存在を考慮せねばならない。また、②と③のカードを読むときには、①を踏まえて読み、状況の本質や質問者の性格を限定していくこと。

未来Aと未来Bの関係は、やや複雑だ。このふたつの場所に出たカードが調和的であれば、未来Aが発展して、未来Bにつづくと読む。調和が取

フィフティーン・カード・スプレッドの例

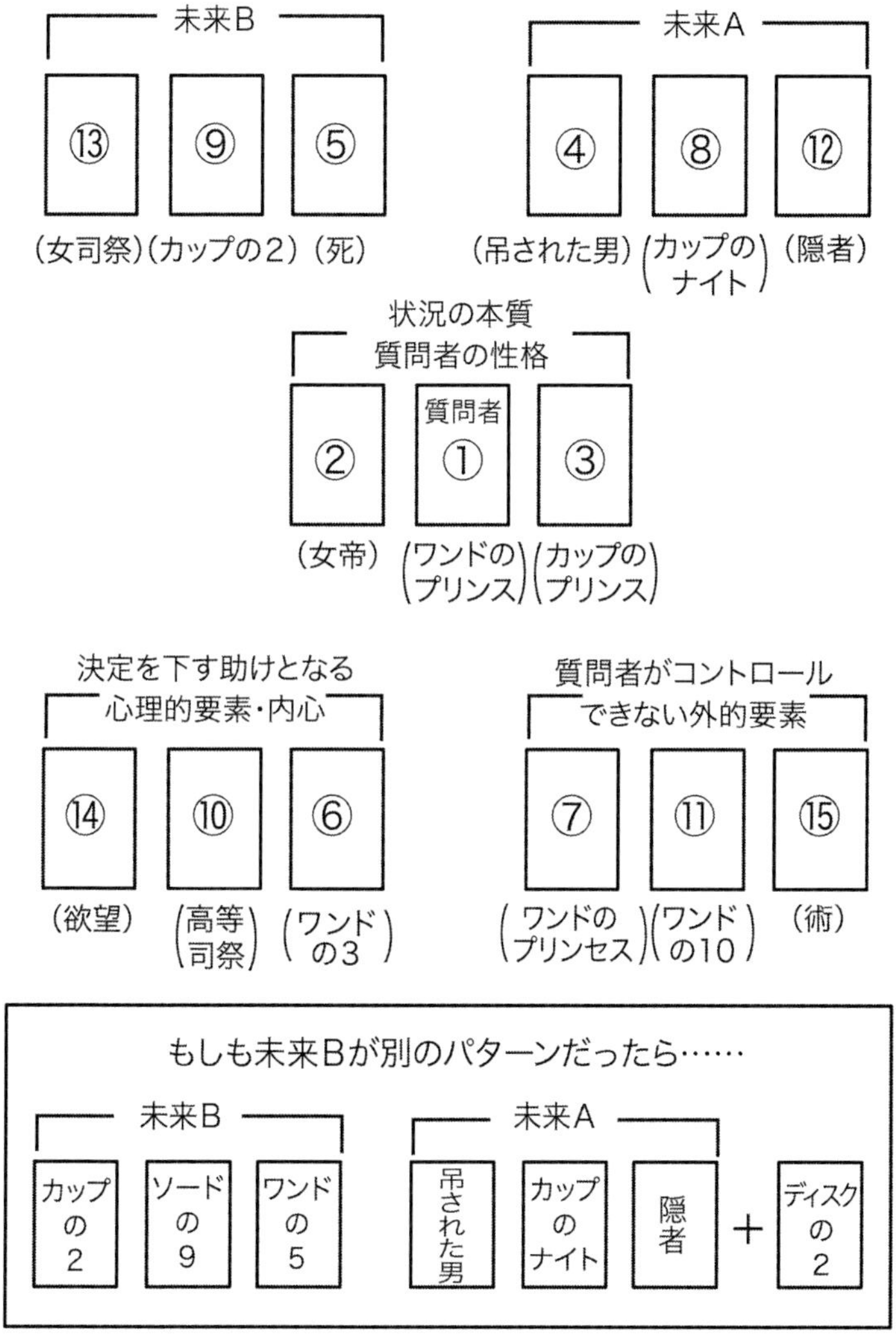
未来B
⑬ ⑨ ⑤
（女司祭）（カップの2）（死）
未来A
④ ⑧ ⑫
（吊された男）（カップのナイト）（隠者）
状況の本質
質問者の性格
② 質問者 ① ③
（女帝）（ワンドのプリンス）（カップのプリンス）
決定を下す助けとなる
心理的要素・内心
⑭ ⑩ ⑥
（欲望）（高等司祭）（ワンドの3）
質問者がコントロール
できない外的要素
⑦ ⑪ ⑮
（ワンドのプリンセス）（ワンドの10）（術）
もしも未来Bが別のパターンだったら……
未来B
カップの2
ソードの9
ワンドの5
未来A
吊された男
カップのナイト
隠者
＋
ディスクの2

れていなければ、質問者は未来Aが示す状態へと流されやすくなり、特別な行動を起こさないかぎり、それは変えられない。そして未来Bは、行動を起こすための選択肢を探る場所になる。

カードが「調和的」であるかどうかを見るのにいちばん間違いがないのは、未来Aと未来Bが、無理のないストーリーでつながるかどうかを見るという方法だ。

そういわれてもピンとこないときには、未来Aと未来Bに出たカードの種類を見比べるという手法もある。未来Aと未来Bに、同じスートやエレメントのカードが近似の枚数ずつ出る、同じ数のカードが出る、アテュが同じ枚数ずつ出るといった共通点があれば、ほぼ調和的なフォースが流れていると判断できる。

【占いの実例】

【質問者】 11月10日生まれの男性

【質問の内容】

建築関係の自営業を営んでいる。真面目に働いているが、最近は業績が振るわず困っている。また、相思相愛の女性がおり、結婚を考えているが、仕事が不調なためプロポーズに踏み切れない。どうすればよいのだろうか?

【スプレッドの結果と解読の手順】

質問者の誕生日から、シグニフィケーターは「カップのプリンス」(→280頁)。これを頭に入れてシャッフル&カットを行い、図の番号どおりに15枚をスプレッドする。

全体を見ると、以下のことがわかる。

(1)シグニフィケーターが質問者の状況を表す場所に出たので、今回の占いはかなり重要度が高いとわかる。長期的な見通しもできるはずだ。①にコート・カードが出ていることにも注目。

(2)アテュが過半数を占めているので、この問題に関しては運命的な流れがとても強く、質問者の努力などで打開できる範囲は少ない。
(3)マジョリティーはない。
(4)仕事に関する質問なのに、金銭を意味する地のカードは隠者と高等司祭の２枚、知恵を意味する風のカードは女帝の１枚だけ。どれもアテュなので質問者の采配の範囲にはない。あとは火と水のカードばかりだ。金銭的なやりくりと合理的な経営がなんらかの理由で困難なことがうかがえる。
(5)火と水という対立するエレメントのカードが多いが、それぞれの場所では敵対していないため、悪品位ではなく好品位として読む。質問者の状況を示す中央の３枚が、例外的に火と水になっているが、女帝のアテュが地と風の両方を示すので、四大エレメントが勢ぞろいしている。したがってニュートラルだと判断できるだろう。
(6)未来Ａ（④⑧⑫）と未来Ｂ（⑤⑨⑬）を比較する。アテュはどちらにも２枚ずつある。エレメントを見ると、未来Ａは水が２枚と地が１枚、未来Ｂは水が３枚で、似通った部分が多い。ゆえにここは調和的であり、未来Ａを経て未来Ｂにいたると判断できる。

以上の点を頭に入れてカードを読んでいく。この手順を見て、複雑すぎる、お手上げだ！　と思う人がいるかもしれないが、慣れてしまえば、ほぼ一瞬で判断できるので心配は無用だ。

状況の本質と質問者の性格……❶❷❸

①に「ワンドのプリンス」が出ているので、質問者に強く影響を与えている人物を特定せねばならない。「ワンドのプリンス」が意味する７月12日前後～８月11日前後に生まれた人か、やや毒舌だがユーモアセンスに満ちた人物が近くにいるかを尋ねたところ、相思相愛の女性がそのような性格の人物であるとのこと。

さらに、②が「女帝」なので、愛情、多産、幸福といった運勢が強く働いている。質問者は、仕事の状況を改善したいと言ってはいても、すべては恋人との結婚のためということなのだろう。

決断を下す助けとなる心理的要素……⑥⑩⑭

⑭の「欲望」から、彼女への性的欲求の波にのまれている状態が推測できるし、世紀の大恋愛だと思うほどでもあるのだろう。それに対して⑩の「高等司祭」は、骨の折れる仕事や、宗教的あるいは慣習的な締めつけなどを示す。おそらく、彼の仕事が大変なのは、建築業という地域密着型の事業であるため、地縁・血縁などが強く絡んでいるからだと推測できる。それに助けられるときもあるのだろうが……。⑥の「ワンドの3」は、彼にできるのは、高潔さや希望の実現といった前向きな態度を維持することだと告げている。逆にいえば、それくらいしかできることがないのだ。

質問者がコントロールできない外的要素……⑦⑪⑮

⑮の「術」は、経済や経営、脱出への道筋を示す。⑦と⑪には、才気煥発で、危険をかえりみず変革や投資を行う人物を表す「ワンドのプリンセス」と、冷酷さや利己主義を表す「ワンドの10」が出た。すべてが火のカードなので、外的要因の勢いは、強く激しい。

質問者は今の事業を整理して、大手企業に吸収されるか、これまでの経験を生かして再就職するという逃げ道があるだろうし、その機会を提供してくれる人物もいるようだ。しかし、現在の事業の関係者からは、「地元を見捨てるのはひどい」という非難が出ているのではないだろうか？

未来A……④⑧⑫

苦境からの脱出の道が示されたが、④の「吊された男」には、そこから逃げだせず犠牲になる道を選択する質問者の姿が示されているうえ、⑧の「カップのナイト」には、周囲との和を重んじる姿勢が表れている。そのため、しばらくは苦しみながらも自営業をつづけるしかないという回答となる。だが、⑫の「隠者」には、現状から退避する運勢も強く見える……。

未来B……⑤⑨⑬

⑤の「死」は意識や状況の変化を、⑬の「女司祭」は変化と改革という運勢が訪れることを、⑨の「カップの2」は愛情そのものを示す。このことから、しばらくはがんばってみるものの、やはりこのままでは彼女との結婚は無理だと悟り、非難する人々とは縁を切り、外的要因で示された脱出の道、すなわち自営業をたたんで新たな就職先を探すという方策を取ることになるだろう。それで幸福な結婚生活が手に入るはずだ。

通常であれば、どれくらい耐えてから新しい就職先を探せばよいかという具体的な時間を出せるが、このスプレッドではアテュが過半数を占めているため、質問者が動く時期などはあまり気にせず、流れに任せればよいという回答になる。

参考までに、このスプレッドで、未来Aと未来Bのカードが不調和だったら、どうなるだろう。具体的な例を291頁の下に図示した。

この結果を見ると、未来Bにアテュはなく、火と風と水のエレメントが各1枚だ。未来Aにはアテュが2枚とコート・カードが1枚、エレメントは地が2枚で水が1枚。これは不調和なので、質問者は現状の仕事にとどまるという回答になる。

さらに未来Bを見ると、アテュはないので、人間の行動が重視されることがわかる。また、動きが感じられるカードなので、質問者が行動を起こす余地はある。ここに出ているのは、愛情を示す

「カップの2」、自暴自棄を示す「ソードの9」、闘争を示す「ワンドの5」だ。これを総合的に判断すると、このままでは結婚もできず、質問者の人生はなくなってしまうことがうかがわれる。彼女との関係が大切ならば、現在の取引先とは大きな争議になっても縁を切り、未来を切り開いていく行動をせねばならないし、その行動を取る選択肢は残っている。

また、スプレッド全体にアテュは出ているものの、過半数ではなくなったので、行動する時期を出すことができる。そこでもう1枚引いてみると、「ディスクの2」が出た。今から2か月ほどの間に行動を起こせば、現状を変えるチャンスがつかめる、という回答になる。

クロウリー・スプレッド

2時間以上を費やす価値あり

『トートの書』に収録されている唯一のスプレッドである。クロウリー自身はこれを「タロット作業」としか呼んでいないが、いつしか「クロウリー・スプレッド」という名称で知られるようになった。非常に複雑な手順であり、実践できるタロット占者はあまりいない。

実際に占ってみるとわかるが、最後まで占い通せるとは限らないし、できたとしても2時間以上を必要とする大作業だ。通常の悩みの解決に向いているとは、とてもいえない。

それでも、このスプレッドを実践する価値は、計り知れないほど高い。

まず、何十枚ものタロットをしっかり読んでいかねばならないので、ある程度タロットを使ってきた人間にありがちな「得意なカードだけをつまみ食いして読む」という悪癖の矯正にもってこいだ。そして、同じような意味が割り当てられているカードを、その状況ごとにしっかりと読み分けねばならないので、微妙な意味の差を認識できる。また、複数枚のカードを読んでいくことで、ワン・オラクルなどにありがちな、カードを読んでいるように見えて結局は占者の思い込みを押しつけるという危険もなくなる。タロットに慣れた人ほど、脂汗&冷や汗を流しながらでも挑戦してほしいスプレッドである。

クロウリーは当然、占いも魔術儀式であると考えていたので、しっかりとした召喚儀式から占いが始まる。ここで見落としてはならないのは、召喚儀式があるということは、少なくとも最初に追《つい》儺《な》儀式を行うことだ。ここでは全過程を記すが、読者が実践する場合は、追儺儀式は省略し、召喚は本書の280頁に書いた簡易版でかまわない。

黙って座ればピタリと当たる

クロウリー・スプレッドの最たる特徴は、質問者に質問の内容を尋ねないことだ。まさに「黙って座ればピタリと当たる」を地でいかねばならない。また、５段階のスプレッドのうち、４段階までが「質問の発展」と名づけられているので、どこまでが過去で、どこからが未来や質問への回答になるのかがわかりにくい。これはカードが示す内容に沿って読めばよい。

とにかく長大な占いなので、以下に実例を挙げながら説明していく。出てきたカードを並べながら、じっくりと読んでほしい。

【事前作業】

【シグニフィケーターの選出】

質問者に生年月日などを聞くことができないので、話し方やボディランゲージなどをよく観察して適切なカードを選ぶ。質問者のルックスに似たカードを選んだりしてはいけない。

今回の質問者は、40代半ばくらいの男性。話し方はシャープだが真面目。全体的に自由な雰囲気が漂い、知的好奇心が旺盛な様子。そこで、「ソードのナイト」を選んだ。

【追儺儀式について】

追儺《ついな》儀式とは、その場の穢《けが》れや霊的ノイズを除去する儀式である。読者自身が愛用している儀式があれば、それを使ってもよい。さまざまな方法があるが、ここでは最もよく使われる「小五芒星の追儺儀式」を紹介しておく。

魔術儀式用のソード（剣）とワンド（杖）があれば、それを用意する。なければ、自分の利き手を手刀のようにして、代わりに使えばよい。追儺や召喚の際に唱える文言は、できるだけ大きな声でハッキリと。とくに「詠唱する」と書いてある言葉は、発声練習をするかお経を読むようなつもりで、長く大きな声で響かせる。

【小五芒星の追儺儀式】

①ソードを右手に持って東を向く（または手刀をかざして東を向く）。

②ソード（または手刀、以下同）で額に触れ、「アテー」と唱える。

③胸の中心に触れ、「マルクト」と唱える。

④右肩に触れ、「ヴェ・ゲブラー」と唱える。

⑤左肩に触れ、「ヴェ・ゲドゥラー」と唱える。

⑥胸の前で両手を組み、「ル・オラーム」と唱える。

⑦ソードの先端を上に向け、「アーメン」と唱える。

　ここまでが「カバラ十字」という魔術用の十字の切り方である。

⑧東の方向へ一歩踏みだし、空中に「地の追儺の五芒星」（左図）を大きく描く。

⑨ソードの先端を五芒星型の中心に入れ、自分の声が「宇宙の東」へと向かう様子をイメージしながら、「ヨッド・ヘー・ヴァウ・ヘー」と声を振動させながら唱える。

⑩ソードを突きだしたまま南に体を回し、そこでも「地の追儺の五芒星」を描き、神名「アドナイ」を振動させる。

⑪同様に西に体を回して「地の追儺の五芒星」を描き、「エヘイエー」と振動させる。

⑫同様に北に体を回して「地の追儺の五芒星」を描き、「アグラー」と振動させる。

⑬東に戻り、ソードの先端を最初の「地の追儺の五芒星」の中心に戻し、輪を完成させる。

⑭両腕を広げて体全体で十字をつくり、次のように唱える。天使名は振動させること。

「わが前にラファエル。わが後ろにガブリエル。わが右手にミカエル。わが左手にアウリエル。

　わがまわりに五芒星が燃えあがり、わが頭上に六芒星は輝きたり」

⑮手順①～⑦をくり返し、再び「カバラ十字」を切る。これで追儺儀式は完了する。

【召喚儀式】

　次に、クロウリーがタロットの天使として選んだＨＲＵの召喚儀式を行う。ＨＲＵとはヘル・ラー・ハー、つまりホルス神のことである。

①タロットデッキを左手に持ち、右手でワンドをその上にかざす。

②以下のように唱える。文章中のＩＡＯは「イーアーオー」、ＨＲＵは「フールー」、Ａｍｅｎは「アーメン」と、声を振動させながら唱える。

「ＩＡＯよ、われ、汝を、その口にすべからざる御名の栄光により召喚せん。この聖なる叡智の作業を司る偉大なる天使ＨＲＵを遣わし、聖別されしカードの上に天使の不可視の手を置かせることで、われらに秘められし事柄の知識が得られますようにと。Ａｍｅｎ」

この召喚文は、音の響きが大切だと考えられているので、英語の原文も載せておく。

「I invoke thee, IAO, that thou wilt send HRU, the great Angel that is set over the operations of this Secret Wisdom to lay his hand invisibly upon these consecrated cards of art, that thereby we may obtain true knowledge of hidden things, to the glory of thine ineffable Name. Amen.」

【第１作業：過去の状況を見る】

ここでは、質問者が占者のもとへ来たときの状況を見るとクロウリーはいっているが、そのときまでの過去の状況を見ると考えたほうが占いやすい。時間軸は、常識的な流れに沿って判断する。

①質問者自身にカードを渡して、問題に意識を集中しながらカットしてもらう。質問者がこの作業を難しいと感じるようであれば、占者がシャッフルとカットを行ってもかまわない。カットを終えたら、カードをひと山にまとめる。

②ひと山になったカードを占者がカットする。そ

クロウリー・スプレッド(図1)

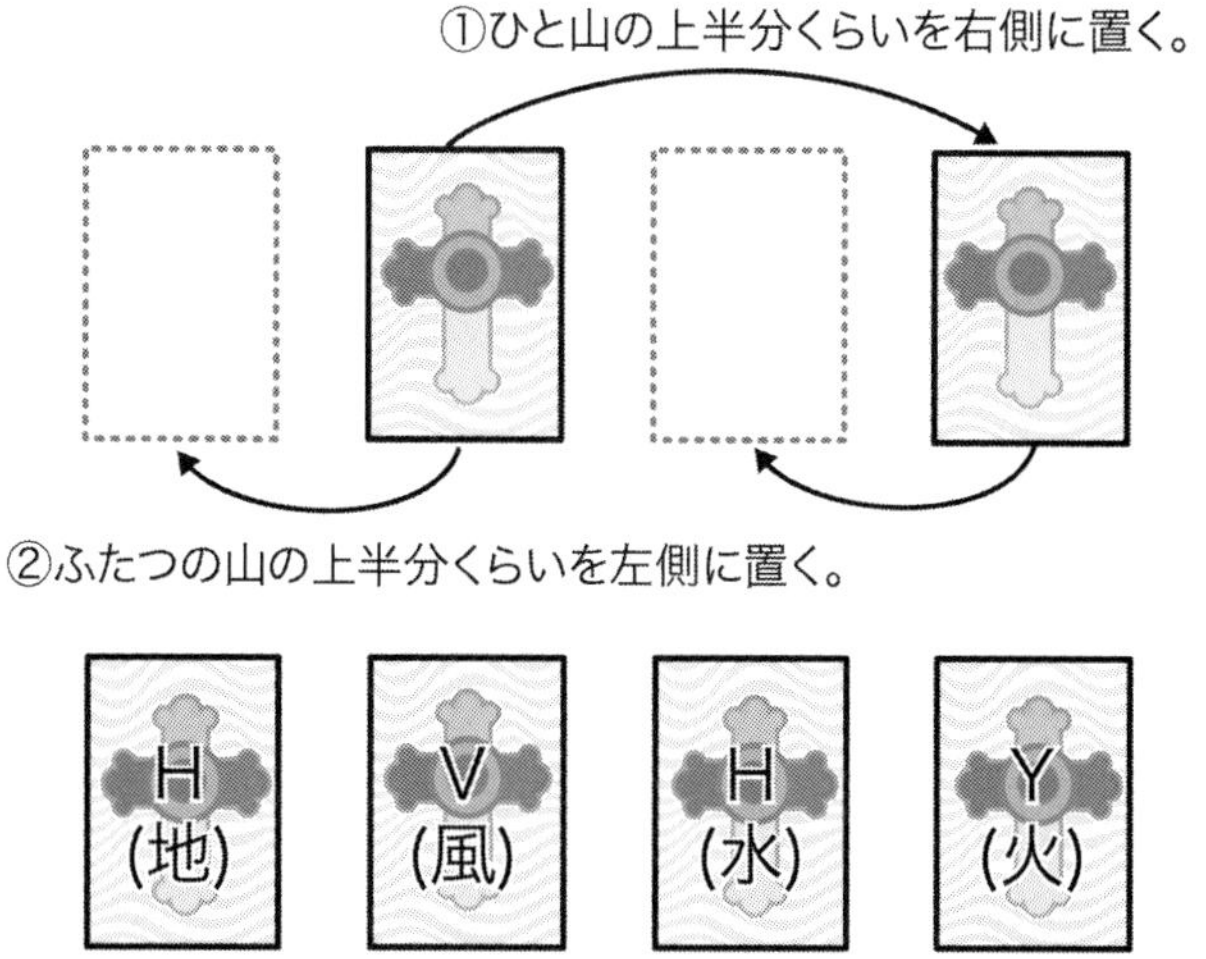
①ひと山の上半分くらいを右側に置く。
②ふたつの山の上半分くらいを左側に置く。
H
(地)
V
(風)
H
(水)
Y
(火)

の際、以下の手順で行う。

まず、ひと山の上半分くらいを取り、右側に置く（ひと山を2分割する）。残った下半分から十分なスペースを取ること。次に、ふたつの山をさらに2分割する。分割した山は、ふたつの山それぞれの左側に置く。こうしてできた4つの山は、右から順にY《ヨッド》（火）、H《ヘー》（水）・V《ヴァウ》（風）・H《ヘー》（地）を指す。（図1）

③4つの山のどこに質問者のシグニフィケーターが入っているかを調べる。入っている場所によって、質問者の悩みは以下のように推察できる。

なお、クロウリーの定義だけでは、現代社会にありがちな悩みが漏れてしまうため、一般的に各エレメントに配当される事柄を［　］内に示した。これらを入れてもよいだろう。

Yの山にある場合……商売　仕事　［強い願望　スポーツ　入学試験］

Hの山にある場合……愛情　結婚　喜び　［美しいこと］
家族に関すること］
Vの山にある場合……心配事　損失　スキャンダル　争い　［IT関連　学習　留学］
Hの山にある場合……金銭　家財　［体に関すること］

④シグニフィケーターが入っていた山から推測し、質問者に質問の内容を告げる。違っていたら、占いはここで終わる。

今回は、質問者のシグニフィケーターである「ソードのナイト」がヴァウの場所に入っていたので、本人に確認したところ、学習に関する問題との回答を得た。そこで、次に進む。

⑤シグニフィケーターのあった山を手に取り、そのカードを表向きで、半円状に並べる。並べたら、シグニフィケーターの顔の向いている方向にカードを読んでいく。この作業によって質問者のこれまでの状態を読み取る。

コート・カードの向きとカードを読む順番

コート・カードのなかには、人物の顔の向きが判別しにくいものもある。占いに用いるときの顔の向きは、第1章のカード解説にそれぞれ記載したが、わかりにくかったら「男性カードは右向き、女性カードは左向き」とすれば簡単だ。これは、ゴールデン・ドーンで用いられた法則である。

ここで非常に重要なポイントは、シグニフィケーターのカードが正位置か逆位置（→9頁）かで、カードを読む方向が変わるということだ。

わかりやすい例を挙げてみよう。「ディスクのナイト」を見てほしい。このナイトが正位置で出た場合、当然、顔は右を向くので、カードは右へ右へと読み進めていく。

しかし、逆位置で出た場合、ナイトは、占者から見ると左を向く。そこでカードは、左へ左へと読み進めることになる。

また、半円状に並べたカードは、端と端がつながり、輪のようになっていると考える。したがって、半円の端のほうまできたら、もう一方の端へ移って読みつづける。

カードを読む順番には、独特のルールがある。カードごとに数が当てられていて、その数によって、何枚目のカードを読むのかが指示されるのだ。カードと数の対応は、次のとおり。

なお、シグニフィケーターは常に「1枚目」で、これをスタートとして読みはじめる。

【ナイト、クイーン、プリンス】そこから4枚目を読む。4は、YHVHの数である。

【プリンセス】そこから7枚目を読む。7は、生命の樹のマルクトの宮殿の数である。

【A】そこから11枚目を読む。

【2～10の数札】2なら2枚目、3なら3枚目と、数に対応して読む。これはセフィラーの数である。

【元素のアテュ（愚者、吊された男、永劫）】そこから3枚目を読む。3は、ヘブライ語の母字の数である。

【惑星のアテュ（魔術師、女司祭、女帝、運命、塔、太陽、万物）】そこから9枚目を読む。9は、七惑星にドラゴンズ・ヘッドとドラゴンズ・テイルを足した数である。

【星座のアテュ（皇帝、高等司祭、恋人、戦車、欲望、隠者、調整、死、術、悪魔、星、月）】そこから12枚目を読む。これは十二星座を意味する数である。

今回、シグニフィケーターが含まれていたVの山には17枚のカードがあった。それらが左端から、305頁の図のようにスプレッドされている。

まずはざっと見て、マジョリティーや優勢がないかをチェックする。どちらもないので、カードを数えながら読んでいこう。コート・カードはさまざまに変化し、質問者自身の心境や身近な人々を示したりするので、工夫しながら読む必要がある。また、それぞれに隣接するカードを見て、好品位・悪品位もチェックすること。

では、シグニフィケーターを出発点として、すでに読んだカードに当たるまで読んでいこう。「」内には、各カードをどう読んだかを示した。

ソードのナイト（1枚目）「質問者は……」→そこから4枚目へ。

ディスクの9「遺産を相続するなどで、収入が安定した」→そこから9枚目へ。

ディスクのプリンス「そのため、本人が若いころから望んでいた……」→そこから4枚目へ。

魔術師「オカルトや魔術に関する知識を……」→そこから9枚目へ。

ソードの2「わがままといわれても、自分が納得のいくように……」→そこから2枚目へ。

ディスクの3「ライフ・ワークとして追求したい」→そこから3枚目へ。

ワンドの2「無謀でもこの新しい世界に挑戦して……」→そこから2枚目へ。

ソードのA「自分の志を確かめ……」→そこから11枚目へ。

カップの4「余計な欲望は捨て去った生き方をしたい」→そこから4枚目へ。

ソードの2　これはすでに読んだカードなので、ここでストップ。次の作業へ移る。

隠れていた事柄を読み取る

両端のカードを取り、2枚1組で読んでいく。ここでは、前の段階で隠れていた事柄を読み取るようにする。少々外れてもよいが、大筋が外れて

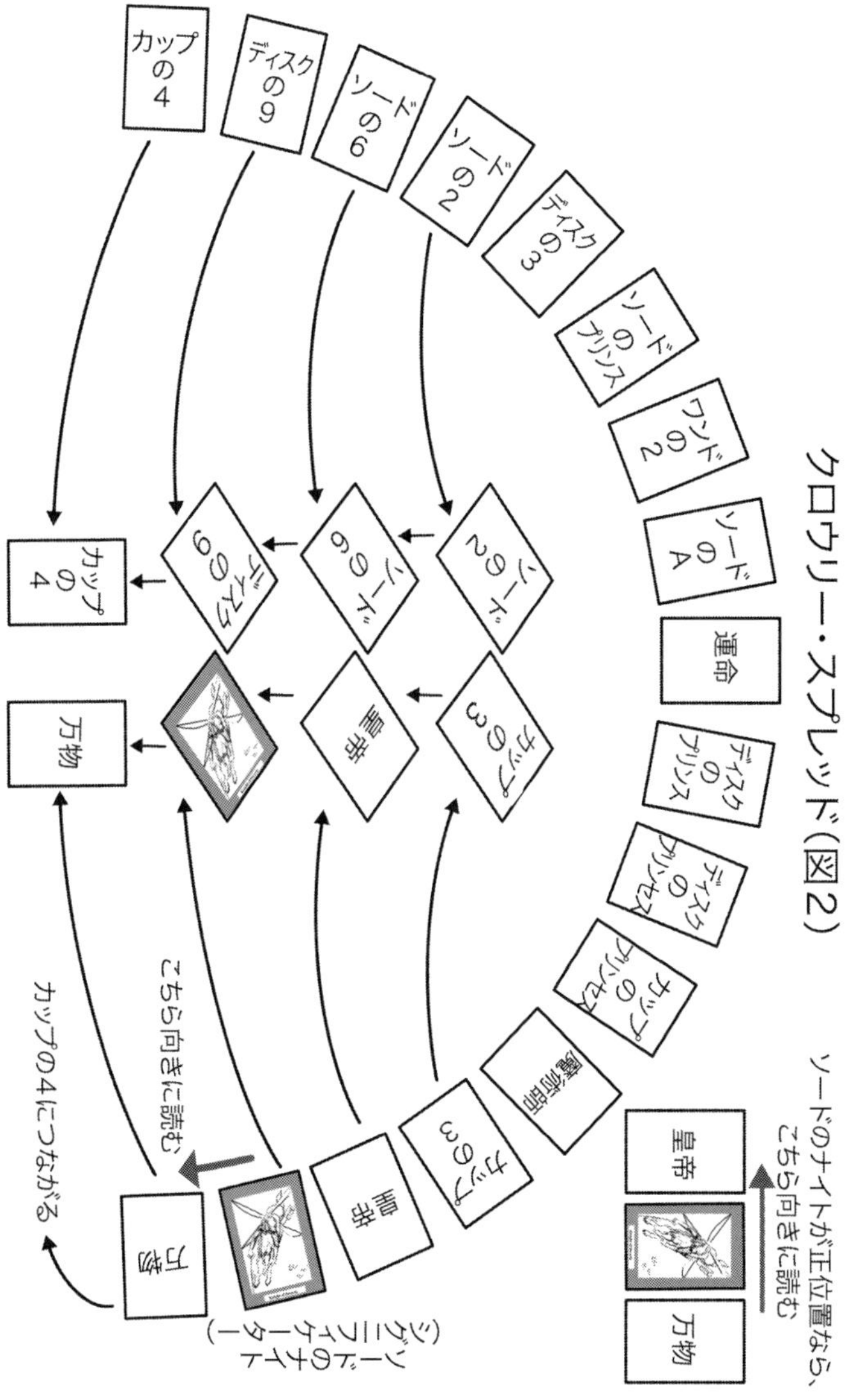

クロウリー・スプレッド(図2)

いたら、占いは中止する。

カップの4＋万物「これまで相反する欲求に苦しめられてきたが、それを捨て去り……」

ディスクの9＋ソードのナイト「質問者自身が何を求めているのか、確実な方面を探りたい」

ソードの6＋皇帝「そうすることで、これまでの悩みから脱却してエネルギッシュに……」

ソードの2＋カップの3「かつ、矛盾なく人生を楽しめるのではないだろうか」

ディスクの3＋魔術師「オカルトや宗教をライフワークとするのは……」

ソードのプリンス＋カップのプリンセス「われながら大人げないと思うし、周囲は嫁でももらえとうるさいが……」

ワンド2＋ディスクのプリンセス「自分の情熱はそちらに向いているので、どうせやるならば徹底的に学んでいきたい」

ソードのA＋ディスクのプリンス「自分の志を実践する生き方に、物怖じせず……」

運命「人生を自分で開拓していく時期になったと感じている」

質問者にこれでよいかと尋ねたところ、おおむねよいとのことだったので、第2作業に進む。

【第2作業：質問の発展】

①カードをシャッフルし、召喚儀式を行う（↓280頁）。

②質問者にカードを渡してカットしてもらう（↓282頁）。

③占星術の「12の室」を模して、カードを12の山にスプレッドする（左図参照）。1枚ずつ配るか、数枚ずつまとめて配るかは好きに決めてよい。

④スプレッドを終えたら、質問について熟考し、

クロウリー・スプレッド（図3）

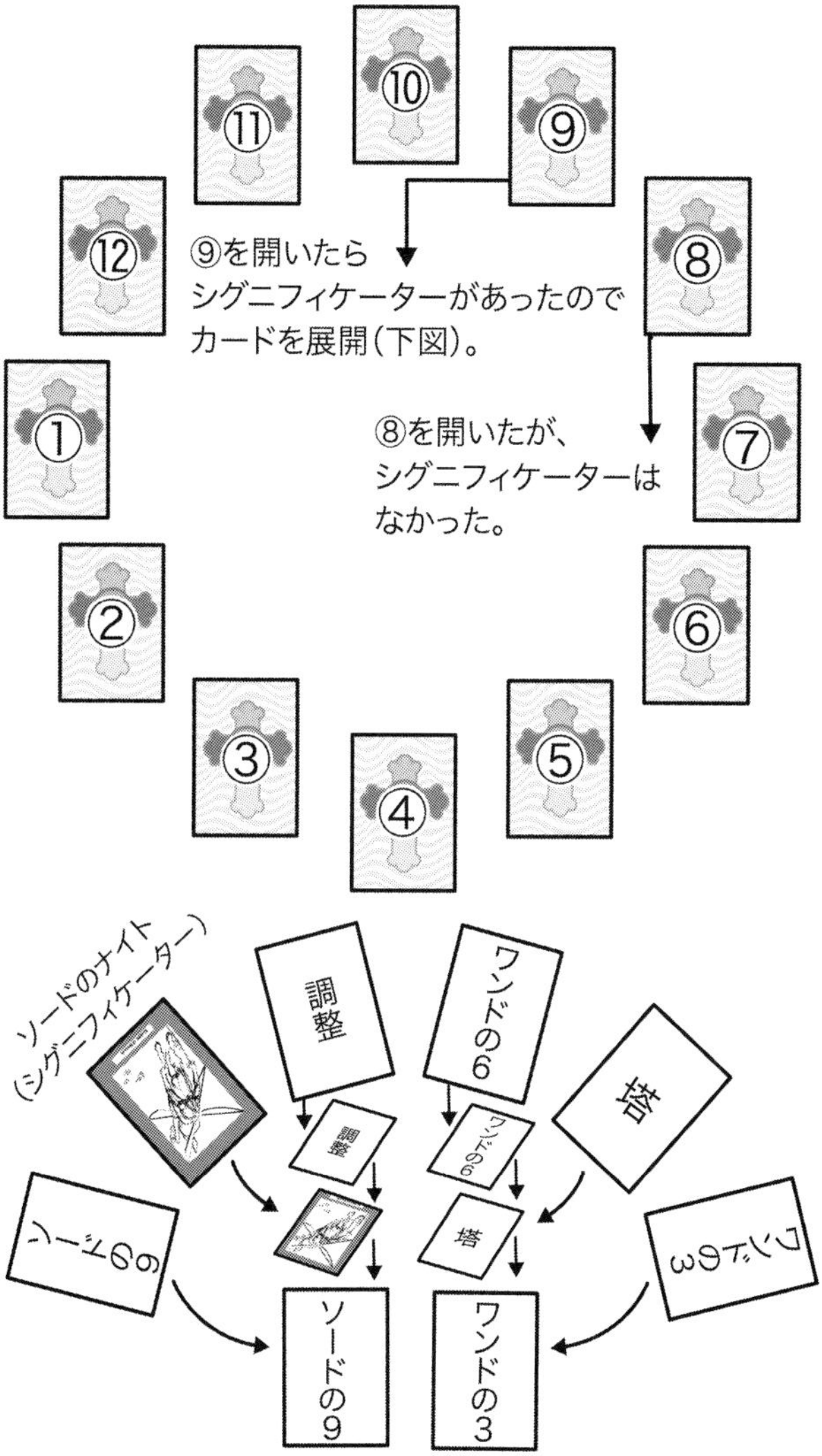
⑩
⑪
⑨
⑫
⑧
①
⑦
②
⑥
③
⑤
④
⑨を開いたら
シグニフィケーターがあったので
カードを展開（下図）。
⑧を開いたが、
シグニフィケーターは
なかった。
ソードのナイト
（シグニフィケーター）
調整
ワンドの6
塔
ソードの9
ワンドの3
調整
ワンドの6
塔
ソードの9
ワンドの3

どの室の山にシグニフィケーターが入っているかを考え、そこを開けて該当カードを探す。もしもそこになければ、関連する室の山をもうひとつ開けてみる。それでもカードが見つからなければ、ここで占いを中止する。

⑤シグニフィケーターがあったら、その山のカードすべてを表に向け、半円状に並べる。

⑥第1作業と同じように、マジョリティーなどをチェックした後、シグニフィケーターの顔が向いている方向へカードを読んでいく。読む順番も第1作業と同じで、カードごとに決められた「そこから○番目」というルールに従う。半円の端と端はつながっていると見なし、一度読んだカードに当たるまで読む。

⑦一度読んだカードに当たったら、やはり第1作業と同様に、半円状にスプレッドした両端同士をペアにして、カードを読んでいく。

スプレッドしたカードの解釈

①②③の手順を終え、カードを12室の位置にスプレッドして、質問についてよく考えてみた。

第1作業の結果、質問の内容は、オカルトや魔術の学習に関することだとわかったので、それに関連の深い8室の山を開けてみたが、シグニフィケーターはなかった。

そこで、オカルトや魔術により哲学的なアプローチをしたいのではないかと考え、9室を開けたところ、該当カードがあったので、その山の6枚を半円状にスプレッドした（↓307頁）。

シグニフィケーターは「ソードのナイト」なので、それを1枚目として読んでいく。

ソードのナイト「質問者は……」↓そこから4枚目へ。

塔「この願望を追求することで、家族などと激しい口論をくり返してきた」↓そこから9枚目へ。

ソード9「自暴自棄になるまで追い込まれたこともある」→そこから9枚目へ。
調整「そのため、これまで決断することができない状況が続いてきた」→そこから12枚目へ。
ソードのナイト　すでに読んだカードなので、ここでストップ。2枚1組で読む作業へ移る。
ソードの9＋ワンドの3「とはいえ、批判してきた人の気持ちもわかる」
ソードのナイト＋塔「周囲の人々にしてみれば、自分が危ない道へ入るように思えたのだろう」
調整＋ワンドの6「これからも、とくに角を立てず、あまり我を張らないようにして、トラブルを起こさずに研究していきたいと思っている」

　このように結果を告げたところ、質問者はそのとおりだと答えたので、次の段階に進む。

【第3作業：質問のさらなる発展】

　第2作業とほぼ同じ手順をくり返す。念のため、以下に簡単に記しておく。図は310頁を参照。
①カードをシャッフルし、召喚儀式を行う。
②質問者にカードを渡してカットしてもらう。
③「12の星座」にカードをスプレッドする。
④質問について熟考し、どの星座の山にシグニフィケーターが入っているかを考え、山を開けて該当カードを探す。開ける山はふたつまで。それでカードが見つからなかったら占いを中止する。
⑤シグニフィケーターがあったら、その山のカードすべてを表に向け、半円状に並べる。
⑥マジョリティーなどをチェックした後、シグニフィケーターの顔が向いている方向へカードを読んでいく。半円の端と端はつながっていると見なし、一度読んだカードに当たるまで読む。
⑦一度読んだカードに当たったら、半円の両端同士をペアにして、カードを読んでいく。

クロウリー・スプレッド（図4）

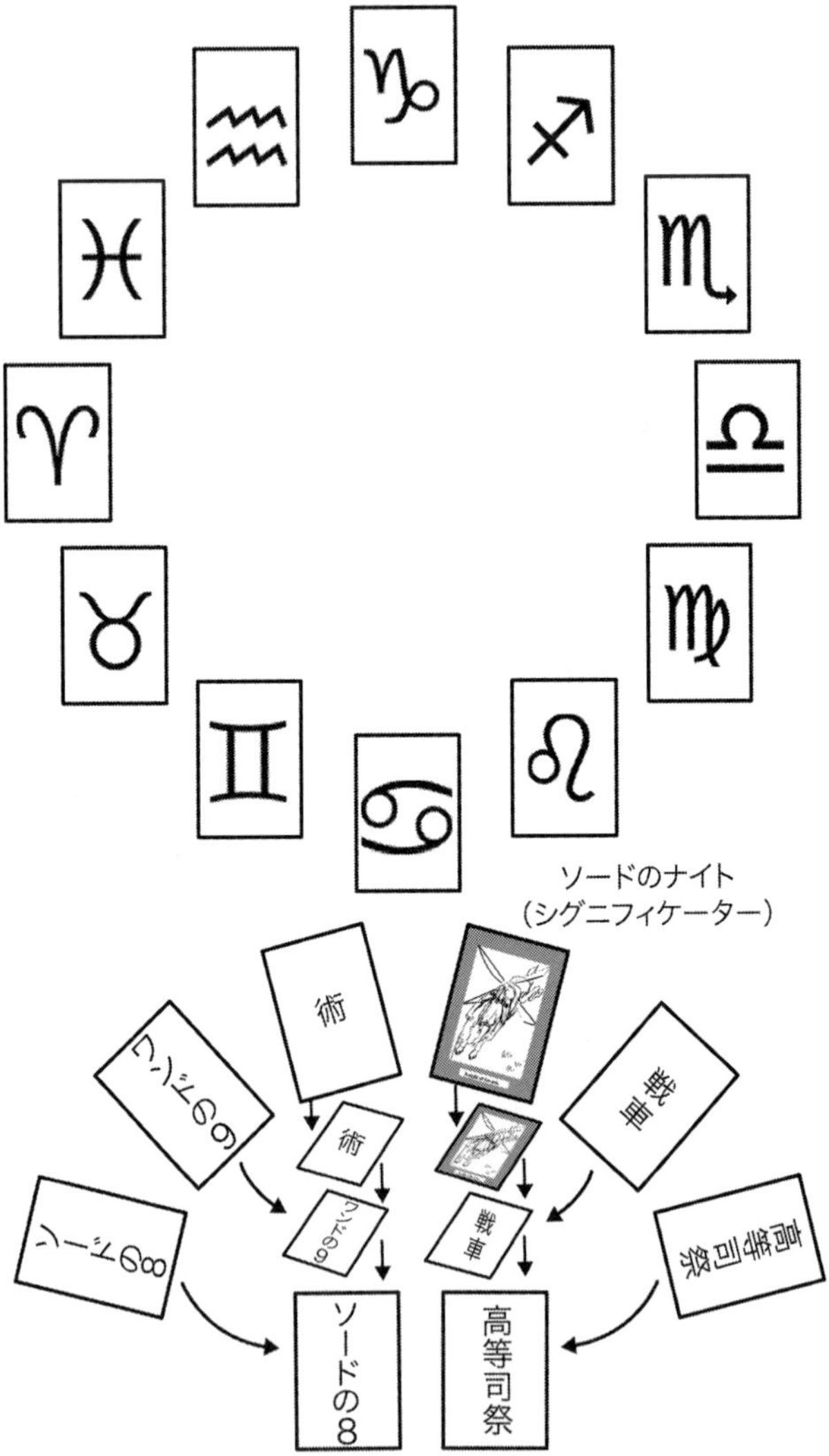

スプレッドしたカードの解釈

カードを12星座の位置にスプレッドしたところで、第2作業で得た「角を立てずにオカルトの研究をしていきたい」という質問者の希望をよく考え、調和という意味のある天秤座の山を開けてみた。するとシグニフィケーター（正位置）があったので、その山の6枚を半円状にスプレッドした（310頁図）。これを順番に読んでいく。

ソードのナイト「質問者は……」→そこから4枚目へ。

ソードの8「これまでの学習ではエネルギーを浪費してきた」→そこから8枚目へ。

高等司祭「だが今は、進むべき道がはっきりわかってきたので迷いがない」→そこから12枚目へ。

ソードの8　すでに読んだカードなので、ここでやめて、2枚1組で読む作業へ移る。

ソードの8＋高等司祭「周囲からさまざまに干渉されたが、大人の対応でやり過ごし」

ワンドの9＋戦車「自信を持った態度で、自分のやりたいことを開拓していく」

術＋ソードのナイト「その結果、双方が折りあい、よい妥協点が見つかりそうだ」

このあたりから未来の話になってきたので、質問者に正しいかどうかを尋ねて、判断してもらうことはできない。だが、この流れに異論はないとのことなので、次の段階に進む。

【第4作業：質問の終了直前の局面】

シャッフルとカットの手順はこれまでと同じだが、それ以降の手順が異なる。

①カードをシャッフルし、召喚儀式を行う。

②質問者にカードを渡してカットしてもらう。

③カットを終え、ひと山にしたカードを表向きに持ち、両手の中で1枚ずつ送りながらシグニフィ

ケーターを探す（↓313頁）。見つけたら、それまでのカードを山の下に入れ、いちばん上にきたシグニフィケーターを取って、中央に置く。手もとに残ったカードのいちばん上は、シグニフィケーターのすぐ下にあったカードである。

⑤手もとのカードの上から順に36枚を、デカン（↓198頁）の配置でスプレッドする（左図参照）。最初に置くのは牡羊座の第1デカン（0～10度）の位置で、逆時計回りに置いていく。

スプレッドしたカードの解釈

質問者のカードは、313頁のように展開された。まずは全体を見る。優勢なカードはないが、プリンスが4枚でマジョリティー。「大いなるものとの出会い」という意味が加味されると念頭に置く。おそらく、質問者のオカルティックな趣味に関連するものだろう。

シグニフィケーターが正位置だったので、星座がめぐる方向（反時計回り）にカードを読んでいく（逆位置ならば、これとは逆回りに読む）。

なお、ここでは36デカンにカードが配置されているので、判断に迷ったときは、デカンとカードのエレメントによる相性や、それぞれのカードに配属されている「対応デカンの天使」の性質なども考慮していくとよい。

ソードのナイト「質問者は……」↓そこから4枚目へ（2枚目が①、3枚目が②、4枚目が③）。

ディスクの6「現世的な、つまり仕事などでの成功を意識して……」↓そこから6枚目へ。

悪魔「自分と周囲の物質的なニーズを満たすことが……」↓そこから12枚目へ。

万物「この問題を本質的に解決すると思い……」↓そこから9枚目へ。

ディスクの10「経済面などの現実的な環境を整え

クロウリー・スプレッド（図5）

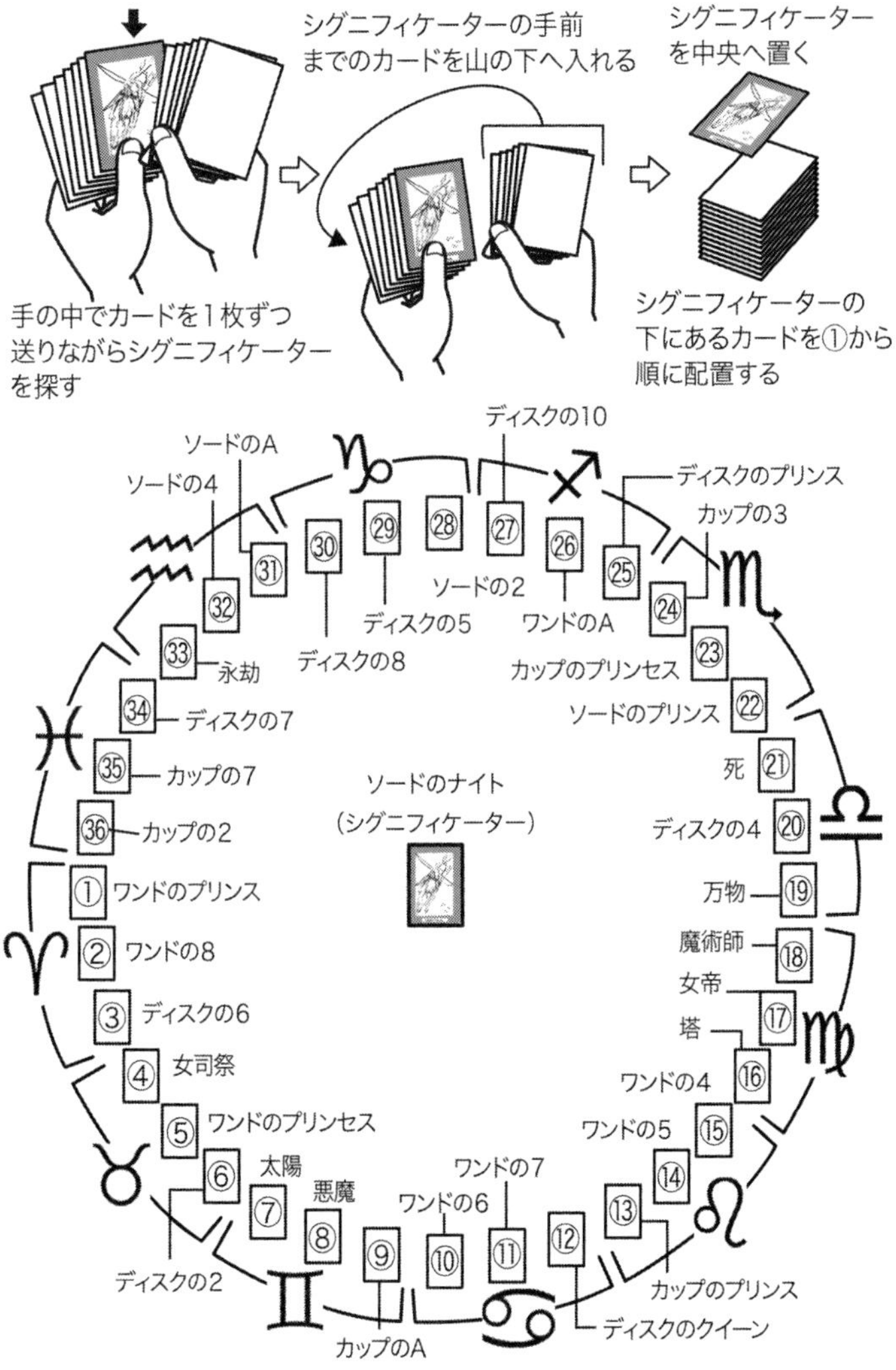
シグニフィケーターの手前
までのカードを山の下へ入れる
シグニフィケーター
を中央へ置く
手の中でカードを1枚ずつ
送りながらシグニフィケーター
を探す
シグニフィケーターの
下にあるカードを①から
順に配置する
ソードのナイト
（シグニフィケーター）
① ワンドのプリンス
② ワンドの8
③ ディスクの6
④ 女司祭
⑤ ワンドのプリンセス
⑥ ディスクの2
⑦ 太陽
⑧ 悪魔
⑨ カップのA
⑩ ワンドの6
⑪ ワンドの7
⑫ ディスクのクイーン
⑬ カップのプリンス
⑭ ワンドの5
⑮ ワンドの4
⑯ 塔
⑰ 女帝
⑱ 魔術師
⑲ 万物
⑳ ディスクの4
㉑ 死
㉒ ソードのプリンス
㉓ カップのプリンセス
㉔ カップの3
㉕ ディスクのプリンス
㉖ ワンドのA
㉗ ディスクの10
㉘ ソードの2
㉙ ディスクの5
㉚ ディスクの8
㉛ ソードのA
㉜ ソードの4
㉝ 永劫
㉞ ディスクの7
㉟ カップの7
㊱ カップの2

ることにする」↓そこから10枚目へ。
カップの2「その結果、環境が調和に満ちて落ちつき……」↓そこから2枚目へ。
ワンドのプリンス「自分の研究に元気よく向かうことが可能になり……」↓そこから4枚目へ。
女司祭「問題全体に上昇気流が与えられる」↓そこから9枚目へ。
ディスクのクイーン「早道をせず、手順を踏んで学んでいくことで……」↓そこから4枚目へ。
ワンドの5「質問者は、独自の理論を開発できるだろう」↓そこから5枚目へ。
万物　すでに読んだカードなので、ここでストップし、2枚1組で読む作業へ移る。このスプレッドの両端は、牡羊座の第1デカンと、魚座の第3デカンである。
ワンドのプリンス＋カップの2「自分の主張を通しても、周囲から優しく受けとめられるようになるので……」
ワンドの8＋カップの7「自分が間違っていたところを素直に認めて、すみやかに正しい情報を求めるようになり……」
ディスクの6＋ディスクの7「苦手意識のある作業でも、成功を収められるようになる」
女司祭＋永劫「昔から憧れていた事柄では、より高度な段階への進歩が可能になり……」
ワンドのプリンセス＋ソードの4「自分のわがままではないか、といった心配から解放され、リラックスできる生活になる」
ディスクの2＋ソードA「仕事の範囲や選択肢が広がり、そこにさまざまなフォースを注ぐことも可能になり……」
太陽＋ディスクの8「学んできたことを現実に活用し、栄誉を得るようになっていく」
悪魔＋ディスクの5「過去には困窮したこともあったので、物質的な栄誉を見下すことなく……」

カップのＡ＋ソードの２「周囲の困っている人などに援助を施せるようにもなれる」
ワンドの６＋ディスクの10「そのため、物質的、収入的な不安はなくなるだろう」
ワンドの７＋ワンドのＡ「質問者にとって物質的安定はささいな勝利だが、強い後押しにはなるので……」
ディスクのクイーン＋ディスクのプリンス「同じような考えの人を集めて学習グループなどをつくる可能性も出てくる」
カップの３＋カップのプリンス「孤独だった学習が楽しく、ユーモアにあふれた交流ができるようになる」
カップのプリンセス＋ワンドの５「そこから、ガールフレンドのような存在も出てくるが、欲望が先立ちがちで」
ソードのプリンス＋ワンドの４「一定期間つきあった後、友人という形で安定することになる」

死＋塔「この短期間の恋愛関係で、グループに大きな亀裂が入り、方向転換のきっかけにもなる」
女帝＋ディスクの４「だが、残った人々と、いっそうディープな研究に打ち込むだろう」
魔術師＋万物「結果的に、質問者のオカルト研究は、大いなる成果を出すだろう」
　最後に、マジョリティーの「大いなるものとの出会い」を加味し、「より大きな目的、あるいは大きな計画が出現する可能性が高い」と、付け加えた。

【第５作業：最終結果】

①カードをシャッフルし、召喚儀式を行う。
②質問者にカードを渡してカットしてもらう。
③カットを終えたら、生命の樹（↓330頁）の10のセフィラーの位置にカードを分けてスプレッドする（左図参照）。１枚ずつ順番に配るか、数枚ずつ配るかは好きに決めてよい。

④スプレッドを終えたら、これまでの内容からどのセフィラーにシグニフィケーターが入っているかを考え、該当するセフィラーの山を開いてみる。外れたら、別のセフィラーを開く。シグニフィケーターが見つかるまでくり返す。

⑤カードが入っていた山を表に向け、半円状に並べてから、これまでと同様にカードを読んでいく。すでに読んだカードに当たるまで続ける。

⑥すでに読んだカードに当たったら、そこでやめ、半円状にスプレッドした両端から、カードを2枚1組にして読んでいく。

スプレッドしたカードの解釈

質問者のシグニフィケーター（ソードのナイト）は、6番目のティファレトにあった（正位置）。生命の樹の中央という場所は、オカルト研究の終点としてふさわしい。スプレッドした8枚のカードは、左図の下部に示した。

全体を見ると、優勢なカードやマジョリティーはないので、そのまま読んでいく。

ソードのナイト「質問者は……」→そこから4枚目へ。

愚者「霊的探求の道では、高いレベルまでのぼれるだろう」→そこから3枚目へ。

カップの2「その道筋で、真実の愛が手に入る可能性がある」→そこから2枚目へ。

悪魔「前述したように、物質的な成功も得られるので……」→そこから12枚目へ。

女帝「何不自由のない生活が手に入るだろう」→そこから9枚目へ。

女帝　すでに出たカードなので、ここでやめて、2枚1組にして読んでいく。

ソードの9＋カップの2「これまでの苦労や傷を癒やす愛が手に入ることで……」

クロウリー・スプレッド（図6）

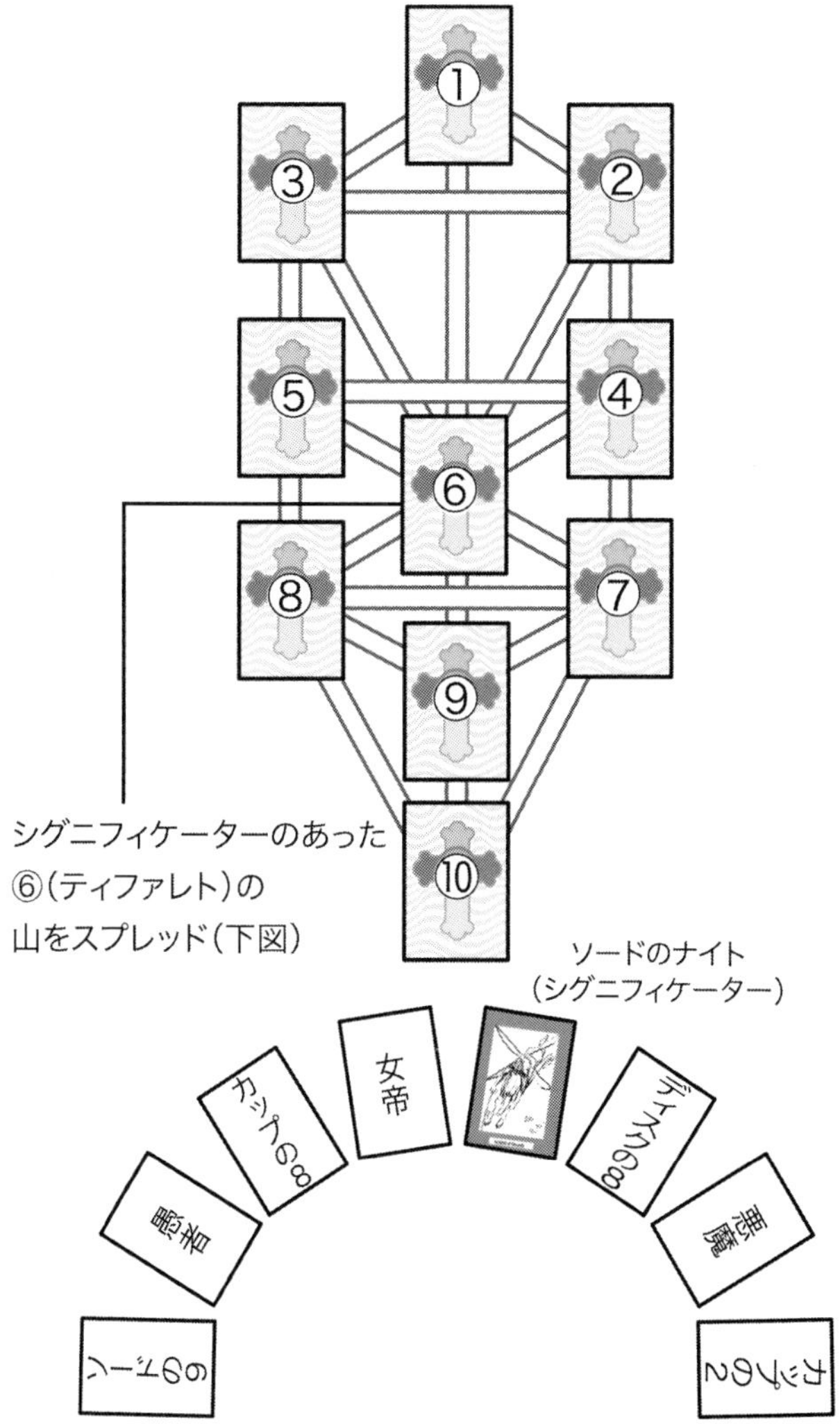

愚者＋悪魔「オカルト探求は、いったんゴールに達したかのような満足感があるだろうが……」
カップの8＋ディスクの8「ここでとまってしまえば堕落するので、地道な勉強を再開し……」
女帝＋ソードのナイト「質問者は、霊的満足感を求めながら、常に上を目指しつづけるだろう」

このような最終回答で締めくくった。質問者は納得した模様である。


以上で、スプレッドは終了する。

ここでは、最もシンプルにカードを読んだ例を挙げてある。オプションとして、いつごろ何が起きるかといった時間軸の回答を入れることもできるし、真実の愛の相手はどのような人かといった内容に方向転換することもできる。

また、第4作業の段階で、デカンごとの意味などを加えながら、さらに深く問題を掘り下げることも可能である。

時間と体力に余裕がある際に、いろいろと挑戦してみてほしい。

その他のシンプルなスプレッド

トート・タロットは、一般に知られているスプレッドにも利用できる。ここでは、そのなかからいくつかのスプレッドを簡単に紹介しよう。

なお、カードの好品位・悪品位については、これまで同様、スプレッドしたときに隣接するカード同士の関係を見るが、フィフティーン・カード・スプレッドのように、絶対的な意味を持つものではない。あくまで参考程度にするとよい。

イエス・ノー・スプレッド

目前の問題にシンプルな結論を出したいときに。

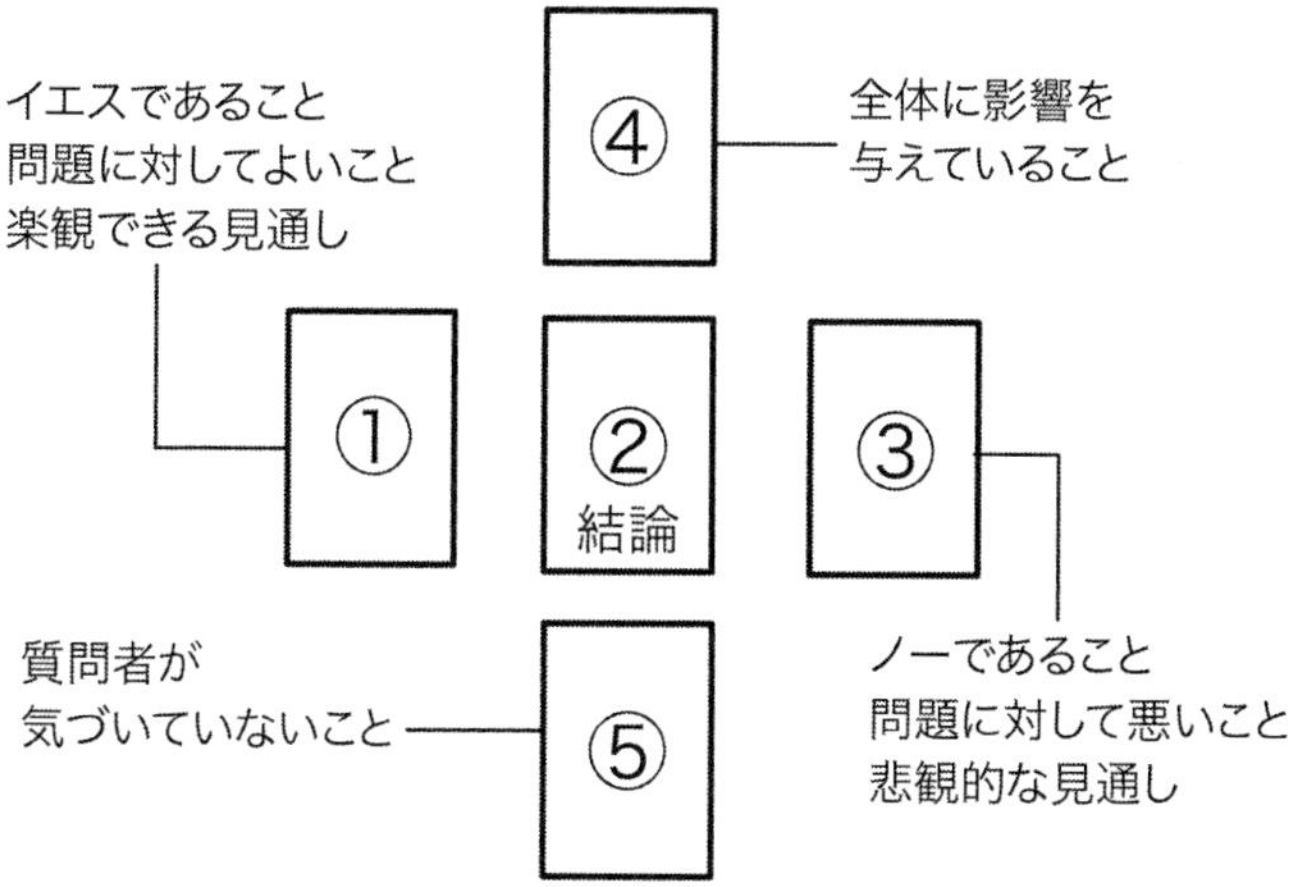

エイト・カード・スプレッド

恋愛などの対人関係で相手の気持ちが知りたいときに。
相手が複数のときは「相手の本心」の場所に人数分のカードを追加する。

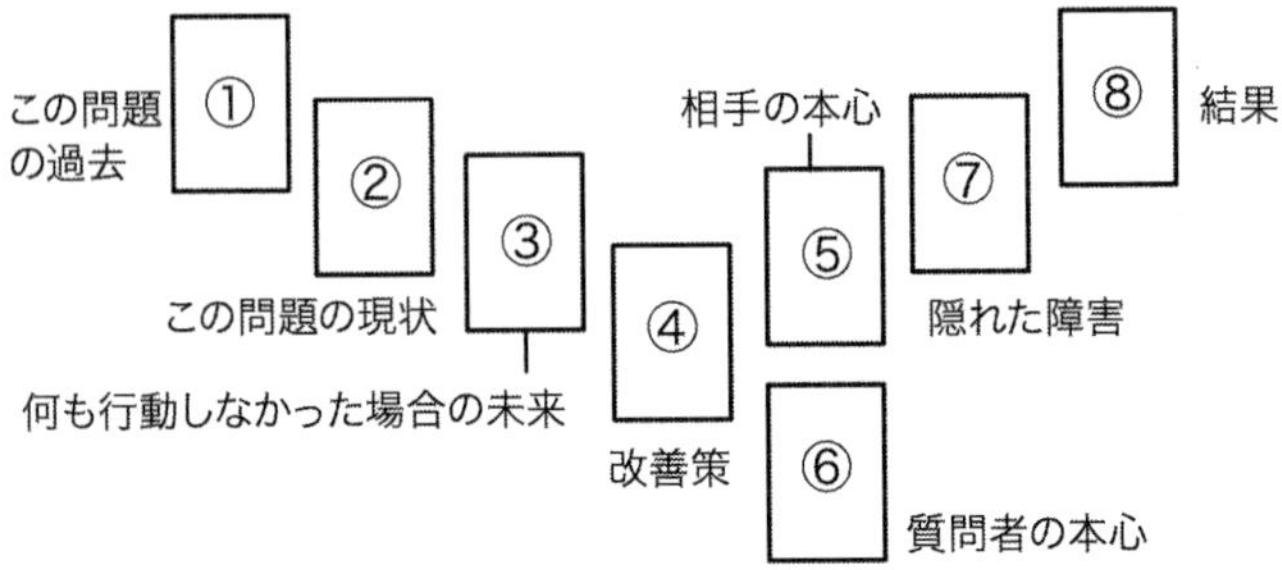

ケルト十字スプレッド

ほとんどのことに応用できる万能スプレッド。

カードの位置ごとの意味については多くのバリエーションがあるので、いくつか試して自分の気に入った方式を採用すればよい。

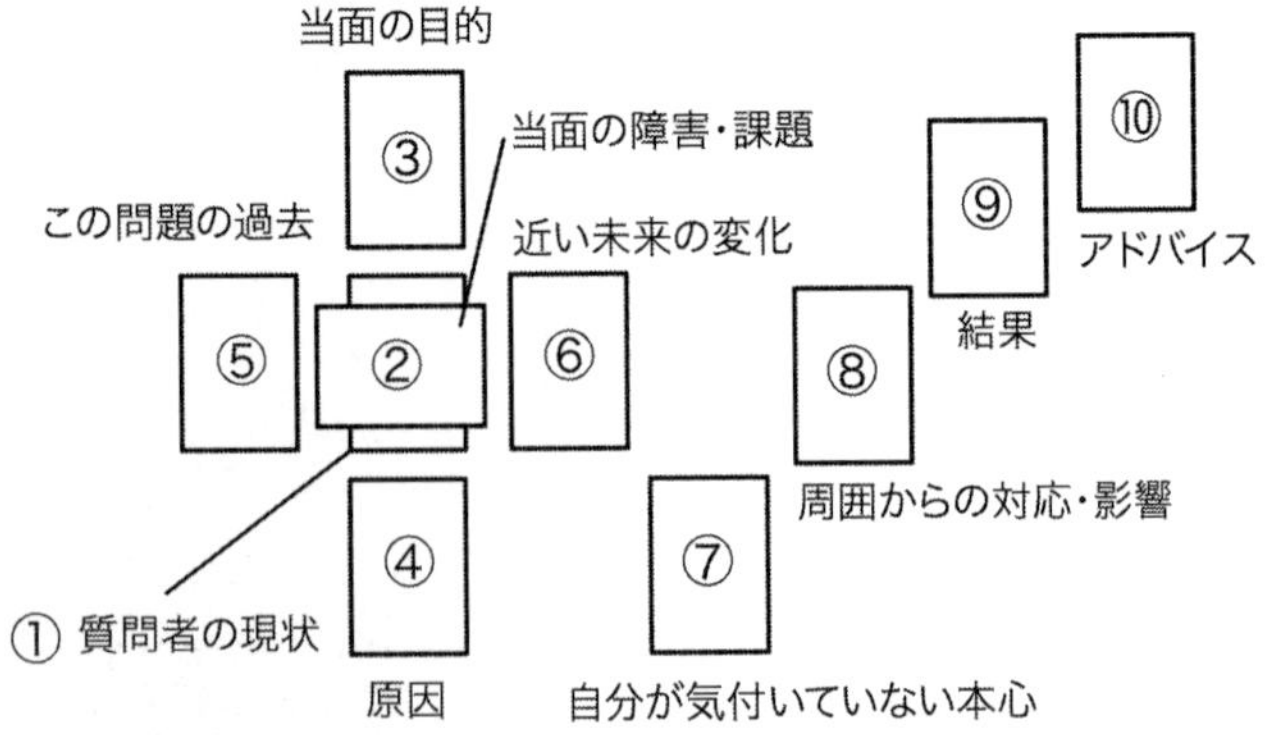

《第3章》

トート・タロットの背景

アレイスター・クロウリーとフリーダ・ハリス

幸福な幼年期を経て魔術探求の道へ

どのような芸術作品にも、その制作者の人生や人格が反映されるものだ。そう考えれば、トート・タロットの制作者ふたりを知らないままで、その世界を語ることは不可能だろう。

魔術師アレイスター・クロウリーは、波瀾万丈の人生を送ったことで有名だ。しかも、世界最大の悪人、麻薬常用者、黒魔術の実践者、男女両性との隠微な性魔術に明け暮れた一生などの悪評も、つとに広まっている。彼の一生に言及すれば、数冊の書籍が書けてしまうが、ここではできるだけ彼の魔術思想に的を絞って述べることにする。

クロウリーは1875年10月、英国ウォリックシャー州で、ビール醸造所を運営する豊かな家庭に生まれ、幸福な幼年時代を過ごしたという。だが、彼が11歳のときに父親は癌で早世。このとき相続した巨額の遺産により、彼は生涯、定職に就かずに魔術探求に打ち込むこととなる。

1895年には、ケンブリッジのトリニティー・カレッジに入学。詩人を目指し、学業のかたわら多数の詩を書いたようだ。クロウリーは、この大学生時代にバイセクシャル性に目覚め、活発に男女両性と性体験を重ねたという。またこのころ本格的に魔術に興味を持ち、研究を開始した。

1898年11月には西洋魔術団体「ヘルメス結社ゴールデン・ドーン」（↓351頁）に秘儀参入を果たし、いっそう本格的に魔術の学習に精進するはずだったが、クロウリーの期待は大きく裏切られることになる。

それまで独自に魔術学習を進めてきた彼にとって、ゴールデン・ドーンで与えられた情報は程度が低すぎたらしい。しかも、１８８８年に創立されたこの団体は、首領マクレガー・マザースの独裁体制に対して団員からの反発が強くなり、このころには分裂が始まっていて、彼が望むような教育過程は存在していなかったのである。

クロウリーはしばしの間マザースの下に入り、特別に高位階への参入を果たしたものの、ほどなくしてふたりは対立し、クロウリーは世界を回る旅に出ることにした。

１９００年からメキシコ、インド、パリなどを回り――短時間ながら日本にも寄港している――スリランカでは仏教について学び、インドを旅しながらヨーガの修行を行った。この世界漫遊で、それまでの西洋魔術にはなかった、自分の肉体を駆使しての精神修行法を知ったことが、のちの彼の魔術修行に大きな影響を及ぼすことになる。

登山家としても歴史に名を残す

１９０２年にはＫ２登山の初挑戦にも参加。それまでの記録を書き換える高さまで登るが、登頂メンバーの病気などにより、頂上征服を断念して帰国の途に就いた。

また、１９０５年には世界で初めてのカンチェンジュンガ登頂に挑戦するが、雪崩のためにメンバーが死亡し、これも征服は断念することとなる。この挑戦により、クロウリーは魔術史だけではなく、登山史にも輝ける一頁を残した。だが本人によれば、この登山の後遺症から気管支喘息を発症することになったようだ。

そしておそらく、彼の麻薬依存もそこから始まったのだろう。当時、ヘロインは鎮咳用の合法薬物であり、コカインも同じように薬局で販売されていたのである。だから、違法薬物でハイになっていたとか、犯罪的な薬物嗜好があったと考えるのは、早計だ。

エジプト旅行中に『法の書』を授かる

世界を股にかけて冒険を続けるかたわら、クロウリーは、当時イギリス王室のお気に入り画家であったジェラルド・ケリーと親交を深め、1903年にはケリーの姉ローズと結婚する。

このローズがかなりの霊媒体質だったことから、クロウリーの魔術体系に大きな転換が訪れるのである。

1904年、クロウリーは新妻ローズを連れてエジプトに新婚旅行に出かけた。旅行中、トランス状態になったローズのヴィジョンに導かれ『法の書』（→357頁）を受領。これ以来、クロウリーの魔術体系は『法の書』を中心としたものにつくり替えられていく。

1907年、魔術団体「銀の星（以下A∴A∴）」を設立。ここで彼は、以前のゴールデン・ドーンのような秘密主義に陥らないよう、すべての儀式などを自費出版する事業に取りかかった。当然、かつてのメンバーから差し止め訴訟を起こされたものの、彼は精力的に出版事業を続けた。

しかし、5年後の1912年、別の方面からこれにクレームをつけたのが、ドイツで設立された魔術結社「東方聖堂騎士団（以下O.T.O.）」の首領、テオドール・ロイスであった。ロイスは、クロウリーが書いた詩集『嘘の書』で、O.T.O.の秘密を暴露していると主張したのである。

O.T.O.は、ヨーガのタントラ秘法を取り入れた性魔術を特色とする魔術団体として有名だ。とはいえ、そればかりが教義ではなく、あくまでも高位階まで達したメンバーには、秘伝として性魔術知識も伝授するというシステムであった。

当時のクロウリーはO.T.O.と無関係であ

り、そのような高位階の秘密を知るはずはなかった。だが、ロイスと話しあううちに、自分が偶然にもO.T.O.の秘伝を理解していたことに気づいたという。結局、テオドール・ロイスは、O.T.O.の実質的最高位階であった第9位階をクロウリーに授与し、英語圏の担当者に任命した。クロウリーはその後、O.T.O.を使って『法の書』の中心哲学「テレーマ」（→362頁）を広める活動を開始するのである。

このころから世界は第一次世界大戦、第二次世界大戦という、きなくさい時代へと入っていく。だがクロウリーはそんなことにはおかまいなく、ひたすら自分の信じる「テレーマ」の普及と魔術の実践に邁進していた。

重苦しい世相の中で、そのような生き方が一般社会から反感を買ったのは当然かもしれない。さらに追い打ちをかけるかのように、彼がイタリアのシシリー島に開設したトレーニング施設「テレーマの僧院」から死者が出た。純粋な病死であったが、ムッソリーニのクーデターなどで緊張感が高まっていたイタリア当局からは国外退去命令を受け、メディアからは「黒魔術による殺人」「世界最大の悪人」というバッシングの集中砲火を浴びることになったのだ。

イタリアからイギリスに帰国したクロウリーは、魔術探求と出版事業の日々に戻った。黒魔術師という非難には、「私は破門された神父ではないから、黒ミサなど行えない」と反論したりもしたが、このようなテクニカルな理論が一般大衆に通じるわけもなく、彼の悪評はすっかり固定してしまったのである。

ハリスとクロウリーの出会い

一方のフリーダ・ハリスに関する情報は、あまり公開されていない。1877年生まれ、イギリス自由党で下院与党院内幹事長まで務めたパーシー・ハリス卿の妻だったことはわかっているが、こうした上流階級の女性の魔術活動は、秘匿されるのが普通だ。

彼女は自分をレディ・フリーダ・ハリスと称していたため、この名前で紹介されていることが多い。だが、イギリスの階級社会では、このレディの使い方は誤用であるとされ、誤解を招くかもしれないので、名前だけで呼ぶことにしたい。

ハリスはもともと、神秘的なことに強い興味があったようで、フリーメーソンの亜流団体、共同メーソンに所属していた。フリーメーソンには男性しか加入できないのだが、共同メーソンは女性も受け入れるのである。やがて、第二次世界大戦も間近い１９３８年に、共通の友人によってクロウリーに引きあわされる。

それまで上品でロマンティックな神秘学だけを追求してきたハリスは、クロウリーの邪悪でカリスマティックな力に瞬時に魅了され、彼の性魔術の虜となってしまった。そして、自分が属する上流階級への世間体などかまわずに、心身を差しだして彼のしもべとなり、唯唯諾諾《いいだくだく》とタロットを描きつづける奴隷的奉仕を開始したのである。

……というのが、これまで一般的に信じられてきたトート・タロットの制作秘話らしい。

だが近年では、このB級映画のようなストーリーは、真実から遠くかけ離れたものであることがわかっている。

まず、ふたりが出会った１９３８年には、ハリスは60歳に手が届くころであり、クロウリーは60歳を越し、かなり健康を害していた。ふたりとも、肉体的な情欲に振り回されるような状態ではなかっただろう。

しかも、新しいタロットを制作して本も書くべきだと主張したのは、ハリスのほうなのである。クロウリーは、既存のマルセイユ版を修正すればよいではないかと、いったんはこの提案を拒んだという。

だが、どうしても新しいタロットを描きたかった彼女は、そのために自分に魔術を教えてほしい、クロウリーには授業代を払うとまで申し出た。彼女が提示した額は、週給2ポンド。大雑把に換算して、現在の4万~5万円に相当する。すでに相続した遺産を使いはたしていたクロウリーは、この話に乗ることにしたのだ。

ハリスの才能がカードを「傑作」にした

クロウリーは当初、これまでのタロットを少し描き直す程度の作業を想定していて、3か月から6か月ほどで制作が完了するだろうと安易に考えていたらしい。だが、ハリスが伝統的なタロットを研究して、自ら構図案を提出するなど積極的に行動しはじめると、その天才的才能に圧倒され、タロットに関する思想そのものまでが変わっていったという。たんなる78枚1組のカードとしてではなく、カード一枚一枚を傑作として扱うべきだということに気づいたのである。

こうして、クロウリーの素描をもとにハリスが絵を描いたり、逆に彼女が出した図柄を彼が詳しく評価したり、却下して描き直しを指導したりする作業が始まった。確かにクロウリーは、何度もハリスに描き直させもしたが、これは正しい象徴をそろえるためであり、気まぐれからなどではなかった。

ふたりはどれだけ精魂込めてこの作業に向きあったのか。有名なのは「魔術師」のカードを8回も描き直したというエピソードだろう。

ときどき、このときに日の目を見なかったカードを付録とするトート・タロットが「記念版」「豪華版」などと称して発行されることがある。そこに見られる図柄の完成度は、却下されたものとはいえ、目を見張るものがある。

とはいえ、こうした付録はあくまでも、制作プロセスを垣間見るものとして提供されており、当該カードの代用にできるものでも、合わせて使うものでもない。

どちらかが一方的に命じたのではなく、お互いの思想を激しくぶつけあいながらの共同作業こそが、深遠で美しいタロットが生まれた秘密だといえるだろう。

5年の労働を経てカードの作成が終わった後、むろん、ハリスは自分の傑作を一日も早く世に出したかったようだ。だが、クロウリーは、解説書なしのタロット・カードは占いくらいにしか使えないので『トートの書』が完成するまで待つように、と主張していた。彼が、トート・タロットをたんなる占いカード以上のものとしてとらえていたことがよくわかる発言である。

『トートの書』は、1944年に限定200部が、クロウリーのサインつきで出版された。そこには、トート・タロットの意味や世界観が、カバラ、西洋占星術、さまざまな神々の名前などを用いて、濃密に語られている。彼はこの3年後に死亡するが、この書を自分の傑作だと誇っていたという。彼が生涯をかけて研究した魔術哲学のほとんどが詰め込まれているのだから、当然だ。

ハリスは数回、トート・タロットの絵の展覧会を開催したが、これをカードにすることはできないまま、1962年に逝去した。ふたりとも、このタロット・カードからの直接的な利益を手にしないまま、この世を去ることになった。

クロウリーは、周囲の人々を辛らつな言葉で批評することで有名だったが、英語版の『トートの書』では、その天与の才を魔術の大作業に捧げた人物として、ハリスに最大限の賛辞を捧げている。その事実だけでも、トート・タロットの制作が彼らをどれほど深く結びつけ、お互いへの尊敬の念を育むものだったのかが推測できる。

ヘルメティック・カバラ

ユダヤ教神秘思想のカバラとは異なる

西洋魔術を語るときに、必ずといっていいほど出てくるのが「カバラ」とその図表である「生命の樹」という思想だ。

トート・タロットにおいても、スモール・カード（小アルカナ）は生命の樹のシステムに沿って意味が決定されているし、アテュ（大アルカナ）は生命の樹の径《パス》を通るための鍵になっている。トート・タロットとカバラは、切っても切れない関係にあるのだ。

要するに、魔術やタロットを深く学ぼうとすれば、このカバラ思想も探求しなければならないのだが、そのあまりにも深遠な哲学と歴史に圧倒されて、早々に学習をギブアップしてしまう人もいる。とくに、男性神の一神教を崇めるユダヤ教の哲学だということに抵抗を感じ、前に進めなくなる女性研究者は少なくない。

だが、諦める必要はない。トートを使うために学ぶカバラとユダヤ教のカバラは、ほとんど別のものなのだ。

本来のカバラは、確かにユダヤ教の神秘思想であり、ほぼ紀元前後に発祥したとされている。その起源は、人類の始祖アダムあるいは預言者モーセが、神から賜った奥義にあると主張する者もいるほどだ。その骨子《こっし》は、ユダヤ教に沿った万物論であり、どのようにこの世が創造されたかを示すものである。

だが、ユダヤ人が故国を失い、世界中に拡散したことで、カバラにはさまざまなバージョンが派生していった。やがて、最初はユダヤ教神秘主義に限定されていたカバラが、キリスト教徒にも神秘主義の一環として取り入れられ、これがクリスチャン・カバラと称されるようになっていった。現代では『聖書』をカバラ的に解釈するときに使われるのは、クリスチャン・カバラが多い。

そして、現代の西洋魔術で使われるカバラは、このクリスチャン・カバラよりもっと宗教色が抜けたヘルメティック・カバラと呼ばれるもので、ほぼ思考の枠組み・ツールとしての使用がメインになっている。

トート・タロットに使われているのは、このヘルメティック・カバラである。ゆえに、ユダヤ教をはじめとする男性一神教への信仰心がなくても問題はないし、仕組みさえ理解すれば、すべての宗教や神秘思想に応用することも可能だ。

しかし、宗教的な色彩をほとんど取り払ったとしても、カバラはあまりにも広大な思想体系で、そのすべてを紹介することは難しい。ここでは、最低限これだけはわかっていないとトートの意味が読めないという項目に絞って、カバラを説明していこう。

宇宙の仕組みを表す「生命の樹」

ヘルメティック・カバラを使う場合、さまざまな概念を「生命の樹」の図に沿って整理していくことが必要になる。この生命の樹の図は、宇宙を抱合する「無限光（アイン・ソフ・アウル）」「無限（アイン・ソフ）」「無（アイン）」から、どのように森羅万象が流出してきたかを示すものとされている。広大な無から、いわばビッグバンのようにエネルギーがほとばしり出て、より精神的で高次のエネルギーが低次へ、低次へと下っていき、より物質的な状態へと変わっていく過程を示した図だ。ただし、ここでの「高↔低」「精神

↑↓物質」というのは、あくまでも便宜的な説明であり、どちらがよいとか、高尚だとかという意味ではないので注意が必要だ。

無から始まったエネルギーは、ケテルから順に降りていく途中で、川の流れがところどころで渦を巻くように、エネルギーが渦を巻く場所をつくりながら、私たちが生きている現世を表すマルクトまで到達する。

その間に発生した10個の渦をセフィラー（光球）、セフィラー同士をつなぐ22の通路をパス（径）と呼ぶ。それぞれに対応する概念は無限にあるが、トートに限れば、パスにはアテュが、セフィラーにはスモール・カードが対応する。

非常に複雑なことを単純にまとめてしまえば、パスはセフィラー同士をつなぐため、その両端で接する2個のセフィラーの影響を受ける。また、元来がエネルギーの移動経路を示すものなので、さまざまな状態が動的に混ざっているような状態にあり、ひとつのパスを説明するだけで莫大な情報量になってしまう。したがってここでは、より固定的なセフィラーの意味を挙げておく。パスの意味は、隣接するセフィラーから推察するなど、自分で少しずつ研究してほしい。

カードはどれも生命の樹のどこかに対応しているので、その対応を覚えておくだけでも、カードの意味をど忘れしたときなどに役に立つ。また、パスとアテュとの対応は、パス・ワーキング（↓375頁）の際などに重要な要素となる。

数で宇宙を探求する「ゲマトリア」

なお、生命の樹以外でよく使われるのが、「ゲマトリア」という技法である。ヘブライ語のアルファベットは、数字との対応が決められており、数字に置き換えることができる。これを利用すれば、さまざまな言葉を数値で表せる。そこから、同じ数値になる言葉には共通の意味があると考え

「生命の樹」セフィラーの意味

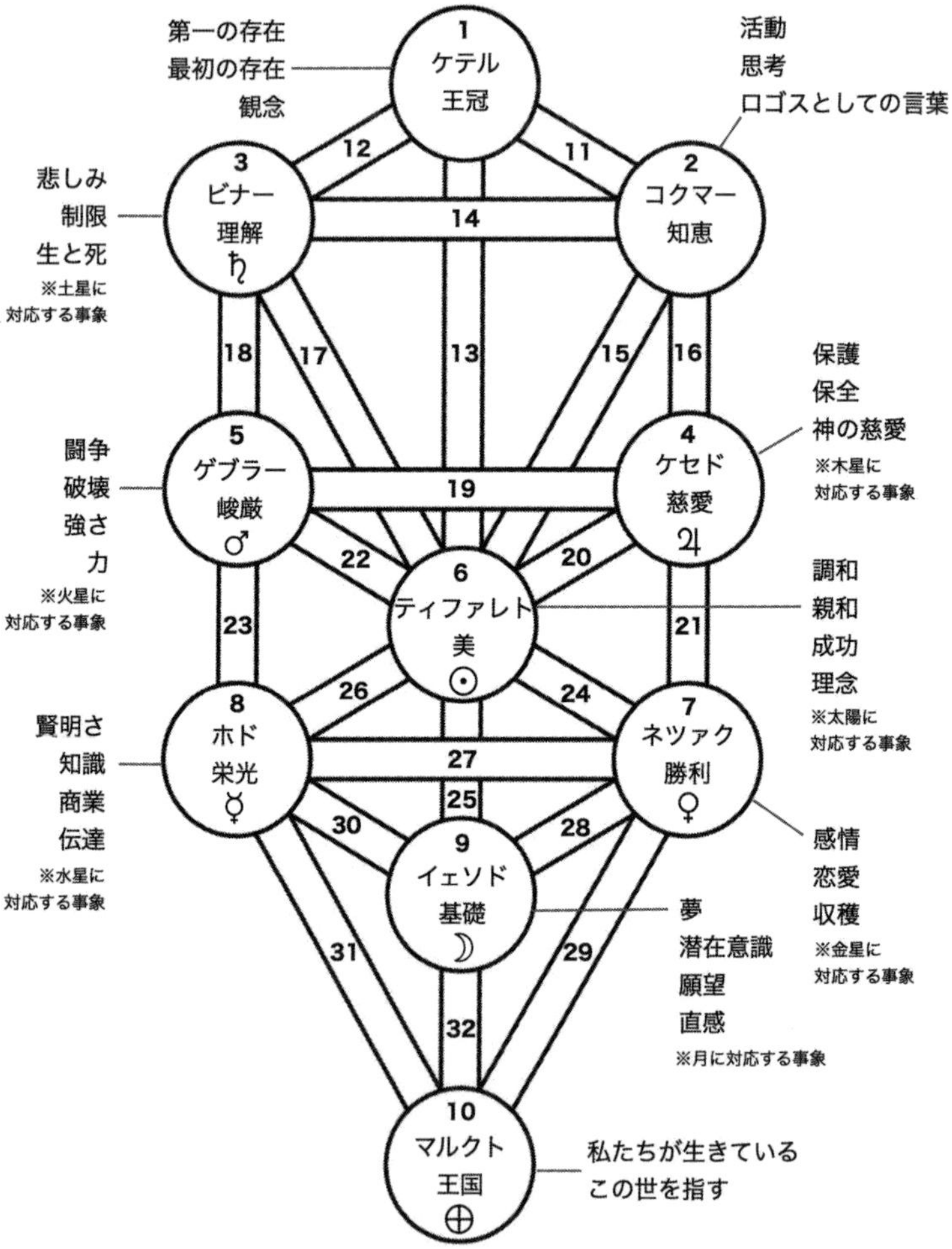

1
ケテル
王冠
第一の存在
最初の存在
観念
2
コクマー
知恵
活動
思考
ロゴスとしての言葉
3
ビナー
理解
♄
悲しみ
制限
生と死
※土星に対応する事象
4
ケセド
慈愛
♃
保護
保全
神の慈愛
※木星に対応する事象
5
ゲブラー
峻厳
♂
闘争
破壊
強さ
力
※火星に対応する事象
6
ティファレト
美
☉
調和
親和
成功
理念
※太陽に対応する事象
7
ネツァク
勝利
♀
感情
恋愛
収穫
※金星に対応する事象
8
ホド
栄光
☿
賢明さ
知識
商業
伝達
※水星に対応する事象
9
イェソド
基礎
☽
夢
潜在意識
願望
直感
※月に対応する事象
10
マルクト
王国
⊕
私たちが生きている
この世を指す
11
12
13
14
15
16
17
18
19
20
21
22
23
24
25
26
27
28
29
30
31
32

セフィラーとカードの対応

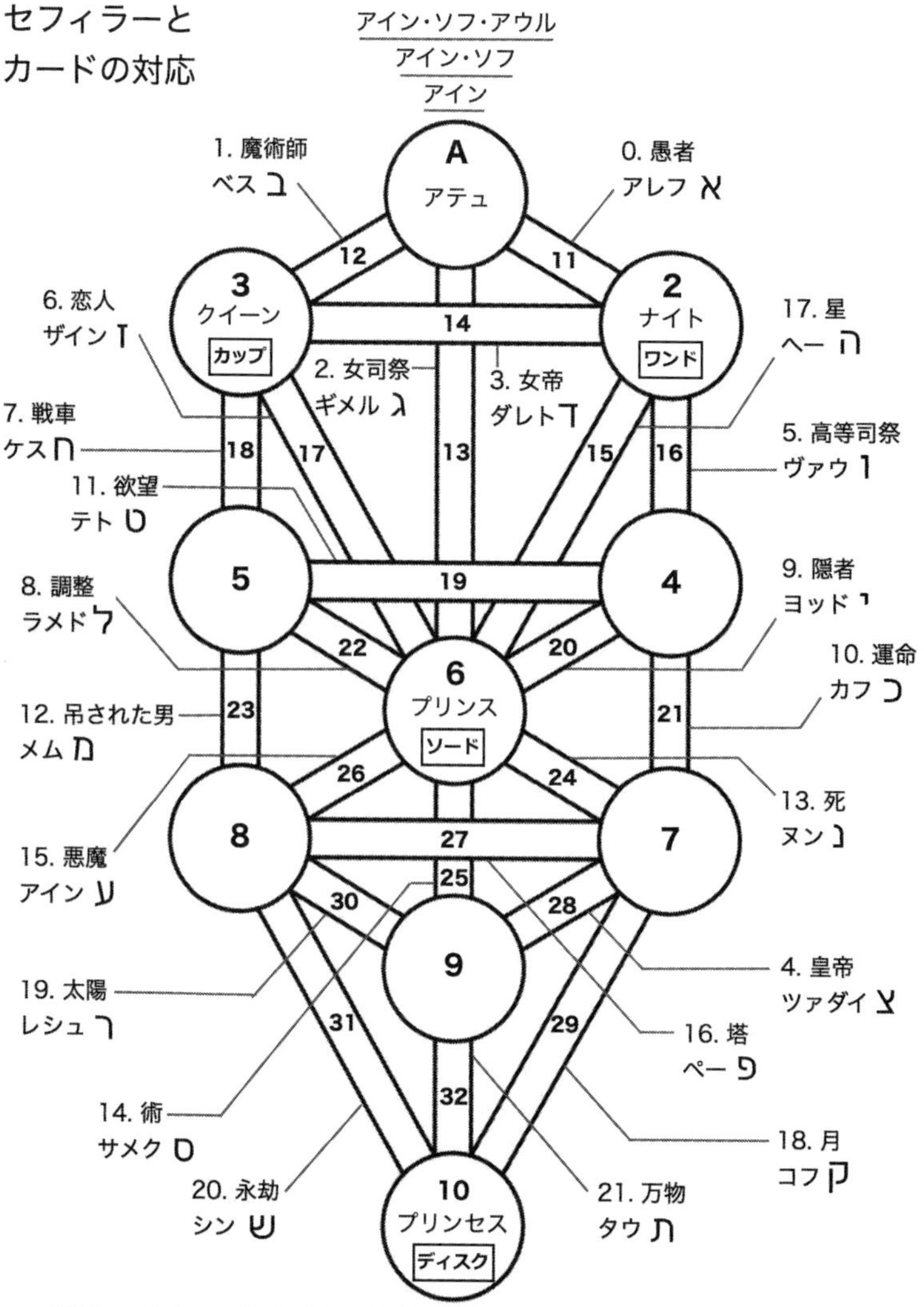

※アテュ、スート、コート・カードといった大きな分類と、セフィラーとの対応を示した図。たとえばアテュは、1枚ずつが径に対応するが、アテュという大きなグループで見た場合、ケテルに対応する。

たり、複数の言葉とアルファベットを用いた複雑な計算をして、新たな意味を探ったりするのだ。

タロットで占いをするだけならば、ほとんど不要な技法だが、クロウリーの魔術哲学においては重要な位置を占めている。彼の著作の中で「Aという言葉とBという言葉にはつながりがある」などの記述があったら、その根拠はほとんどゲマトリアにあると考えておけばよいだろう。

キリスト教

魔術の研究には『聖書』が必携

宗教界が、常に魔術を激しく弾劾してきたことは周知のとおりだ。その事実からすると意外かもしれないが、西洋魔術を研究する人間にとって『聖書』は必携の書である。魔術を実行するには、儀式などで用いられる象徴をしっかり理解せねばならないが、そのような象徴のなりたちや背景は、『聖書』なしでは理解することができない。それはトート・タロットを理解するうえでも避けては通れないポイントである。

幼いころに厳格なプロテスタントとして育てられたクロウリーは、その体験への反動からか、キリスト教的な道徳感とは真っ向から対立する生き方を選んだ。また、その後の『法の書』の受領などもあり、彼が自分の魔術世界に対してキリスト教的な説明をすることは比較的少ない。

それでも西洋魔術の常識として、「死んで甦るオシリス神」という言葉には、同じように死んで甦ったイエス・キリストが、そして「母なるイシスと息子のホルス」の姿には、聖母マリアと幼子イエスが重なる。そうしたキリスト教的な象徴との類似点に気づければ、トートの迷路から抜けだす鍵が、またひとつ増えることになるだろう。

なお、聖書の中でも、とくにクロウリーとトートに影響を与えたのは『新約聖書』の「黙示録」である。「黙示録」といえば、第13章18節の「思慮のある者は、獣の数字を解くがよい。その数字とは、人間を指すものである。そしてその数字は666である」という有名なくだりを思いだす人もいるだろう。クロウリーはカバラのゲマトリアを使って、自らを表す数字を666と決めたのだ。

それ以外にも、アテュの「欲望」のカードに描かれるババロンと淫婦バビロンの類似性や、7つの頭と10の角のある獣などの例もある。クロウリーだからキリスト教は関係ない、あるいは、666を名乗っているからサタニストだ、などという誤った思い込みは捨てることが肝心なのだ。

エジプト人のタロット

トート・タロットは「トート神の書」

タロットにその名を冠せられているトート神をはじめ、トート・タロットには多数のエジプト神が描かれ、さまざまな象徴として使われている。また『法の書』でも、エジプト神の名前が重要な役割を担って登場する。そのせいか、クロウリーはエジプトの神々を信仰していたと考える人もいるようだが、それはかなり的が外れている。

そもそも「トート」とは、エジプトの知恵の神「タフティ」（またはジェフティとも）をギリシア語で発音した名称である。エジプトの神なのになぜわざわざギリシア語の名称を使ったのかと引っかかるかもしれないが、これは時代的なものだとしかいいようがない。

トートに限らず、英語圏の魔術書や魔術用語には、ラテン語とギリシア語の名称がランダムに入り交じって使われていたり、外国の文字や神々が、英語的な読みで記載されたりしている場合が非常に多いのだ。今のように、ネットで検索すればオリジナルの名称や原語の発音がわかる時代に生まれた書物ではないのだから、仕方がない。

トート神の話に戻ろう。

本書では、『トートの書』という名称をクロウリーの著書に限定して使用している。しかし、これは便宜上のことで、正式にはトート・タロット自体も「トートの書」と名づけられている。つまり、このタロットはたんなる占いの道具ではなく、ヒエログリフをつくり、女神イシスに魔術を教えた知恵の神、トートが書いた「本」なのだ、という主張を込めたネーミングなのだ。

トート神は、エジプトからギリシアへと時代が下るにつれ、ヘルメス神と同一視された神である。そして、このヘルメス神から神秘思想や錬金術思想に重要な役割を果たすヘルメス・トリスメギストスという神人格が生まれた。こうした流れから、西洋魔術を含む西洋神秘思想全般が「ヘルメス学」と呼ばれることになった。つまり、トート神は、すべての西洋神秘思想の源流なのである。

「エジプト人のタロット」の真意

さらに『トートの書』を開くと「エジプト人のタロットに関する小論」という副題が目に入ってくる。これを見て、タロット・カードのエジプト発祥説を想起する人もいるだろう。18世紀ごろから、タロット・カードは古代エジプトにルーツを持つ、いにしえの叡智の象徴だという説がフランスを中心に唱えられていた。１８８９年には、パピュスという高名なフランス人神秘家が『ボヘミア人のタロット』という書籍を出版し、この説がもてはやされたこともある。ボヘミア人とは、流浪の民ロマ民族を指す言葉だ。そのころのヨーロッパでは、彼らはエジプトからやってきた民族だと信じられていたのである。そして、いにしえの叡智をタロット・カードに記して守りながら、今でも放浪を続けているのだ、というわけだ。

トート・タロットができたころには、さすがにこの歴史的根拠のまったくないタロット・エジプト発祥説はやや下火になっていたが、まだ根強く残っていた。そこで、これだけエジプト神の象徴を入れた、このトート・タロットこそがエジプト人のタロットなのだ！　と、クロウリーがお得意の皮肉で主張したのである。彼がタロット・エジプト発祥説を信じていたからではない。

「いにしえの失われた叡智」を求めて

さて、ここまで語っても、なぜトートにエジプトの神々が登場するのかという疑問についての根本的な回答にはなっていない。その隔靴掻痒《かっかそうよう》の感を解消するには、やや視点を広く持って、クロウリーが学んだ19世紀後半以降のヨーロッパにおける魔術的世界観を考える必要がある。

当時の、いや20世紀後半に書かれたものでも、魔術書などを見ると「今では失われた太古の叡智」といった記述に頻繁にぶつかる。そして魔術界全体に、古い魔術書や秘伝を探し求める強い傾向がある。確かに、失われた知恵や記述はあるかもしれないが、それだけでは割りきれない、信仰のような根強さも感じられる。

そのような、古代には今よりも優れた叡智が存在したという揺るぎない確信の底流には、「バベルの塔」の伝説があるのだろう。『旧約聖書』の「創世記」第11章に記されたこの伝説は、大洪水の後、人類は皆、同じ原語を使っていたと語る。だが、その共通の言葉を駆使して、神の権威に挑戦するほど高い塔を建てるという思いあがった行為に出たため、神は人間を罰するために言葉を乱してしまったという。

この一件により、人類の偉大な知恵や叡智はバラバラになってしまった。そのため、バベルの塔の事件よりも過去に戻れば戻るほど、完全な形の叡智や情報が手に入る……という大前提ができあがっているのだ。

また、紀元前4世紀に生きた古代ギリシアの哲学者プラトンは、彼の時代に先立つ9000年前には、知恵と平和の理想郷アトランティスが存在したと語っている。ここにも、古代にはより偉大な叡智が存在したという「決まり」が見える。

こうした前提を踏まえて考えよう。

ヨーロッパ文化圏においては、いにしえのミステリアスな超古代文明とは、エジプト文明を意味したのだ。ローマ文明やギリシア文明は、さまざまな痕跡や文献が残っているので、神秘性は今ひとつだ。一方、焼失した文化都市アレキサンドリアの大図書館の伝説や、巨大な石像やピラミッドに刻み込まれた、いかにも神秘的な内容が語られていそうなのに読むことのできないヒエログリフ等々に、太古の叡智が秘められているはずだと思ったとしても、不思議ではない。

やがて18世紀末には、ナポレオンがエジプトに遠征。現地から持ち帰ったロゼッタ・ストーンをもとに、19世紀初頭にはシャンポリオンがヒエログリフの解読に成功する。これによってエジプトのミイラが携えていた『死者の書』が解読される運びとなった。

さらにそのころから、魔術的な内容を記したパピルスが、エジプト各地の古美術市場に出回るようになり、ヨーロッパ人がそれを自国に持ち帰るようになったのである。こうしたパピルスは、ラテン語の頭文字を取って「ＰＧＭ」と呼ばれた。「ギリシア語の魔術パピルス」である。

これは、７００年以上の長きにわたってさまざまな筆者が著した、ギリシア・ローマ時代のエジプト文書群であり、現実的な願望成就魔術のガイドブックといった様相を呈している。神やダイモーンを召喚して、恋をかなえたり、夢見を操ったり、不可視の存在になったり、病気を治療するための祈祷や呪文、タリスマン（お守り）の作成法が記されていて、呪文や儀式には、エジプトの影響が色濃く残っている。

要するに、「古代の偉大な叡智」伝説がある土壌に、「古代の魔術文書」が出回りはじめたのである。しかも19世紀後半、すでにヨーロッパのキリスト教会にかつてのような集束力はなかった。

こうなれば、ヨーロッパの神秘家や魔術関係者たちが、これぞ熱望していた古代の叡智、エジプトの神話や呪術こそが西洋隠秘学の源流であり、すべての力の源なのだ、という歓喜に取り憑かれたとしても、無理からぬ話だろう。

クロウリーとエジプト神話

結果的に、クロウリーが最初に参入したゴールデン・ドーンでは、ユダヤ教由来のカバラを使いながら、エジプトのファラオ風の衣装で儀式魔術を実践するという摩訶不思議な魔術体系ができあがった。また、「ギリシア語の魔術パピルス」から採用された「生まれざるものの召喚」儀式なども実践された。

クロウリーは、こうしたエジプト趣味を引き継ぎ、さらに発展させて、自分の魔術体系に組み込んでいった。エジプトの地で『法の書』を受領したことも重なり、クロウリーにとってエジプト神話の象徴は、彼の魔術を語るうえで中心的なものとなっていったのである。

ただし、これはあくまでもクロウリーの魔術体系に組み込まれたエジプト神話だ、ということを頭に置いておかねばならない。

トート・タロットに登場するエジプトの神々は、現在の知識でアップデートされたエジプト神話に出てくる神々とは、呼び名や性質などが異なる場合がある。エジプト神秘文化の影響は大きいが、それがそのままトート・タロットに組み込まれているわけではないことに注意してほしい。

四大理論

万物を構成する四大エレメント

現代科学では、この世の物質はすべて原子から成り立っているとされている。しかし魔術的には、古代ギリシア時代から続いている四大エレメントで構成されていると考える。そして、その四大理論が西洋神秘学、魔術、占い全般の基礎となっているといっても過言ではない。

万物は「物質」から創造されるわけだが、その物質とは何なのだろう。

古代ギリシアではエンペドクレスという自然哲学者が、物質は火、水、風、地という四大元素で構成されているという説を唱えた。これをプラトンやアリストテレスらが引き継ぎ、発展させて、四大元素からさまざまな物質と形態が創造されるという理論を完成したのである。

現代では、魔術に携わる人々も、世の中がたった4つの元素から成り立っているとは、さすがに考えていない。それよりは、世の中を4つの型に分類して考えるシステムとして使っているといっ

◆エレメントの対応◆

精神性 ←→ 物質性

文字		Y ヨッド	H ヘー	V ヴァウ	H ヘー
エレメント		火 熱にして乾	水 冷にして湿	風 熱にして湿	地 冷にして乾
錬金術記号		△ 炎が燃えあがる様子 男性的な勢い	▽ 雨が降る様子 女性的な意味から子宮	🜁 火をとめる様子	🜃 水の落下を受けとめて 固定する様子
象意		情熱、意志、行動、 熱望、怒り	感情、愛情、受容、 願望、悦び	知性、分析、理論、 目標、悲しみ	現実性、物質、具体 化、貪欲、無関心
タロット	スート	ワンド	カップ	ソード	ディスク
	コート カード	ナイト	クイーン	プリンス	プリンセス
	アテュ	永劫（※）	吊された男	愚者	万物
十二星座		牡羊、獅子、射手	蟹、蠍、魚	双子、天秤、水瓶	牡牛、乙女、山羊
カバラ		アツィルト界	ブリアー界	イェツィラー界	アッシャー界

※「永劫」は、インド哲学から流入した精霊のエレメントとの対応も兼ねる。

たほうが近いだろう。

まず、世の中＝森羅万象であるから、四大エレメントには、森羅万象を体現する唯一神の名「YHVH」が当てはめられる。この場合は、ヨッド・ヘー・ヴァウ・ヘーと、一文字ずつ読む。

4つの文字が四大エレメントを表すといいながら、Hが2回出てくる、つまり一文字が2種類のエレメントに当てはめられていることに矛盾を感じるかもしれないが、これは、ヘブライ文字は末尾にくると性質が変わり、別の文字として認識されるためである。各エレメントには、自然界の火、水、風、地が対応するが、それ以外にも多くの対応があるのだ。そのなかでトート・タロットに関連する部分を上の表に示しておこう。

四大エレメントに優劣はない

四大エレメントがめぐる順番は、常にYHVHが示す火、水、風、地となり、火が最も上位で精神性が高く、地が最も下位で物質性が高い。しかしこれは、火が上等で地が下等だという意味ではない。魔術の鉄則のひとつは「変化なきところに魔術なし」だ。４つのエレメントは、特定の状態に固定されることがない。お互いに交流し、性質を変えながらめぐりつづける。

そしてもうひとつの鉄則「上のごとく下にもあり」に従えば、最も下位の地のエレメントは、これから最も上位の火のエレメントへと上昇していく、未来の最高位エレメントでもある。

どのエレメントも、優れている、劣っているというものではない。上下という言葉で、その品性まで誤解しないように気をつけねばならない。

これらのエレメントは、たったひとつで状態や物事のすべてを占める場合もあれば、コート・カードの対応でも説明したように、ひとつの状態を複数のエレメントで分けあい、より複雑な意味を持たせる場合もある。エレメントの性質をたたき込むだけでも、タロットや占星術における占断の精度は格段に向上するのである。

西洋占星術

占星術は神秘学の屋台骨

さまざまな記録からは、クロウリーがどうやらプロの占い師を毛嫌いしていたらしいことがうかがえる。当時のイギリスでは、占い師の多くは占星術師だったが、今ならば無料アプリですんでしまうようなシンプルな占断に、法外な料金を徴収する輩《やから》もいたらしい。常に全身全霊を魔術に投球していたクロウリーが、そのような姿勢を軽蔑したのは、さもありなんといえる。だからといって、クロウリーが占いそのものを嫌っていた様子はない。そしてさまざまな占術の中で、彼が最も重要視したのが西洋占星術だったことは確実だ。

紀元前3000年ごろに古代バビロニアで生まれ、エジプト、ギリシアと文化の興隆地をめぐりながら発達した占星術は、魔術師志願者の適性を見るところから、儀式実行の日程、そのために用意する物品など、魔術作業すべての指針となる技法である。占星術は、占いというよりは、魔術を動かすための暦であり、西洋神秘学全体の屋台骨を支える思想だといったほうがよい。クロウリーもまた、その伝統に則って占星術を使っていた。

その証拠に、というほどではないが、クロウリーは自らの書簡などには通常の日付の記載方法をとらず、代わりに、星の位置を記載している。たとえば、「1月31日」と書く代わりに、☉in ♒、☽in ♏と記す。

傍目《はため》には、気取っているように見えるかもしれない。だが、そこは人生を魔術に捧げたクロウリーのことだ。だれもが使う暦の日付より、そのとき自分がどのような占星術的影響下にあるのかを記すほうが重要だったとも推測できる。

トートに必要な占星術の知識とは

クロウリーが占星術を「当然のこと」と考えているわけだから、その作品であるトート・タロットは、占星術の知識があることを前提につくられ、それなしに解読することは不可能だ。

ということは、トートを使いこなすには、膨大な占星術の知識を詰め込まねばならないのか……と、気が遠くなる人もいるだろう。

もちろん、詳細な知識があるほうが有利だが、トート・タロットが作成された当時の占星術は、現代のコンピューターを駆使した最先端占星術ほど複雑ではなかったこと、そして魔術関係で重要視されるのは、ほぼ七惑星と十二星座だけであることを考えれば、覚えることはさほど多くない。以下に、最低限必要な占星術知識を挙げておくので、占断の参考にしてほしい。

なお、七惑星とは、太陽、月、水星、金星、火星、木星、土星のことである。これらの特質については、別表にまとめた。

十二星座について

天空上で「黄道」と呼ばれる太陽の通り道を12に分割した範囲が1星座（サインともいう）である。基本的な性格や性質、現象を表す。十二星座に、その性質によりプラスとマイナスの2区分、活動・固定・柔軟の3区分、四大エレメントである火・水・風・地の4区分に分けられる。

［プラスとマイナス］　男性星座と女性星座などとも表現される。東洋の陰陽理論とあまり変わらない区分である。プラス星座は「積極的・攻撃的・明るい」、マイナス星座は「消極的・防御的・おとなしい」という傾向がある。

［活動・固定・柔軟］　活動星座は、季節の始まりに置かれている星座を指す。季節の幕開きにふさわしく、目標に向かって突進していくような情熱がある。固定星座は、季節の中央に位置する星座を指す。安心感や安定感があるが融通に欠けるきらいがある。そして柔軟星座は季節の終わりに位置する星座なので、次の季節への移行を担う時期にふさわしく、変化に対応する能力が高くなる。

［火・水・風・地］　340頁を参照のこと。

十二室について

天空を12等分した区画が星座であるのに対して、該当の惑星が入っている方角を地上から見て12等分した区画が室（ハウスともいう）である。室は、星座やそこに入っている惑星によって示さ

◆七惑星の特質◆

惑星	特質
太陽	夫　息子　経営者　慈悲　独立心　横暴　生命 成長　精神力　健康　啓蒙　向上心　名誉
月	妻　母親　幼児　傷つきやすい　その場しのぎの嘘 人気　想像力　神秘　感覚　直感　内面的変化　女性
水星	兄弟姉妹　神経過敏　器用　理屈屋　合理性　虚言 冷淡　執筆　契約　裁判　ビジネス　コミュニケーション
金星	女性の恋人　若者　怠惰　優柔不断　犠牲を払っても得る平和 芸術　音楽　美　愛情と感情　贅沢　女性的雰囲気
火星	男性の恋人　積極的開拓者　乱暴　攻撃的な性急さ　死後の世界 エネルギー　建設と破壊　変化　危険　意志　闘争　強制的革新
木星	夢　霊感　幻影　裁判　理想主義　ギャンブル　父親 保護　幸運　宗教　チャンス　正義　成長
土星	占星術　孤立　真面目　堅実　因習的　年上の人物　安定した力 農業　制限内での成功　不動産　遺言　独創的　独立的

◆十二星座の特質◆

星座	2区分	3区分	4区分	特質
牡羊座	プラス	活動	火	積極的　実行力　軍事的
牡牛座	マイナス	固定	地	色彩センス　慎重　忍耐力
双子座	プラス	柔軟	風	会話好き　知的好奇心　フットワークが軽い
蟹座	マイナス	活動	水	保護　母親的　排他的
獅子座	プラス	固定	火	名誉　権力　プライド
乙女座	マイナス	柔軟	地	冷静　分析　批判
天秤座	プラス	活動	風	調和　中庸　優雅
蠍座	マイナス	固定	水	探求　秘密　執念
射手座	プラス	柔軟	火	崇高な精神　自由　迅速
山羊座	マイナス	活動	地	堅実　努力　実利的
水瓶座	プラス	固定	風	個性的　反抗的　理論的
魚座	マイナス	柔軟	水	夢見がち　神秘的　親切

◆十二室の特質◆

室	特質
1室	本人　本質　生まれたときの環境
2室	財運　自分の裁量で動かせるもの
3室	初等教育　国内での移動　実学
4室	家庭　家族
5室	目に見える結果　恋愛　レジャー
6室	健康　労働
7室	パートナー　対人関係
8室	神秘　性と死
9室	高等教育　国外への移動　哲学
10室	社会的地位　企業
11室	友人　広報
12室	隠されたもの　隔離

れた性質や能力が、どのように該当の人物や現象として表れるのかを示している。室は、アンギュラー、サクシデント、カデントに3区分される。

【アンギュラー】 1室、4室、7室、10室。強力。その室がある星座や惑星の力が強く表れる。

【サクシデント】 2室、5室、8室、11室。安定。その室がある星座や惑星の力が安定して表れる。

【カデント】 3室、6室、9室、12室。柔軟。星座や惑星の力は弱いが、他者と共存できる柔軟さがある。

36デカンについて

占星術では、天空は360度として表現され、それを12等分するため、1星座の度数は30度になる。この30度を10度ずつ3等分した単位が「デカン」であり、より細かな日にちや特性を示すために使用される。

デカンの特質は、各デカンが属する星座とその星座の支配星、加えてデカンごとの支配星によって決まる。ただ、デカンごとの支配星の決定にはさまざまな流派がある。クロウリーが使った方式は、今ではほとんど使われていないものだが、トート・タロットに対応させるためにこの方式で紹介しておく（↓199頁）。

なお、各星座の度数は、1～30ではなく、0～29で表示されることに注意されたい。

錬金術と性魔術

クロウリーは性魔術を実践したか？

よほど真正面から魔術に取り組んだ人物が書いたものでないかぎり、クロウリーを紹介する記事のほとんどは、「アレイスター・クロウリー＝性魔術に明け暮れた変態性欲者、性豪」といったイメージで埋め尽くされている。そして、クロウリーの魔術を研究すれば、そうしたエキゾチックなセックスを体験できるとの期待から、トート・タロットを手にする人もいると聞く。

単刀直入に説明しよう。クロウリーは性魔術を実践したのか？　答えはイエスだ。しかし、よくあるオカルト映画で描かれるような、祭壇の上に黒い蝋燭をともして女体を横たえ……という典型的な儀式だったかと聞かれれば、ノーである。だいたい、このような性魔術などは、映画のなかくらいにしか存在しないのだ。

セックスは人類の生存本能にもとづいた、非常に強い衝動から生まれる行為である。また、この本能を充足させるには、他者との親密な関係が必要であるため、愛情や嫉妬といった激しい感情がともなう。このようなエネルギーを魔術的パワーに転換する手法は、古代から存在していた。各時代の宗教的・文化的背景によって少しずつ変化はあるものの、その根幹は、陽（プラス）として表現される宇宙的な男性的エネルギーと、陰（マイナス）として表現される女性的エネルギーを、人間の男女を通して合一させるというものである。淫靡《いんび》な妄想は横に置き、宇宙規模の力の流れを読み取っていくように心がけねばならない。

錬金術における「聖なる婚姻」

性魔術的な概念は、トート・タロットのなかではほとんど錬金術的象徴を用いて描かれている。いうまでもないが、これはクロウリーやハリスが、性的な表現をタブー視したからではない。

錬金術とは一般的に、四大元素理論などを基盤に、鉛や鉄といった卑金属を金などの貴金属に変容させようとする、未熟で誤った科学的行為と考えられがちだ。しかし、西洋神秘学の立場から見れば、錬金術とはすべての物質、ひいては魂をも変容させうる「賢者の石」という、エネルギー変換の核を求めつづけた求道の術なのである。

　錬金術では、物質が黒化《ニグレド》（死）を経て白化《アルベド》（復活）へと編成される。さらに幾多の工程を経て赤化《ルベド》（完成）にたどり着けば、究極の目標である物質の精髄、賢者の石やエリクシールを入手できるとされていた。そして、こうした過程を錬金術師ならざる者が模倣できないように、赤獅子や白鷲などの象徴を駆使して記録していったのだ。

　錬金術の根底にあるのは「相反一致」という概念であった。魂と肉体、光と闇、善と悪、知性と感情、そして男と女といった、相反する個性を結合することで、高次元への昇華、救済がなされるという思想だ。

　このような両極の統合を「聖なる婚姻」といい、太陽の王と月の王妃の交合、その間に生まれた子によって象徴的に表す。こうした考え方は、プラスとマイナスを合一してエネルギーを取りだす性魔術となんら変わらない。たとえば、有名な錬金術書『哲学者の薔薇園』の挿絵（次頁）を見れば、多くの性的象徴が示されていることがわかる。

　また錬金術では、「水銀」「硫黄」「塩」と呼ばれる賢者の石の三原理が駆使された。その象徴的記号は、☿、🜍、⊖である。

　あえて「呼ばれる」と表現したのは、ここでいう水銀は、元素記号Hgで表される物質ではなく、金属でありながら水のように流れるあらゆる金属の母だからだ。同様に硫黄は、変容に必要な火や触媒全般であり、塩は、化学変化を経た物質を固定する役割を持つものである。

　この三つは錬金術の三元素とも呼ばれ、四大理論以外で物事の性質を表すときによく使われる。

◆『哲学者の薔薇園』の挿絵◆

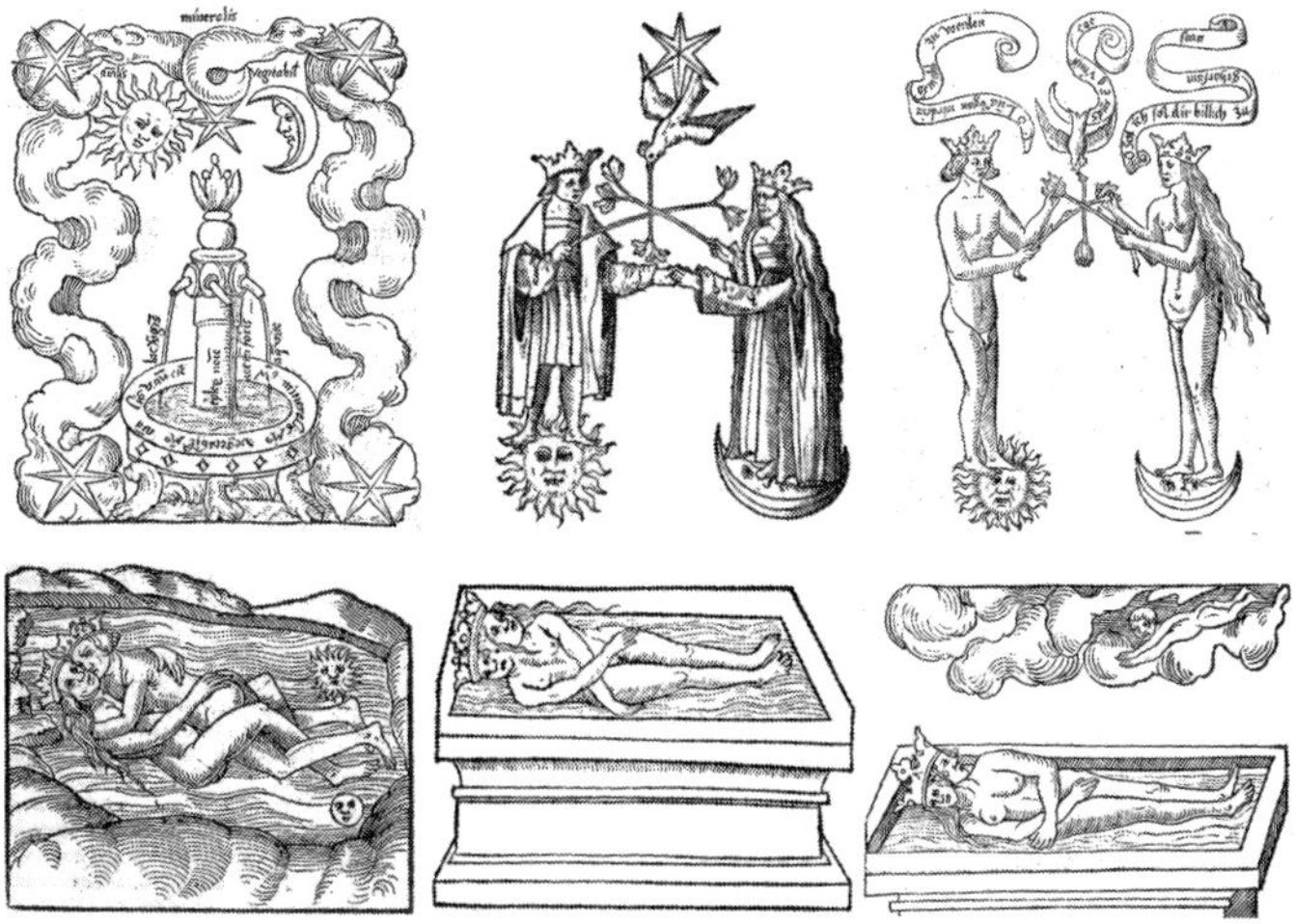

トート・タロットでは「皇帝」のカードに硫黄の記号、「魔術師」に水銀の記号が埋め込まれている。それ以外のカードにも、三元素をはじめとする多数の象徴が散りばめられている。だが、いずれも元素記号Auで示される黄金の錬成を象徴してはいない。賢者の石が象徴するのは、すべての変容の鍵だといってもよい。そのことを考えながら読み込んでいく必要があるだろう。

薔薇十字の伝統

「薔薇十字団」と「薔薇十字運動」

ここで一息ついて、トート・タロットの裏面に描かれた、風変わりな十字架の文様に目を移してみよう。これは「薔薇十字」と呼ばれる特殊でシンボリックな十字の簡易画像だ。

魔術では、この薔薇十字を使用してタリスマンを作成したりするが、重要な点は、魔術界ではこれが「世界の完璧な象徴」のひとつと考えられていることだろう。つまり、これを裏面に配することで、タロット・カードのひと組は、世界の完璧な象徴であると主張しているのだ。また、トートの背景にある思想を読み解くヒントにもなる。

この紋章の出所は、かの有名な薔薇十字団である。オリジナルの紋章はもう少しシンプルだが、さまざまな象徴が書き加えられ、複雑な文様に成長していったのである。

「薔薇十字団」という秘密結社の名前を耳にしたことがある人は多いことだろう。現代でも世界各地に存在する団体だ。いってしまえば、カバラ、占星術、四大理論、錬金術など、これまでに書いてきたさまざまな思想や情報を統合したムーブメントが「薔薇十字運動」なのだ。

謎の人物クリスチャン・ローゼンクロイツ

17世紀初頭に『ファマ（名声）』と『コンフェシオ（告白）』という2冊のドイツ語小冊子が相次いで出版された。この冊子は、またたく間にヨーロッパ中でブームとなり、オランダ語や英語にも翻訳されたという。

冊子に書かれているのは、ヨーロッパで啓蒙運動と人助けを続けてきた「クリスチャン・ローゼンクロイツ」という神秘的な人物の物語だ。

それによれば、ドイツのブロッケン山の近くで貧しい家に生まれた彼は、エルサレムへ巡礼し、『Mの書』と呼ばれる奥義書を入手。帰国途中にモロッコのフェズで「大精霊人」と呼ばれる人物と遭遇し、秘密の知識を得ると、帰国後に薔薇十字団を設立して活動を開始したという。

このような物語が、錬金術的な象徴をふんだんに駆使して述べられていく。そして、ローゼンクロイツが消えた後も、残された薔薇十字団員たちは、人類の普遍的改革に向けて地道な活動を続けている、と結ばれている。

今日では、歴史的にクリスチャン・ローゼンクロイツは架空の人物であり、薔薇十字団なる団体は実在していなかったことがわかっている。だが、16世紀の宗教改革により、教会の束縛から解放されつつあったヨーロッパでは、この新しい時代の可能性を示す怪文書が知識階級の注目を集め、薔薇十字団を自称する団体が野火のように広がったのである。それが各国に拡散していく段階で、さまざまな神秘学知識が網羅され、近代の西欧魔術結社の土台となっていったのだ。

この薔薇十字運動に刺激され、17世紀にイギリスでフリーメーソンが誕生した。現代では陰謀論の立て役者のように扱われている団体だが、本来は石工たちの秘密を守る職業組合だったという説もあり、団員が相互に便宜を図る実務的側面と、神秘的思想を主に扱う側面という二面性がある。この神秘思想を扱う側面には、強く薔薇十字団の思想が反映されていたという。

時代は下り、19世紀後半。1888年、ロンドンで3人のフリーメーソン会員が、新しい魔術結社を結成した。今の西洋魔術の基礎を打ち立てたゴールデン・ドーンである。

いってしまえば、ゴールデン・ドーンはフリーメーソンから派生したわけだが、彼らは古代エジプト神話やカバラなどを強調し、より秘教的、つまり薔薇十字的な「秘儀参入」を提供したかったようだ。

ゴールデン・ドーンでは、まず外陣と呼ばれる位階で、四大元素の教義やカバラの哲学、占星術やタロット、ジオマンシーといった占術を学んだ。こうした基礎教育が終わってから高位位階の内陣に入るのだが、その時点で内陣の正式名称は「真紅の薔薇と黄金の十字架」だと明かされたという。ゴールデン・ドーンの内陣こそが正統なる「薔薇十字団」だというわけだ。

ゴールデン・ドーンがつくりあげた薔薇十字文様を背負ったトート・タロット。これは薔薇十字系統の知識が背景にあるという無言の主張なのだろう。クロウリーが執筆した『トートの書』が難解なのは、ゴールデン・ドーンの内陣レベルの知識を読み手が持っていると想定して書かれているからだともいえる。

薔薇十字が示す世界の成り立ち

薔薇十字文様は、ユダヤ教神秘主義の最も古い書物『セフェール・イェツィラー』に則った象徴である。それによれば、神は10の数字と22の文字を使って万物を創造したという。

22のヘブライ文字は、次の3種類に分類されている。カッコ内には、対応する要素を示した。

3つの母文字＝三元素に対応＝アレフ（風）、メム（水）、シン（火）

7つの複音文字＝七惑星や七曜日などに対応＝ベス（水星）ギメル（月）、ダレス（金星）、カフ（木星）、ペー（火星）、レシュ（太陽）、タウ（土星）

12の単音文字＝十二星座や十二か月に対応＝ヘー（牡羊座）、ヴァウ（牡牛座）、ザイン（双子座）、ケス（蟹座）、テト（獅子座）、ヨッド（乙女座）、ラメド（天秤座）、ヌン（蠍座）、サメク（射手座）、アイン（山羊座）、ツァダイ（水瓶座）、クォフ（魚座）

これらがどのように宇宙を構成しているのか、薔薇十字文様に当てはめて解説しよう。図は354～

355頁にまとめた。

便宜上、時間の経過とともに薔薇十字ができていくような書き方をしていく。

【図1】まず、「一なるもの」＝原初から存在する第一動者を中心に、3つの母文字＝三元素（風、水、火）によって3次元空間が形成される。

【図2】3次元空間において立方体が形成され、その6つの面と、3つの母文字の交差点である中心点が、7つの複音文字＝七惑星に対応する。

【図3】立方体の12辺　が、12の単音文字＝十二星座に対応する。

【図4】この立方体にはあらゆる可能性が封じ込められているが、そのままでは発展できない。

そこで立方体が展開され、6面からなる十字架が出現する。いわば宇宙が「可能性」から「実現」へと大きくステップアップするのだ。

【図5】十字架の中心部から秘密の宝、5弁の薔薇が現れる。6面からなる十字架は大宇宙を表し、5弁の薔薇は小宇宙つまり人間を表す。このふたつをあわせて「存在の薔薇十字」と呼ぶ。

この薔薇十字を中心に、「大薔薇の展開」が始まる（図6参照）。最終的に「存在の薔薇十字」は、「大薔薇」の中央にごく小さく収まる。

【図6】立方体が開いて十字になると、立方体に潜在していた22文字が、22弁の薔薇として顕現する。この22弁は、タロットのアテュ（大アルカナ）に対応する。

その次は、YHVHに象徴される4本の腕が伸びていく。4本の腕は、ワンド、カップ、ソード、ディスクの4スートに対応している。錬金術などの象徴が書き込まれた完成図は、世界のすべてを表す壮大な薔薇十字となるのである。

薔薇十字の象徴を深く知るには、膨大な学習が必要になる。だが、なぜこの文様が裏面にあるの

【図1】

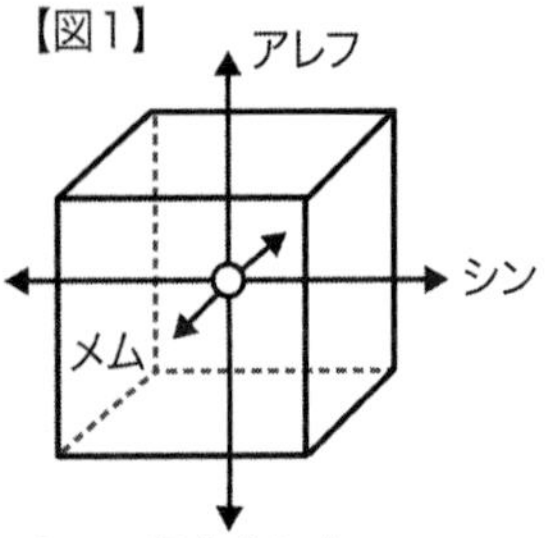

3つの母文字によって
3次元空間が形成される

【図2】

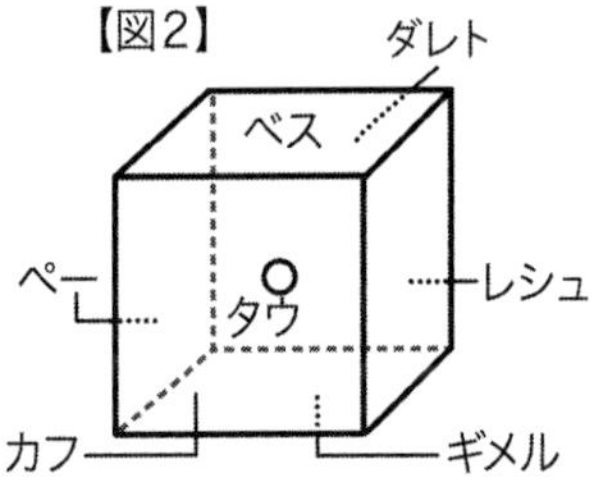

6つの面と中心点が
7つの複音文字に
対応する

【図3】

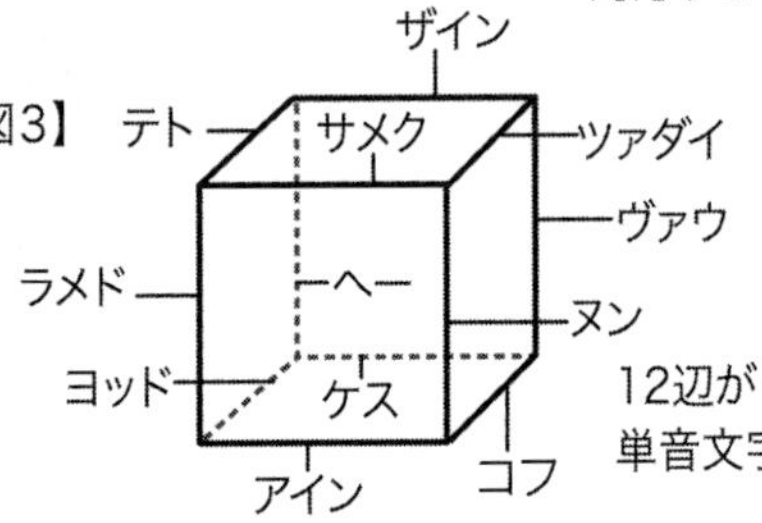

12辺が12の
単音文字に対応する

【図4】

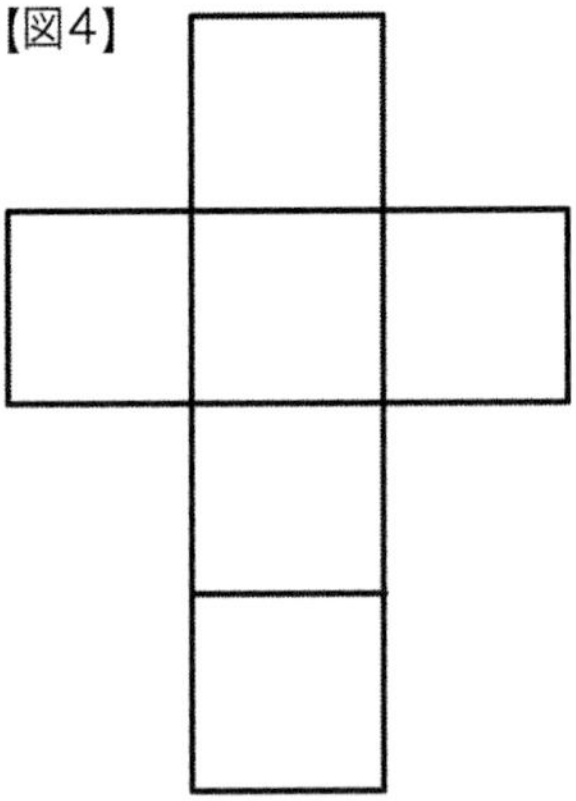

立方体が展開され、
十字架が出現する

【図5】

十字架の中心部から
5弁の薔薇が現れる

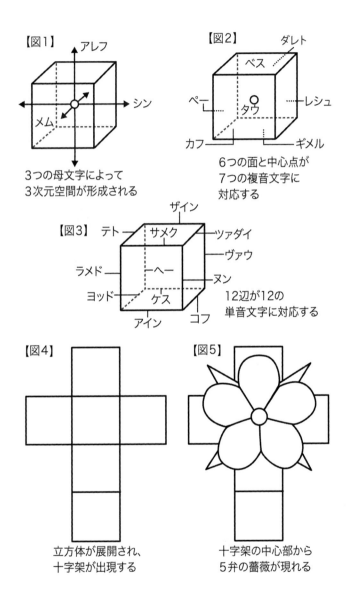

【図６】

かを考えるだけでも、トートの学習の手がかりになることは忘れないでほしい。

東洋趣味

西洋魔術と東洋呪術の融合を目指す

トート・タロットの図柄には、東洋的な趣や思想をうかがわせる箇所が少なくない。

ひと目でわかるところでは「ディスクの2」に描かれた太極図、「ワンドの2」や「ワンドの10」に描かれた金剛杵《バジュラ》などがある。また、そこまで明確ではないが、クロウリーが最も愛した図柄である「ディスクのプリンセス」も、角で表現された髪型や能面のような表情、さらには服装などに、東洋的なテイストが加わっている。

こうした表現方法は、画家のフリーダ・ハリスがアール・デコ様式に影響されていたためだ、ともいえるだろう。だが、それだけで切り捨ててしまうと、大切なところを見落とすことになる。

「エジプト人のタロット」（→335頁）でも述べたように、19世紀後半、キリスト教会はかつてのような絶対の力を失っていた。そして締めつけが緩くなった精神世界に、当時ヨーロッパ列強が進出していたアジア植民地から、ヨーガ、仏教、祖霊信仰、易《えき》をはじめとする東洋占術などが侵入してきた。そのエキゾチックな世界観に魅了された欧米神秘家たちの間では、西洋的精神世界に東洋的要素を取り込んだ心霊主義や神智学が大流行するようになったのである。

とくにそれまでの西洋神秘学の伝統には、体を鍛えて精神的な向上を図るという考え方は欠如していた。そのため、クロウリーもインドでヨーガに出合ったときには、新鮮かつ大いなる驚きを感じたようである。

そこで彼はさっそく、ヨーガを自分の魔術修行に取り入れるとともに、易を学び、道教思想、仏教思想の研究にも精力的に乗りだす。中国語ができないことなどはなんのその、『老子道徳経』の英訳にまで手を出している。もちろん、できあがった英訳は完全にクロウリーの世界であり、オリジナルの意味はとどめていないのだが。

西洋魔術と東洋呪術の完全な融合こそ達成できなかったものの、クロウリーは何十年もかけて自身の魔術体系に、さまざまな東洋的象徴を取り込んでいった。その集大成が、トート・タロットの図柄でも表現されているのだ。

だから、トートに東洋的な象徴を見つけたら、「よくある西洋人の東洋趣味だ」などと軽く流してはいけない。クロウリーは、本来の東洋神秘世界の意味そのままに、その象徴と意味を盛り込もうと努力している。その点を見落とさずに研究する必要がある。なかでもコート・カードの解説には、易が用いられている。

東洋的な要素の理解については、西洋の人々よりわれわれ日本人のほうが有利である。このアドヴァンテージを最大に生かしたいものだ。

『法の書』

クロウリー自身も解釈に悩んだ

この章で説明してきたさまざまな要素については、クロウリーの著作でなくても、一般書を読めばきちんと学ぶことができる。しかし、これから説明する『法の書』は、まさにクロウリー魔術の独擅場といっていい。この書は、彼が生涯をかけて布教に尽力したテレーマ思想の聖書であり、その哲学はトート・タロット全体に浸透している。いわば、他の哲学が米粒だとしたら、『法の書』の思想は、その米を炊きあげるための「水」だと表現できるだろう。トートを構成するすべての米粒は、『法の書』という水を含まなければ、消化することができないのである。

かなり難解な言葉が並ぶ書物であるせいか、多くのトート・タロット解説本ではさらりと触れる程度で終わりにしていることが多い。だがはっきりいって、これなしではカード一枚たりとも解釈できないほど、重要な要素である。がっぷりと四つに組む必要があると覚悟していただきたい。

クロウリー自身も、最後の最後まで解釈に悩むことがあったという『法の書』。ここではそのミステリアスな成り立ちと、哲学の骨子を説明していこう。

使者「アイワス」を通じて『法の書』を受領

1904年、まだ20代のクロウリーが、妻ローズとエジプトへ新婚旅行に出かけ、カイロに逗留したときのことだ。

ふたりはなんと、ギザの大ピラミッドで1泊したらしい。そこで彼は、妻に風の精霊シルフを見せようとして「生まれざるものの召喚」儀式を実行した。ローズは何も見ることができなかったのだが、その代わりトランス状態に入り、「彼らが貴方を待っている」などと、不思議な発言を連発しはじめたのだ。

だがクロウリーは、それまでになんら霊的能力を見せたことがなかったローズをすぐに信じるこ

◆666のステーレー◆

とはなかった。より詳しい情報を得ようと、知恵の神トートを召喚したうえで、改めてローズにいろいろと質問をしてみると、「クロウリーを待っているのはホルス神だ」という発言が出てきた。

　重ねて彼は、「ホルスとはどんな神か」と質問をくりだす。そのような神を知りもしなかったローズだが、すべての質問に正確に答えたという。

　意外かもしれないが、それでもなおクロウリーは、ローズの言葉を信じなかった。何事も即座に信じ込まない懐疑主義は、魔術に必要な素養のひとつなのである。さらに彼は、彼女をブーラーク博物館に連れていき、彼にホルスを見せるという試験を行ったのである。その回答として彼女が指さしたのは「アンク・アフ・ナ・コンスーの木碑《ステーレー》」と呼ばれるものであった。

　そのステーレーには、アンク・アフ・ナ・コンスーという司祭が、ホルス神に供物を捧げる場面が描かれており、『死者の書』の抜粋などがヒエログリフで刻まれていた。そして何より、博物館での展示品番号が、偶然にもクロウリーにとって大きな意味のある「666」だったのである。以来、このステーレーは「666のステーレー」、あるいは「啓示のステーレー」などと呼ばれることになった（前頁参照）。

ここにいたり、クロウリーはローズの発言を信じることにした。彼女の言葉に従い、神々からのメッセージを受領する決意を固めたのである。ローズは彼に、メッセージを受領する方法などを指示し、それを与える者はホルス神ではなく、その使者「アイワス」だと告げるのであった。

クロウリーは、1904年4月8日から10日までの3日間、12時から13時までの1時間はホテルの部屋にこもり、左後方の部屋の隅から響いてくる「影のような存在」の言葉を筆記した。こうして『法の書』が誕生したのである。

若き魔術師がエジプトに新婚旅行に向かうと、妻の霊能力がピラミッドの一画で開花した。その力に助けられて魔術師は秘密文書を授かる……ロマンティックな執筆譚ではあるが、かなり眉唾物な点もある。まず、一般人がギザの大ピラミッドに宿泊できたのかは疑問だし、ステーレーを見にいったというブーラーク博物館は、エジプト考古学博物館への移転に向けて、1902年には閉館していたはずである。とはいえ、重要なのは『法の書』の中身なので、そちらに話題を移そう。

3つのアイオーン

『法の書』は、新たな時代の到来を宣言する3部構成の「予言書」であり「預言書」だ。この新たな時代という概念を理解するにはまず、クロウリーが文明の歴史を大きく2000年（アイオーン）ごとに、3つの時代に分けていることを知らねばならない。

最初は「母なる女神イシスの時代」である。多神教、家母長制の時代だ。春分点が牡羊座にあった紀元前20世紀から紀元前後までの、牡羊座時代と呼ばれる時期とほぼ重なる。

次は「死せる神オシリスの時代」である。唯一神教、家父長制の時代だ。春分点が魚座にあった紀元前後から20世紀ごろまでの魚座時代とほぼ重なる。

最後は「征服せし子ホルスの時代」である。個人主義の時代だ。これからやってくる水瓶座時代とほぼ重なるといわれている。

厳密にいえば、水瓶座時代（アクエリアン・エイジ）は、現在魚座にある春分点（昼と夜の長さが等しくなる春分の日に太陽がある場所のこと）が、水瓶座に移行してから始まるはずなので、まだ５００年以上先の話だとされている。

ところが、精神世界では多くの人々が、すでにアクエリアン・エイジに入ったと主張している。計算ではっきりと判明するものでさえ、このような混乱が起きているのだから、クロウリーが設定した「ホルスの時代」の始まりについても、まだ始まっていない、そろそろ始まる、いやもう終わってしまった（！）など、研究者ごとに見解のばらつきが激しい。

ここでは、多数派の意見でもある「そろそろ始まっている」という前提で説明を続けたい。

『法の書』は、２０００年ほど続いた「オシリスの時代」が終わりを迎えていると説く。この時期は「死せる神イエス・キリスト」の宗教が優勢になっていた期間なので、必然的にキリスト教に象徴される「死せる神」の宗教も終わりを告げることになる。その意味では、オシリス神を重視したゴールデン・ドーンも、この終わりゆく時代に属していることになる。つまり、ゴールデン・ドーン形式の魔術はもう古い、ということだろう。

そして、これから始まる「ホルスの時代」は、社会や価値観など、すべてが大変動する時代だという。これまでは、人間は神の意志に従うという概念があったが、新時代では、神の意志より個人の意志のほうが重視されるようになる。個人の意思が重要視されれば、集団を基準に構築されてきた、これまでの文明や社会のあり方は大きく変わるはずである。

輝く星の意志「テレーマ」

来るべき「ホルスの時代」の基礎的な理念として提供されるのが「テレーマの法」だ。テレーマ（θέλημα）とは、「意志」という意味のギリシア語であり、クロウリーの魔術哲学と『法の書』を語るうえでのキーワードだ。

『法の書』の冒頭（3行目）には、「どの男もどの女も星なり」（Ⅰ：3）とあり、人々はみな同等の存在だと定義している。ちなみにこの「星」は「Star」なので、惑星ではなく、太陽のような恒星を指す。つまりどの男もどの女も、自らの力で光り輝いている星なのである。テレーマの法は、この事実を認識した法でなければならない。

さらに「法こそ皆がためなり」（Ⅰ：34）とあり、この法はすべての人に平等に適応され、人々のためになるものだ、と表明している。

とはいえ、普遍性に欠けた法ならば、人々への適用にバラつきが出てしまい、個人の自由を保証するなどということは不可能だ。肝心の内容はどうなっているのだろうか。

「テレーマこそ法の言葉なり」（Ⅰ：39）という記述がある。そこから非常に有名な次の文章へとつながっていく。

「汝が志すことを行え、これぞ『法』の全体とならん」（Ⅰ：40）

人は、自らの意志に沿って生きるべきだという宣言だ。英語では「Do what thou wilt shall be

the whole of the Law」と、単音節の11の単語で綴られている。日本語の感覚ではわかりにくいかもしれないが、いずれも単音節ということは、だれにでも理解できる11の言葉がテンポよく並んでいるのである。

　ちなみに、一般的な日本語訳では、テレーマやwillを「意思」と訳しているようだが、たんなる「思い」や「考え」ではないので、日本語で表現するなら「志」がいちばん近いだろう。

「汝には志すところをなすほか、何の権利もなし」（I：42）と、『法の書』は告げる。

　人は皆、何かを行うためにこの世に生まれてきた。これこそ「志」である。そして、自らの志を実行するためには行動の自由が必要であり、この「法」はそれを保証するためにあるのだ。

　前掲の「汝が志すことを行え、これぞ『法』の全体とならん」というフレーズは、クロウリーの精神的な未熟さや、自分勝手な一面、あるいは思慮のなさの証明としてしばしば引用されてきた。しかし、自分の都合だけを押し通して第三者の自由を侵害するようでは、人は互いに争うことしかできず、志を実行するどころではない。

　この点を考えるなら、志を成し遂げよと主張した『法の書』は、自分の志のみならず、他者の志をも平等に守るものでなくてはならない。したがって、その著者であるクロウリーが無責任だ、わがままだという批判は、的外れなのである。

　この宣言は、「愛こそ法なり、志の下の愛こそが」（I：57）という言葉で締めくくられる。

　この愛は、ギリシア語のアガペー（ἀγάπη）であり、性的な欲求を含まない。ゲマトリアでは愛（ἀγάπη）＝93＝志（θέλημα）となり、同一の性質を持つと見なされる。

　人類はだれも皆、輝く星なのだから、各人の志に従って、愛をもって人生に法を適用すべきだというのである。

テレーマの法と新時代の神々

『法の書』は、新時代の万物論を説く哲学書でもある。西洋神秘学では、新しい教理を打ち立てる際、必ずその教理にふさわしい万物論から組み立てていくという伝統がある。『法の書』もまた然りだ。

人間はだれもが輝く星ならば、その前提にそって、人間と万物、小宇宙と大宇宙の関係を見直さねばならない。そして、これまで神々として崇拝されてきたものは、宇宙の原理として認識し直されることになる。『法の書』とは、こうした考え方を根底に置き、新時代の神々を紹介する「預言書」でもあるのだ。

無限大のヌイトと無限小のハディト

ここまで引用してきた『法の書』の各節は、同書の第1章の語り手で、「われこそは艶めかしき夜空の露わなる輝きなり」（Ⅰ：64）と名乗りを上げる、空の女神ヌイトの言葉だ。エジプト神話では、イシスとオシリスの母「ヌト」に当たる女神である。

テレーマの法におけるヌイトは、万物が生まれゆく可能性であり無限大の存在だ。カバラでは無限光、アイン・ソフに該当する。

ヌイトは、自分の中にすべてを包含するがゆえに、自らは何も経験することができないままでいる。そのため、自らを分割することによって、経験を得るようになるのだ。

この分割から生まれたのが、第2章の語り手で「われこそ、どの人の心にも、どの星の中核にも燃ゆる炎なり」（Ⅱ：6）と名乗りを上げるハディト神である。翼のついた日の丸のような姿でトート・タロットに描かれるハディトは、エジプト神話ではベフデト（エドフ）で崇拝された「ホルス・ベフデティ」に当たる神だ。エジプト神話によれば、ホルスは、太陽神にしてラーの息子であり、父の敵であるセト神と戦うために、翼ある姿に変身したという。

テレーマの法におけるハディトは、万物に潜在する自己にして無限小の存在であり、カバラではケテルに相当する。ヒンドゥー哲学での「アートマン（真我）」にも似ている。

宇宙に輝く無数の星はすべて、無限大のヌイトと無限小のハディトの相互作用から生まれた子供たちなのである。

ラー・ホール・クイトと
ホール・パール・クラート、
そしてヘル・ラー・ハー

『法の書』第３章の語り手は、「われは戦争と復讐の神なるものと、まず理解するがよい」（Ⅲ：３）と名乗りを上げる太陽神ラー・ホール・クイトである。ヌイトとハディトの息子で、鷹の頭をいただく。エジプト神話では、太陽神ラーとホルスが一緒になったラー・ホルアクティ神であり、その名は「ふたつの地平線のホルスなるラー」という意味を持つ。エジプト神話でのホルスは、イシス神の息子とされている。

テレーマの法では、ラー・ホール・クイト神が新時代の主神である。このことから、カバラではティファレトに対応することとなる。ラー・ホール・クイトとは、自らを星、つまり神だと知り得た達成者の姿なのである。

クロウリーに対して『法の書』を口述したアイワスは、自らをホール・パール・クラート神の使者だと称しているが、ホール・パール・クラート自身は、この書では発言していない。これは幼い神であり、エジプト神話では曙の太陽、幼きホルス「ホル・パ・ケレド」に当たる。ギリシア語ではハルポクラテスと呼ばれ、沈黙と秘密の神であり、儀式魔術では沈黙を意味する「ハルポクラテスのサイン」でおなじみだ。

テレーマの法では、ホール・パール・クラートは、ラー・ホール・クイトの静的な一面を表す神であり、タロットでは「愚者」に対応する。ラー・ホール・クイトと双子の神だともされており、ホール・パール・クラートとラー・ホール・クイトを合わせて、ヘル・ラー・ハー神と呼ばれることもある。

これらの神々はどれも、トート・タロットのアテュに描かれている。とくに「永劫」のカードはわかりやすいので、見ておくとよい。

『法の書』の研究者は疫病の源？

『法の書』の口述者は、クロウリーを預言者として指名し、本の注釈も書くようにと命じている。自己顕示欲の強さでは有名な彼のこと、喜んでそれに従っただろうと思いがちだが、当初は『法の書』の内容に疑惑を感じ、しばらく放置しておいたと語っている。

ひとつには、既存の宗教と比べて、あまりに異質な教義に疑問を持ったからだ。たとえば、『法の書』には「存在こそ純粋なる歓喜」という一節がある。これなどは、仏教の苦諦《くたい》（この世は苦しみを本質としているという真理）という考え方とは180度異なっている。

また、好戦的なラー・ホール・クイトの言葉が並ぶ第3章についても「無意味にひどい」と感じていたらしい。

だが、やがては諦めたのか、この書を出版して注釈も書くようになった。彼は複数の注釈を書いているが、そのなかでも『チュニス注釈』が有名だ。今では『法の書』のいくつかの版に含まれているが、当時、わずか11冊だけ出版されたチュニス版には、「この書の研究は禁じる。この写しも初読後に破壊するのが賢明だ」という注釈が添えられ、「『法の書』の内容を論じる者は、疫病の源となるのでこれを避けよ。『法』に関する疑問は、皆、自分でこの本を参考にして解決すること」とも書かれている。

どのような宗教も、その聖典をどう解釈するかによって、さまざまな宗派が発生していく。そうしたセクト主義に堕落しては困る、というのがこのチュニス版注釈の趣旨らしい。

クロウリーの意思を尊重するなら、筆者も『法の書』の中身を論じるべきではなかったかもしれない。しかし、テレーマの法を無視しては、トート・タロットの説明は不可能なので、疫病の源と見なされるのを覚悟のうえで、テレーマについて最低限の説明をさせてもらった。あくまでも要約なので、どう解釈するかは、読者の皆様にお任せしよう。

『法の書』を口述した「アイワス」とは

トート・タロットの解釈に当たり、最も重要な『法の書』であるが、その肝心のメッセージを伝えてきた口述者の正体は謎のままだ。同書の第1章では「アイワス」と自称している。ちなみに、アイワスもテレーマやアガペーと同様に、ゲマトリアで93という数値になる名前だ。さらに「ホール・パール・クラートの使者」だとも自称しているが、結局、何なのかははっきりしていない。

クロウリー自身は、アイワスのことを「超人的な叡智」と呼んでいるが、別の機会には自分の聖守護天使だろうとも述べている。クロウリーの私設秘書を務めたイスラエル・リガルディーによれば、クロウリーの潜在意識の表れだという。

はたしてクロウリーは真の預言者だったのか、たんなる変人だったのか？　アイワスの正体や356頁で述べた執筆譚などについて、それを信じるか否かも、読者の自由だ。

しかし『法の書』とその注釈に記された「新時代」の様相は、見事に的中しているともいえる。インターネットの発達による発言権の民主化などは、わかりやすい例だろう。また、既得権益を維持・拡充しようと、政治や宗教などの保守陣営も必死の戦いを始めている。

そんな現代社会において、テレーマの哲学は、生きていくうえでの参考になるかもしれない。もちろん、トート・タロット研究の真髄となることは、間違いないだろう。

《第4章》

スクライングとパス・ワーキング

トート・タロットを用いたスクライング

初心者にも実践できる魔術的使用法

タロットには、占いを超えたさまざまな魔術的使用法がある。ただし、どれも容易な技術ではない。カバラや占星術、ヘブライ語などの深い知識が必要であり、その他さまざまな魔術的基礎訓練も積んでおかねばならないため、実践へのハードルが高いのだ。

そこで、本章では比較的簡単で、精神的に安定していれば実践しても危険がないふたつの技法を紹介しておこう。カバラへの理解などがあれば、実践から得られる体験は、より充実したものとなる。興味がある人は、実践しながら地道に学習を続けるとよいだろう。

スクライングとは何か

西洋魔術には、スクライングというテクニックがある。おもに水晶球を見るときなどに使われる技法で、特定の反射率がある物体や画像を一定の視線で見つめることで、さまざまな幻像を見て、未来や内的世界を探求するものだ。

日本語ではスクライングが「霊視」と翻訳されてきたせいか、何らかの霊能力を駆使する技法だという誤解が根強いが、実際には、普通とは違う視点でものを見るだけであり、練習しだいで、だれでも体験することが可能だ。

スクライングによるふたつの効果

カードをスクライングすることによって、おもにふたつの効果が期待できる。

①占断にプラスアルファの意味が得られる

たとえば、ある男性がA子とB子という女性たちと二股恋愛をしていて、どちらの関係が本気なのかを占ったとしよう。

当事者の男性と、A子、B子それぞれを示すコート・カードは出てきたものの、どちらが有利かを判断する決定打には欠けるような場合、三者を象徴するコート・カードをスクライングするという方法がある。

すると、男性を象徴するカードが、どちらかの女性を意味するコート・カードへ向けて動いていったり、微笑んだりする様子が見えるだろう。あるいはふたりとも遊びで、本心ではまったく興味がないという仕草に変わっていくこともある。

このように、通常の占いでは読み取ることができない情報が提供されるのである。

②タロットの世界に入り込み、探訪する

占いと直接的な関係はないが、ひとり静かにタロットの画像の中に入り込み、そこで瞑想を行うことができる。

タロットに描かれている象徴のより深い意味を探ったり、自分自身の精神世界とタロットのつながりを確認したり、あるいは天使や精霊、妖精などの世界を垣間見る可能性もあるだろう。

スクライングはだれにでもできるが、すぐにマスターできる技術ではない。日常の世界で何かを見ているときとは、異なった視点の合わせ方などを必要とするからだ。定期的に時間を取って練習を積むとよいだろう。

練習はまず、前掲の②を目的としてスタートすること。人によっては、すぐにはスクライングの状態に入れなかったり、現実的な情報を得られなかったりすることも少なくないので、①の使い方が必ずできるとは思い込まないほうがよい。

スクライングの手順

手順そのものは、きわめてシンプルだ。

❶20分以上、ひとりで静かに過ごせる時間と場所を確保する。ゆったりと背筋を伸ばした状態で椅子に座り、スクライングに使うカードを1枚選び、目の前の机に置く。どのカードでもよいが、最初は好きなアテュから始めるとやりやすい。

照明は、明るすぎないこと。スクライングをしていると体温が下がってくるので、膝掛けなどを用意して、保温に配慮すべきだ。

❷机に置いたカードをじっくりと眺め、目に残像が焼きつくような感じになったら、静かに目を閉じて、脳内で画像を思い浮かべる。そして、その画像の中に自分の意識を投入するのである。言うは易く行うは難し、という作業だが、何回かくり返していくうち、ふとした瞬間に成功している自分に気がつくだろう。

作業を中止すべきサインとは

スクライングして何が見えるのか、どんな体験をするのかは、完全にあなたしだいだ。だが、自分自身の深層心理世界にダイビングするようなものだから、あまり不用意にくり返すと、精神に不調をきたすことがある。

それを防ぐためには、見えてきた画像が幻覚ではないか、自分のコンプレックスが表れているのではないかといったことを、次の視点から厳密にチェックする必要がある。

まず、スクライングはあくまでも「視覚」を使った技法であることを忘れてはいけない。つまり、見ている画像から音が出てきたり、何かを語りかけられたりしたら、それはあなたの意識がつくりだした幻覚である証拠となる。このような場合は、すぐに作業を中止してしばらく休むこと。

また、スクライングができるようになると、その鮮やかな世界に埋没して現実逃避したくなるという落とし穴もある。

日常の作業を無理に早く切りあげたり、友人との約束をキャンセルしてまでスクライングをしたい！　と思うようになったら危険信号だ。そのような傾向が出てきたら、次に実践するまで2週間以上の間を設けるべきだとされている。

見えてきた画像をテストする

前掲の点に気をつけながらスクライングを実践して、タロット画像以上の何かが見えるようになってきたら、今度はその画像をテストする必要がある。というのは、潜在意識は変化よりも安定・安全を求めるため、さまざまなトリックを用いて、現状の世界にあなたを引きとめようとするからだ。人間も普通の生物なので、現状が変化することは多大なストレスとなる。それを潜在意識が防ごうとするわけだ。

スクライングで見えてくる画像のなかには、真に重要な意味があるもの以外に、虚栄心・動揺・好奇心・快楽・怒り・想像・記憶を映したものがあり、これらがランダムに浮かんでくる。このような画像に惑わされたら、深層心理の迷路を徘徊するのみである。

これを防ぐには、見えてきた画像に向かって適切なヘブライ文字を書けばよい。たとえば、虚栄心が見せる画像だと思ったらר（レシュ）を、怒りのために見える画像だと思ったらפ（ペー）を、画像に向かって書くのだ（次頁参照）。

そのような原因に該当しているならば画像は消え去るし、そうでなければ、より鮮明でしっかりとした画像へと変化していく。コツは、ひとつのヘブライ文字を書くだけですませず、思い当たるものを複数、試してみることだ。

［虚栄心］太陽の管轄なので、ר（レシュ）
［動揺］月の管轄なので、ג（ギメル）
［好奇心］水星の管轄なので、ב（ベス）
［快楽］金星の管轄なので、ד（ダレト）
［怒り］火星の管轄なので、פ（ペー）
［想像］木星の管轄なので、כ（カフ）
［記憶］土星の管轄なので、ת（タウ）

文字を書き込むには、その文字のとおりに視線を動かしてもよいし、頭の中で文字をくっきりと視覚化してもよい。

せっかく見えた画像が、このテストでどんどん消えてしまい、ガッカリするかもしれない。しかし、テストを省略してはいけない。スクライングでファンタジックな画像を見ることは、あなた自身の正気と引き替えにするほど重要なイベントではないのだから！

終了後には糖分や蛋白質をとる

ヘブライ文字によるテストに耐えた画像を探求していくと、やがて画像がふらふらと不安定になってくるだろう。これは、あなたの集中力が切れたことを示すので、痛いくらいにギュッと目をつぶり、画像を完全に消して現実世界に戻ろう。

できれば、糖分や蛋白質、カフェインを少しでも摂取すると、よりしっかりと地に足がつく。

その後、スクライングで見たことをできるだけ詳しくノートなどに記録しておく。書く作業が大変だったら、ICレコーダーなどに録音してもよい。見っぱなしにすると、スクライング体験から何も学べないので、何らかの形で必ず記録を取っておくべきだ。

トート・タロットを用いたパス・ワーキング

アテュの世界を五感で体験できる

パス・ワーキングは、ひと昔前の魔術書などを見ると「径行《みちゆ》き」と訳されている。まるで狂言の演目のようだが、瞑想法である。

カバラの生命の樹では、10のセフィラーを22本の径（パス）がつないでいる。このパスを使って、神秘家や魔術師はさまざまな瞑想を行うわけだが、その中でもトート・タロットのアテュを使ってパスの性質を体験するという瞑想法が、このパス・ワーキングである。

アテュには、ユング心理学でいうところの元型的な図形が非常に多く用いられているため、潜在意識へのコンタクトが容易になり、深い瞑想状態に入りやすいのだ。

パス・ワーキングのテクニックそのものは、タロットの世界に入り込むという点で、前述したスクライングとよく似ており、魔術師によっては同一のものと考える場合もあるようだ。

だが、次の2点では大きく異なる。

まず、スクライングよりも深く精神をカードに投入するため、五感で体験できる。つまり、そこで出合ったものに触れたり、登場する生き物と交流や会話をしたり、匂いをかいだり、食べ物を味わったりすることが可能になる。

そして、生命の樹という、数百年にわたって数えきれないほどの人々が瞑想を重ねてきたパスを通るため、そこでの体験をテストする必要が少ないという利点もある。

ただし、圧倒的な存在感をもって五感に訴えかける世界へ入っていくため、現実逃避や耽溺《たんでき》につながる危険性はスクライングよりも高い。

したがって、パス・ワーキングのために仕事や学業、対人関係などを犠牲にするようになったら要注意だ。この場合もやはり、再開するまでに2週間以上の間を空けて、現実感覚を取り戻すように努力すること。

さまざまな魔術師がパス・ワーキングを行い、だれもが皆、少しずつ異なった体験をしている。そのため複数の方法論があるし、体験も多種多様だ。そのどれもが正しく、どれもがあなた自身の体験とは異なるはずなので、絶対の方法というものはない。

そこで本章では、タロットを使ったパス・ワーキングの骨子《こっし》だけを記しておく。これをどのように実施するのがベストなのか、そしてどんな体験ができるのかは、あなた自身が研究し、少しずつ瞑想を深めて確かめてほしい。

パス・ワーキングの手順

スクライング同様、手順はシンプルだ。食事後2時間以上たってから始めること。

❶自分が入っていくアテュを1枚選ぶ。選び方については次頁を参照してほしい。

❷静かな部屋で椅子に深く腰掛け、リラックスする。自分が選んだアテュを見つめ、しっかりと記憶に焼きつけたら目を閉じて、脳裏にその画像を映しだす。

❸その画像をできるだけ拡大した状態で思い描き、徐々に画像が揺れる大きなカーテンになっていくと想像する。十分にその視覚化ができたら、自分の意識の中で、アテュの画像のカーテンをくぐって、向こう側に行く。

❹カーテンの向こう側には、多くの場合、そのタロットの象意にちなんだ風景が広がっている。

正しいパスを歩んでいるかどうかは、そのヴィジョンの中で、タロットに描かれている物事に出会ったりすることでわかるが、最も重要な識別方法は、アテュに対応するヘブライ文字が、どこかに記されているか否かを確認することだ。

出会った人物がペンダントや入れ墨にしているかもしれないし、目の前の建物の窓がヘブライ文字の形になっているかもしれないので、注意しながら歩んでいかねばならない。

タロットの象意には関係ないように思えて、しかも該当のヘブライ文字がどこにも見当たらない世界に入り込んでしまった場合は、アストラル界で迷子になっている可能性が高いので、すぐに現実界に戻ってくること。

迷子になったと思ったら、その場に立ちどまり、入ったときと同様に、タロットのカーテンを強くイメージする。それをくぐり抜ければ現実世界に意識を戻せるから、あわてることはない。

通常のパス・ワーキングでは、ある程度パスの中に滞在すると、自然にそこから出るような流れになり、タロットのカーテンのところに戻ってくるので、そのまま退出すればよい。

その後は、スクライングの終了後と同様に、糖分や蛋白質、カフェインなどを摂取するか、熱いシャワーを浴びるなどして肉体を刺激し、地に足をつけるようにしておくことだ。また、そのときの記録を残しておくことも大切である。

生命の樹の下から上へと進める

パス・ワーキングでは、アテュは好きなものから始めるのではなく、生命の樹の下から上へと昇っていくようにするのが最も入りやすい。

377頁に、その一般的な順番と、対応するヘブライ文字を記しておく。

上下のセフィラーをつなぐパスは、起点と終点がわかりやすいが、左右をつなぐパスの場合は、数字の大きなセフィラーが起点、小さなセフィラーが終点になると覚えておこう。

それぞれのパスで経験することも記しておくが、正しいパスを歩いたとしても、必ずその体験をするとはかぎらない。タロットから受ける印象が人それぞれであるように、パスの象意が意味することも、個人差が大きいからだ。

順番としては、「万物」から始めてひとつずつ生命の樹を上がっていけばよいのだが、その際、必ず毎回、1から始めるという方法と、1ができたら次は2から始めてもよいという方法の、2種類がある。

毎回1から始める方法は、意識の径を踏み外さずに進んでいけるのでより安全だが、当然ながら時間がかかる。自分に合った手法を選択するようにしよう。

なお、パス・ワーキングはその名のとおり、セフィラー同士をつなぐパスしか扱わない。

では、セフィラーでの瞑想はどうなるのだ、という疑問が湧くかもしれない。じつは、本格的な生命の樹の瞑想法には、セフィラー用の手法もある。パス・ワーキングに成功し、カバラへの理解が深まったら、そのような作業に挑戦していくとよいだろう。

◆パス・ワーキングのための資料◆

順番	パスの番号	アテュ	ヘブライ文字	体験
1	32（マルクト→イェソド）	万物	ת（タウ）	「死と再生」「冥界下り」などの体験
2	31（マルクト→ホド）	永劫	ש（シン）	「火」に関する体験
3	30（イェソド→ホド）	太陽	ר（レシュ）	「知識」に関する体験
4	29（マルクト→ネツァク）	月	ק（コフ）	「性」に関する体験
5	28（イェソド→ネツァク）	皇帝	צ（ツァダイ）	「自然の知性」「創造力」に関する体験
6	27（ホド→ネツァク）	塔	פ（ペー）	「己の人格」に関する体験
7	26（ホド→ティファレト）	悪魔	ע（アイン）	「魂の暗夜」に関する体験
8	25（イェソド→ティファレト）	術	ס（サメク）	「魂の暗夜」「誘惑」に関する体験
9	24（ネツァク→ティファレト）	死	נ（ヌン）	「魂の暗夜」「生と死」に関する体験
10	23（ホド→ゲブラー）	吊された男	מ（メム）	「作用と反作用」に関する体験
11	22（ティファレト→ゲブラー）	調整	ל（ラメド）	「境界の住人との対面」に関する体験
12	21（ネツァク→ケセド）	運命	כ（カフ）	「上昇と下降」に関する体験
13	20（ティファレト→ケセド）	隠者	י（ヨッド）	「人類の指導者」に関する体験
14	19（ゲブラー→ケセド）	欲望	ט（テト）	「内面の闇」に関する体験
15	18（ゲブラー→ビナー）	戦車	ח（ケス）	「魂の内なる王国」に関する体験
16	17（ティファレト→ビナー）	恋人	ז（ザイン）	「二面性」に関する体験
17	16（ケセド→コクマー）	高等司祭	ו（ヴァウ）	「高次と低次」に関する体験
18	15（ティファレト→コクマー）	星	ה（ヘー）	「対面」に関する体験
19	14（ビナー→コクマー）	女帝	ד（ダレト）	「あらゆる愛」に関する体験
20	13（ティファレト→ケテル）	女司祭	ג（ギメル）	「魂の暗夜」「砂漠」に関する体験
21	12（ビナー→ケテル）	魔術師	ב（ベス）	「霊視者」に関する体験
22	11（コクマー→ケテル）	愚者	א（アレフ）	「簡素」に関する体験

《第5章》

リーディングに関する Q&A

2018年に本書が出版されて以来、筆者のもとには読者の方々からさまざまな質問が寄せられている。そのなかからとくに多かったもの、改めてお答えする意義があるもの、あるいは筆者の説明が不足していたと感じる事柄などをこの機会にまとめておきたい。

まずは最も多かった質問からはじめよう。

Q　クロウリー・スプレッドを省略して簡単に行う方法はありますか？

「クロウリー・スプレッドが難しくて実践できません。もっと簡単に、省略してできる方法を教えてください」

A

この質問については、質問者ごとに異なる問題が含まれているように感じられる。そのため、まとめて回答すると趣旨がずれてしまう可能性があるので、いくつかに分けて答えていきたい。

まずは勇気を出してやってみる！

質問の多くに「解説を読んでもよくわからないので、実践できる気がしない」という内容が含まれているのだが、これればかりは勇気を出して自分でやってみる以外に対処法はない。

クロウリー・スプレッドに限らず、料理でもなんでも、解説書を読んでいるだけでは会得できない。時間が自由に使える休日の午後などに、本をめくりながら実践してみれば、「できない」という恐怖感は消えていくはずだ。

追儺儀式や召喚は場合により省略可能

クロウリー・スプレッドでは、ひとつの作業をはじめるたびに小五芒星の追儺《ついな》儀式（↓298頁）や天使HRU《フールー》の召喚（↓299頁）を行う。それが煩雑だと感じるならば、タロットを使う部屋を決めておき、ひととおりの手順を行った後はその場を清潔に保つようにすれば、しばらくの間はこの手順を省くことが可能だ。たとえるなら、一度徹底的に除菌した場所は、その後もある程度は清潔だというのと似たような感覚だ。

あるいは、最初の1回だけしっかりと追儺儀式と召喚を行い、その後は省略するというのも現実的には有効なはずだ。

召喚を行うこと自体に抵抗がある場合

しかし、占いに召喚などの手順を加えることと自体に心理的な抵抗がある人も相当数おられるようだ。トート・タロットはカードの絵柄が好きなので使いたいけれど、作者であるクロウリーの魔術世界はややこしくてわかりにくいし、魔術なんていう根暗なオタク（実際にこういわれることは少なくない）がやるような気持ち悪いこと（これもまた、実際によくいわれる言葉である）には染まりたくない、と……。その場合は、ご自分の信念にもとづいて魔術的な手順を省けばよい。だれもあなたに「トート・タロットをこう使いなさい」と強制する権利はない。もちろん、筆者もそのようなつもりは毛頭ない。

この件に関連してよく寄せられる質問は、魔術的な手順を行うことに抵抗のある方が自己流でトート・タロットを使ってクロウリー・スプレッドを実行した際と、きちんと召喚儀式などを実行した際の占断に差があるのか？　というものだが、「確かに差がある」としか答えようがない。

そもそも、世紀の大魔術師だったクロウリーのカードを、どうして魔術的な要素を抜いて使いたいと思うのか？　それは筆者に質問したり不満をぶつけたりするよりも、ご自分の内面と話しあったほうがよい問題のようにも思える。

占う相手がいないときの対処法

占う相手がいないとできない占いをどうやって自習するのだ？　と悩んでいるならば、第1作業（↓300頁）で相手の質問を当てねばならないところで、次のような方策をとるのがおすすめだ。

まず、手ごろな紙をいくつかに切って、1枚に1件ずつ占ってみたい悩みなどを記入する。このとき、悩みをＹＨＶＨ《ヨッドヘーヴァウヘー》（↓301頁）のうち、どれかひとつに絞っておくとよい。

その紙を裏返しにしてシャッフルし、ランダムに1枚を引く。紙は裏返したままで占いを開始しよう。そうすれば、シグニフィケーター（↓280頁）を見つけてからも、どの悩みなのかはすぐに推測できないので、少しは実際の占いに近い感覚ではじめられるはずだ。あとは、ワン・ステップずつ進んでいけばよい。

クロウリー・スプレッドの真の意義は？

「もっと簡単に、省略してできる方法を」という質問に対しては、「省略しては意味がない」という回答になる。このような質問は、得てしてプロやセミプロの占術家から寄せられる場合が多い。1回の占断に2時間ほどもかかっては商売にならない、というあけすけな意見もある。

ただ、クロウリーがこのスプレッドを何のためにつくりあげたのかという重要な点を見落としてはならない。彼が、当時の職業占い師たちが安易な占いで法外な料金を請求するのを嫌悪していたことは、278頁ですでに述べた。だから、手抜きをしてはマスターできないこのスプレッドを編みだしたとも考えられている。それを「省略して簡単にしたい」となれば、冥界のクロウリーから侮蔑されても仕方がない。

まあ、それはさておき、一度でもこのスプレッドを実行したことがある人ならば、このスプレッドが単なる「当て物」のための技法ではないことが実感できたはずだ。

何度も複雑な手順を経て、多角的な視点から問題を考察していくうちに、占者は、自分がこれまで多くのカードの意味を適当にしか覚えていなかったこと、似た意味のカードをしっかり読み分けられていないことなど、自分の技法の不足点や見過ごしていた欠点をまざまざと突きつけられるのである。それは冷酷で激しいものだ。

真摯に学習してきたと自認する占者がショックを受けて、背中がぐっしょり濡れるほどの脂汗をかいたり、実践の途中でストレス性の胃痛でうずくまったり、という事例もあるほどだ。つまり、当てることではなく、このスプレッドの実践者自身――クロウリーの思想では魔術師自身――の修行が目的になっている、といえるだろう。

自分自身の修行を簡略化することなどできはしない。覚悟して挑戦するだけである。

Q　端にスプレッドされたカードや1枚ずつ展開したときの好品位・悪品位はどう読む？

「カードの吉凶は、その両側にあるカードのエレメントとの相性によって見る、というのはわかりました。でも、端っこにスプレッドされたカードの好品位・悪品位の読み方はどうすればよいですか？　また、ケルト十字スプレッドのように1枚ずつ展開していく方法ではどう読み取っていくのでしょうか？」

A

これは確かに筆者の説明が少なかった部分だと感じている。お詫びするとともに、ここでしっかり説明させていただこう。

フィフティーン・カード・スプレッドの場合

例として、フィフティーン・カード・スプレッド（↓290頁）を挙げることにする。

図1の場合は、読むべきカードが真ん中にあるのでわかりやすいだろう。真ん中のソード（風）の2が、右隣のディスク（地＝風と敵対）の4と左隣のカップ（水＝風と友好）の3に挟まれているわけだから、やや厳しめの意味になる。

では、この両端のカードの意味はどうすれば判断できるのか？

カップの3を読む場合は、図2にあるようにカードの配置がずれて、ディスクの4が移動すると考える。同様に、ディスクの4を読む場合は、図3にあるように逆の方向にカードがずれて、ディスクの4が中心に移動したとして読めばよい。

慣れてくれば頭の中だけでさっと並べ替えられるが、慣れないうちは実際にカードを動かしてもかまわない。

一般的なスプレッドに慣れている人には違和感がある方法かもしれないが、トート・タロットは1枚だけで読んでいくのではなく、該当の場所にスプレッドされた数枚をまとめて読むという考え方が強いことを理解していただきたい。だから、配置された場所のひとかたまりから飛びだして変更するのではない限り、全体的な意味は変わらないのだ。

そしてもう一点、西洋神秘学の鉄則である「上のごとく、下にもあり」を思いだしてほしい。

さまざまな解釈がなされる言葉だが、「世の中のすべての事象はとまることなく動きつづける」

【図１：読むべきカードが真ん中にある場合】

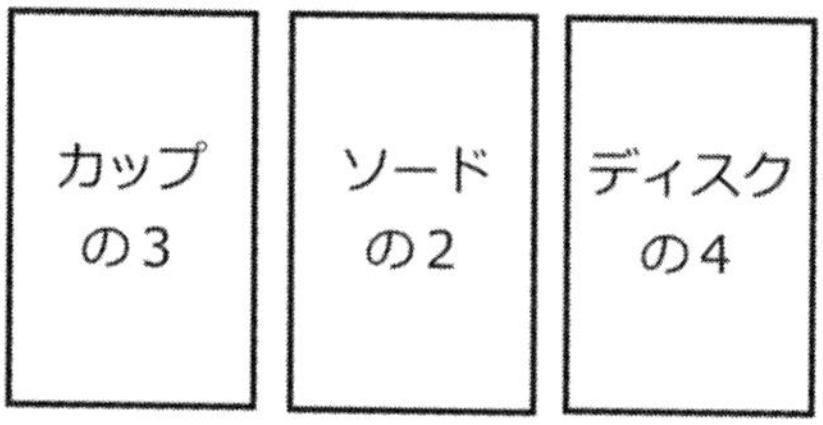

【図２：図１でカップの３を読む場合】

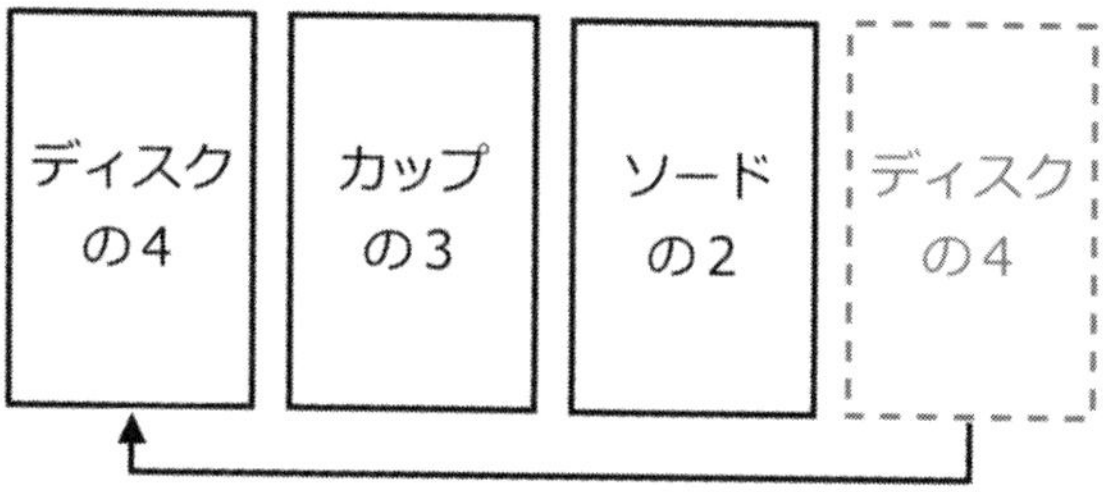

【図３：図１でディスクの４を読む場合】

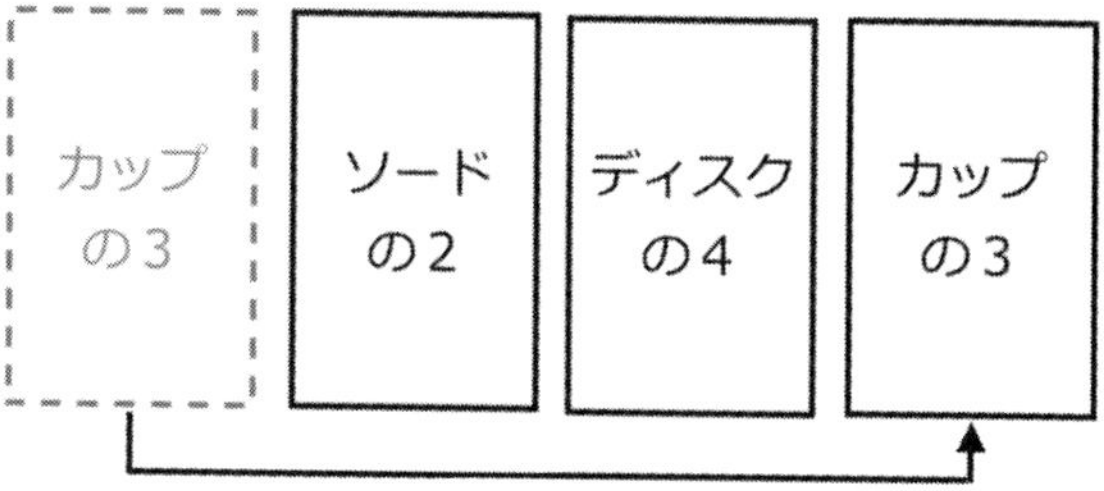

という考えも含まれている。だから、いったんスプレッドしたカードも、自然の事象を表している限りは動きつづけていると解釈してよい。それゆえに、カードの位置もある程度は流動的に考えられるのである。

とはいっても、まったく違った場所まで移動すると、スプレッドした意味がなくなってしまうので、もともと配置されたひとかたまりの位置からは動かさないようにしよう。

ケルト十字スプレッドの場合

次に、ケルト十字などの伝統的なスプレッドで品位を見ていくときの方法について述べよう。この場合は、スプレッドした順番でカードが挟まれていると考えればよい。320頁のケルト十字のスプレッド図を見ながら読んでほしい。

たとえば図中の②のカードは、見た目のうえでは⑤と⑥、または③と④に挟まれているが、スプレッドした順番を重視するのだから、①と③に挟まれていることになる。

また、⑦のように、見た目のうえでは位置が少し離れている場合も、やはりスプレッドした順番に従い、⑥と⑧に挟まれていると考える。

では、最初に出た①のカードと、最後に出た⑩のカードはどうなるのか？　最後に出た⑩のカードが、最初に出た①のカードにつながると見る。つまり、①のカードは⑩と②に、⑩のカードは⑨と①に挟まれると解釈すればよい。

Q　カードを円形にスプレッドしたときの上下はどう考える？

「クロウリー・スプレッドの第4作業（↓311頁）で円形にカードをスプレッドしていく際、円の外側と内側のどちらが上でしょうか」

A

どちらを上にしても問題はない

じつは、筆者もこの段階で「あれれ、どっちが上だっけ？」という状態になったことは、一度や二度ではない。日本のさほど広くないテーブルを使う場合、313頁のようにわかりやすく並べられないことが多く、なんとか均等に36枚をスプレッドしようとするだけでかなりの重労働になる。結果的に、どうしても他のことを忘れてしまいがちなのだろう。

結論からいえば、どちらを上にしてもかまわないし、スプレッドの途中で上側と下側が入れ替わっても、さしたる問題は発生しない。

ただし、最初に中心に置くシグニフィケーター（↓280頁）の正逆だけは気をつけて、上下をひっくり返したりせず、そのままの状態で配置すること。シグニフィケーターが正位置か逆位置かによって、左右どちらの方向にカードを読んでいくのかが決まるからだ。

Q

占いをする前に心を落ちつけたいのですが、西洋魔術的な対処法は？

「占いの店で働いているので、毎回、召喚儀式などを行うことができません。でも、占いをする前には心を落ちつけて集中したいので、今までは般若心経を唱えていました。もっと西洋魔術的にできる方法はありませんか？」

A

精神集中にどんな方法を使うかは、きわめて個人的なものであり、「これでなければ！」という決まりはない。さらに、クロウリー自身の魔術哲学を掘り下げていけば、かなり仏教と共通する部分も多いので、読経が効果的であれば、それでかまわないだろう。

とはいえ、やはり西洋魔術には西洋魔術の技法で、と考えるのも当然なので、最も簡便な方法を紹介しておく。

4拍呼吸と4・2拍呼吸法

4拍呼吸は、ゴールデン・ドーン（↓351頁）などで採用された魔術作業用の呼吸法である。自分の平常の呼吸ペースで行うが、特徴的なのは途中で息を止める部分があることだ。

吸う（4拍）
止める（4拍）
吐く（4拍）
止める（4拍）

こんな感じで繰り返して呼吸していく。止めるときには、喉を締めるような感じで止めてしまうと、血圧や循環器、呼吸器に悪影響を及ぼす危険があるため、横隔膜を使って止めることが重要だ。このときの1拍は、自分の脈拍など感覚的にわかりやすい基準を採用すればよい。

このように4・4・4・4のリズムを繰り返すことで、この世界を構成する四大エレメントと同調し、自然と一体化できるとされてきた。

しかし！　実際にこの呼吸をしてみるとわかると思うが、とにかく苦しくてリラックスどころではない、と感じる人が少なくない。それはもっともなことで、日本人とは骨格が異なる民族の、しかも男性中心に実践されていた呼吸法であるから、日本人、とくに女性が実践するには無理が多い。また、実践中にかなりの負荷を感じるため、呼吸器や循環器に持病を抱えている人にもおすすめしにくい。

この４拍呼吸が無理な場合は、亜種の４・２拍呼吸があるので、そちらを実践してほしい。

やり方は以下のとおりだ。

吸う（４拍）
止める（２拍）
吐く（４拍）
止める（２拍）

このように、息を止める時間が短くなるだけで他は変わらない。筆者は日本人女性でかなり重症の喘息持ちだが、こちらのパターンならば苦痛を感じることなく実践できる。

どちらの場合も椅子に腰掛け、軽く背筋を伸ばして実行する。決まった回数はないので、好きなだけ繰り返せばよいし、可能であれば占いをしている最中でも継続してかまわない。

この呼吸法に慣れて快適だと感じるようになったら、次の段階に進んでみるとよい。

基本のグラウンディング

呼吸法をつづけながら、自分の頭上に白く輝く光の球があると想像する。

十分に想像できたら、その光の球が頭頂から体の内部へ入り込み、ゆっくりと背骨を伝って下へと下り、自分の体から床へ、地面へ、大地の中へと柔らかく突き進んでいき、そこに根を張ると想像しよう。最初は全部のプロセスを鮮明に視覚化できなくても、頭や背中の一部に温かさを感じられれば大成功だ。

これが最も基本的な「グラウンディング」であ

る。術者の存在を大地深くまでつなぎとめる技法なので、作業中に不意打ちをくらうような出来事が起こっても動揺しないですむし、何よりも周囲から受ける悪意やネガティブな意識などをすべて大地へと送り込んで昇華できるので、タロット占いに限らず、精神世界の作業をするためには身につけておいて損はない技法である。

Q トート・タロットでは正位置と逆位置の意味は同じ、というのは絶対のルール？

「トート・タロットの意味が正位置・逆位置で変わらないのは理解していますが、絶対にそう解釈しなければいけませんか？」

A

魔術や占いの世界に「絶対」はない

まず、魔術や占いの世界に「絶対」という概念は存在しないことを念頭に置いてほしい。

とはいえ、すべてを「なあなあ」にしてしまえば、自分の技術が上がっていくこともないだろう。ということで、ある程度の線引きは自分でするしかない。

これまで筆者が実践してきた経験から述べるなら、占い技術のみを追求するのであれば、逆位置などの採用も「あり」だが、トート・タロットを手はじめにして、やがては儀式魔術などの世界に進んでいきたいと考えているならば、逆位置でも意味は変わらないというルールに厳密に従ったほうが、タロットの活用が楽になるだろう。

また、正位置・逆位置によって意味が異なるという考え方でカードを読みつづけると、ライダー版などトート・タロットより簡便なタロットの読み方の癖がいつまでも抜けず、せっかくトート・タロットを手にしているのに、その深い意味を活用できていないという人もよく見かける。

ご自分にとってどうするのがベストなのか、どのようにタロットと向きあっていきたいのか、よく考えて決めていただきたい。

ほとんどが逆位置の場合の解釈について

なお、これとはやや別の問題になるが、プロやセミプロの占い師として多くの第三者を占う立場にいる人は、スプレッドした際にほとんどのカードが逆位置で出てきたら、質問者の嘘を疑ったほうがよい。

逆位置のカードは、基本的にエネルギーが停滞しているところを示すものだ。問題を多方面から見たときに、まったくエネルギーが動かないということは自然界ではあり得ないので、設定そのものに虚言あるいは根拠のない妄想が含まれていると判断するのが妥当だろう。

Q カードの解説を見ると病気に関する解釈がないので、占いがしづらいのですが……

「タロットの意味に疾病に関するものがなくて、病占がしにくいのですが」

A

クロウリーは病占の要素を排除した

前提として、本書に掲載した意味のほとんどは、クロウリーの著作から抜粋したものであることをお伝えしておく。筆者が追加した分も、大もとの設定から日本の風土に合うように解釈しただけであり、意図的に意味を操作・省略することはしていない。つまり、もともとクロウリーは、タロットに疾病に関する意味を当てはめていない、という回答になる。

いや、それはおかしいぞ、中世から占星術には医学占星術という分野もあったほどだから、タロットにもきっと同様の意味があるはずだ——と、不審に思う方もいるだろう。

確かに、科学が発達する前は、占星術で病気を占うのが義務という時代もあった。ただ、この発想自体が、科学や医学の発達とともに時代遅れになってきたものであり、トート・タロットが完成した20世紀には、完全に形骸化していたことは間違いない。

クロウリーがどうしてタロットに疾病に関する意味を当てはめなかったのかは定かではないが、「魔術は科学である」と公言して憚《はばか》らなかった彼のこと、時代遅れな思想を排除したとしても不思議ではない。

タロット占いより医療機関に相談を

トート・タロットではないが、筆者の手もとにある昭和時代のタロット教本を見ると、かなり明確な病名が記載されているものがある。また、病気や健康運を当てます！ といった占いの広告も少なくない。そうしたことから、トート・タロットならばもっと正確に当てられるのではないか？と期待を寄せるのも理解できる。

だが、いくらトート・タロットといえども、レントゲン撮影や血液検査ができるわけではないし、適切な薬剤を投与できるわけでもない。もっとよい方法、つまり現代医学を比較的容易に利用できるというのに、ダラダラと占っているだけというのは合理的ではない。しかも、日本では医師以外が疾病について判断することは「医師法」で禁じられている。

　ということで、占いの場で体調について尋ねられたとしても、不安ならば医者へ行きなさい、という以外に回答はできない。

　だとすれば、病占ができるケースは、あくまでも自分自身の体調などを「研究のために」占う場合に限定される。研究ということであれば、本書に書かれている占星術や生命の樹などの対応から熟考して、自分なりの意味を導きだすのがベストであり、そのようにして学びを深めていく機会としてとらえればよい。

　なお、「体調はかなり悪いように感じるけれど、タロットで大丈夫と出たから平気だ」などという現実逃避は、絶対にしてはならない。占者の体調が悪ければ、占断もそれなりに鈍ってくるものだ。あなたの体もまた、神聖なる神殿であることを自覚して行動すること。

Q　スプレッドの中に特定のスートやカードが出てこない場合の意味は？

「スプレッドの中に、あるスートやカードがまったく出てこない場合は、何か特別な意味があるのでしょうか？」

A

　マジョリティー一覧（↓285頁）で、一定のスートが優勢の場合については記載したが、その反対の劣勢、あるいはまったく出てこないといった場合については言及していなかった。この点についてもお詫びしなければならないだろう。

とはいえ、マジョリティーについては明確なルールが設定されているのだが、劣勢、あるいはまったく展開されないという問題については、はっきりとした解釈は見当たらない。そのため、ここからの説明は、筆者の経験にもとづいたものであることをご了承いただきたい。

「一枚も出てこなかったら」を基準に

まったく展開されないか極端に少ないカードがある場合、それなりの意味があるので下の表にまとめておく。ただし、カードの枚数の優勢はわかりやすいが、劣勢かどうかはわかりにくい。この枚数を展開したら何枚かはコート・カードが出るはずだ、などと確率を計算しているうちに、占いに必要なインスピレーションが消えてしまっては元も子もないので、「一枚も出てこなかったら」と考えたほうが現実的かもしれない。

一枚も出てこないスートがある場合は、質問者

◆特定のスートやカードが展開されないときの意味◆

スートなど	展開されないときの意味
ワンド	情熱がない　やる気がない　創造性がない
カップ	愛情に乏しい　(相手を)気にしていない
ソード	計画性がない　合理的に考えられない
ディスク	健全な金銭感覚の欠如　現実的視点の欠如
コートカード	質問者が人の意見を聞いていない だれからも助けが得られない
アテュ	大変な事件に思えても、意外と小さな日常の出来事
スモール・カード	対策はかなり限られる

の意識から、そのスートに示された要素が抜け落ちていることが多い。

たとえば、起業の相談をしているのにディスクが出てこない場合は、その質問者に資金繰りなどの予定や計画性がない、ということになる。

また、恋愛から結婚に進みたいと相談しているのにカップがまったく出ておらず、ディスクが優勢であれば、その人にとって愛情はあまり大きな要素ではなく、相手の生活力や資産のみに興味を抱いている、という本心が見えてくるわけだ。

スモール・カードが出ない場合の解釈

スモール・カードが劣勢の場合は、少しわかりにくいかもしれない。

まず、スモール・カード自体は、日常生活の中で行うことや起こること、つまり人間の行いを表す。それが劣勢、あるいはまったく出てこないというのは、質問者の身の回りで起こる出来事には人為を超えた大きな運命の流れが表れている、と解釈する。

そして、人間の行いを示すスモール・カードが出ていないのだから、質問者ができることはあまりない、という解釈にもなってくる。このような場合は、大きな行動は起こさず、現状がどう変わっていくかをしばし観察しながら、２週間ほどしたら占い直すのが現実的だ。

スモール・カードのみが出る場合の解釈

こうした例とは別に、占いの現場でよく見かけるのが、スモール・カードだけが展開されるケースである。これは人間の行いを示すカードだけが出ているわけだから、通常の行動や常識に従った行動で問題は解決できると判断するのが妥当だ。

いや、解決法がわからないから占うのではないか？　と思うかもしれないが、問題の渦中にいる人間は動転してしまって、常識的な判断ができないだけなのである。

　例を挙げて説明しよう。

　スモール・カードしか出てこない実占例として多いのは、若い人の自損事故である。たいていの場合は本人ではなく、母親や父親が涙ながらにこんなふうに訴えてくる。


「高校1年生の息子なのですが、夏休み前にスクーターで事故を起こしてしまいました。運転しながらスマホを見ていたのか、ご近所の塀に衝突して、ボロボロに壊してしまいまして。今、保険会社と相談して修理の計画を立ててていますが、お隣さんはカンカンですし、本人もすっかりしょげて自室に引きこもっています。これからいったいどうすればよいのかと……」


　確かに親としては、もしかするとこれで息子が大けがをしていたかもしれない、といった思いでいっぱいだろうし、ご近所との関係もなんとかしたいところだろう。しかも、事故を起こした当人の精神的なダメージも心配だ。

　ということで、相談者にしてみれば「人生の一大事！」という心境なのは理解できる。だが、このような事件を占ってみると、スモール・カードしか出てこないケースは多い。それは、あくまでも人間の通常の行動によって問題が解決できるからだ。以下に述べてみよう。

・本人の精神状態

　夏休み前の事故ということで、気持ちを立て直す時間は1か月以上ある。高校1年生ならば、大学受験にもさほど影響はないだろう。

・お隣の塀がボロボロ

　壊れたのは塀だけであり、その修繕費用は保険でまかなえる。修繕が終われば、お隣との関係もそれなりに回復していくだろう。

・事故そのもの

スマホを見ていての事故とのこと。けががなかったのが幸いであり、本人も今後は反省して安全運転を心がける可能性が高い。

こうやって個別に分析していけば、な～んだ、と思えるはずだ。つまり、スモール・カードだけが出てきた場合は「落ちついて冷静に考えれば大丈夫」という示唆なのである。

Q　最終結論の位置にコート・カードが出たら、どう読めばいい？

「占いをしていて、最終結論のところにコート・カードが出ると、どう読めばよいのか戸惑ってしまいます」

A

これはトート・タロットに限らず、タロット占い全般でよく寄せられる質問だ。

元来コート・カードは、その状況にかかわってくる人物を示すカードでしかない。そのため、どんな人物なのか、どんな行動をするのか、といった事柄以外の意味を持たないのだから、どう解釈すればよいか迷うのは当然だろう。

この問題への対応法はいくつかある。ひとつずつ説明していこう。

該当する人物が身近にいるかどうか

対応その1。質問者に、そのコート・カードの特徴に該当するような人物が、質問の内容に関連しているかどうかを尋ねてみる。

心当たりがあるならば、その人物の行動が鍵になるので、その人に助けてもらう、相談する、あるいは逆にその人を避けるなど、該当の人物に絡めて占断をまとめる。

そのような人物に心当たりがなければ、次に挙げるような判断につなげていく。

カードが示す人物の行動に注目する

対応その2。コート・カードが示唆するような人物ならば、どのような行動をとるか、という視点で考える。

たとえば「恋愛相手がほしい」という相談を受けて、結果を示す場所に「カップのナイト」が出たとしよう。

この場合、「カップのナイト」が意味するような芸術愛好家が候補者となるという解釈が成り立つし、絵画や音楽の鑑賞会に参加して出会いを求めてはどうか、といったアドバイスができる。

あるいは、「誘いにはすぐ応じる」という特性に注目して、友人・知人に誘われて訪れた場所で出会いに恵まれる、と解釈してもよいだろう。

このような視点で考えても、どうにも辻褄が合わない場合は、次の手段を試してみよう。

もう一枚カードを引いて結果とする

対応その3。もう一枚カードを引き、それを結果とする。強引にねじ伏せるような力技、という感じがしなくもないが、コート・カードの性質を考えれば、邪道というほどのものでもない。

ただし、この方法を採用すると、もう一枚、もう一枚という感じでコート・カードがつづく場合も少なくない。まあ、最後の手段に出たわけだから、腹をくくって意味が通じるカードが出てくるまでめくりつづけるのも悪くはない。

あるいは、コート・カードがつづけざまに出ても、先述した対応その1、その2の方法で読めるものが出てきた時点で、そのカードを活用して占いを締めくくってもよい。

Q　Aがエレメントの力の根源で、虚空や精霊の世界につながる、という考えが理解できません

「４枚のA《エース》は、各エレメントの力の根源と説明されていますが、そこからいきなり虚空《アカシャ》や精霊《スピリット》の世界へとつながる理屈がよくわかりません」

A

筆者自身も、そうした違和感を感じてきたひとりである。これはどれだけ文字を連ねても……あるいは文字で書けば書くほどわかりにくくなってしまうかもしれないが、ついてきてほしい。

クロウリーのいう「根源」が意味するもの

『トートの書』では、Aは「the roots of the four elements」と記載されており、これを訳せば「四大エレメントの根源」となる。

だが、ここでわれわれが「根源」という言葉に先入観を持ってしまうと、そこから先が理解できなくなる。

かつての筆者も含めて、おそらく大多数の人は「根源」という言葉から、木の根もと付近と地表から少し土の中へ入ったあたり、というイメージを抱くのではないだろうか（次頁図４）。

しかし、調べていくうちに、同書でクロウリーが表現したかったのは、より深い部分であるらしいとわかってきた。単に根っこ、根幹という意味ではなく、それらすべてを支える養分、あるいはそれ以前のすべての生命を支える地球の営み的な

【図4】

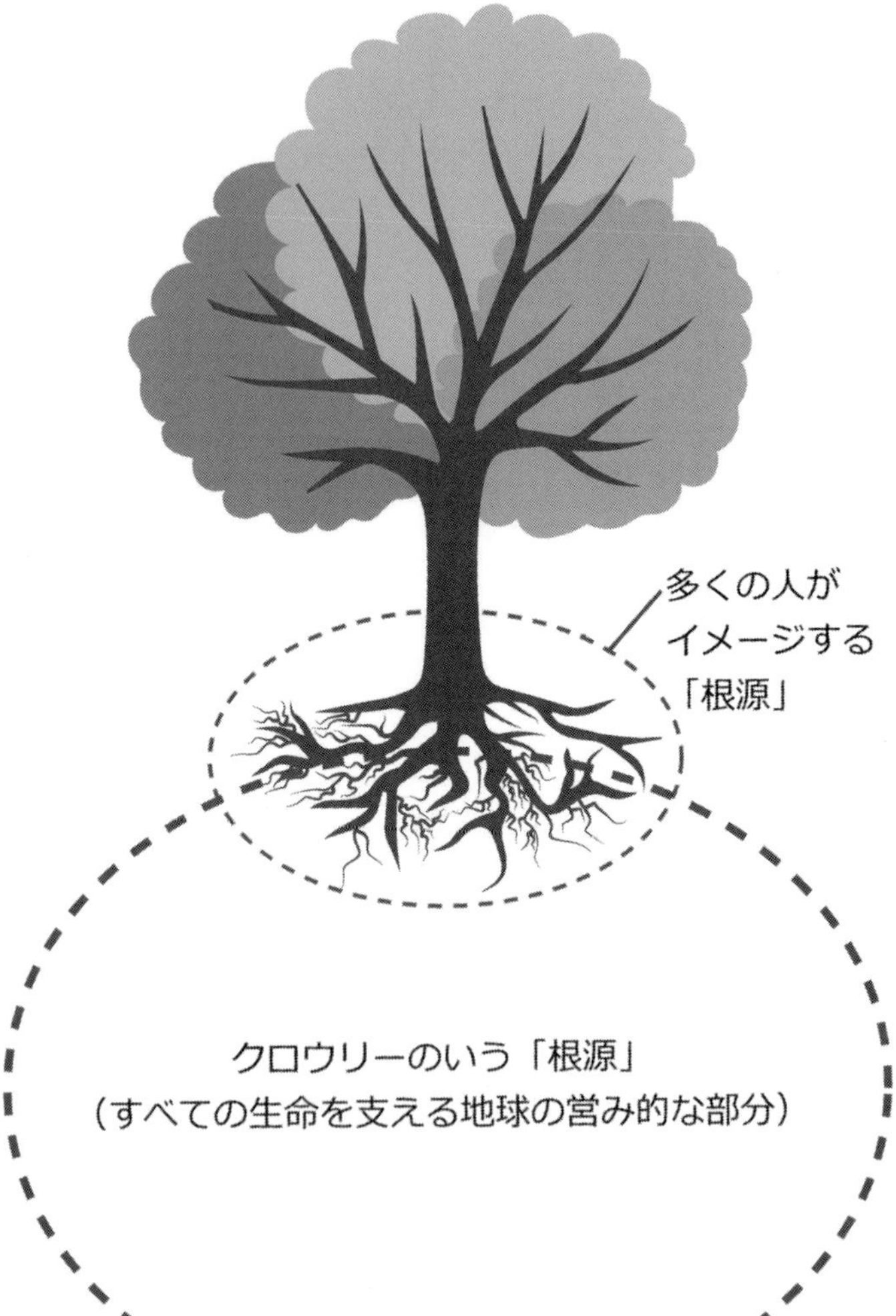
多くの人が
イメージする
「根源」
クロウリーのいう「根源」
（すべての生命を支える地球の営み的な部分）

部分を「根源」と表現しているのだ。

もちろん、これは象徴的な比喩である。四大エレメントに視点を戻して考えれば、単なる発生源ではなく、もっと深遠で神秘的な部分である。さまざまな神格が生まれる世界といってもよい。

だからこそＡには虚空や精霊の世界が割り当てられ、占う際の意味においても、アテュと同等の強さと深さが与えられているのである。

Ｑ　『トートの書』を確認しても、この本に採用された箇所が見当たりません

「この本で『トートの書』から、と書いてあったのでそちらの書籍に当たってみたのですが、該当する箇所が見つかりませんでした」

Ａ

現在出版されているクロウリーの著作については、どれもさまざまに込み入った経緯がある。そうした事情をばっさりと切り捨てて単純に表現すれば、『トートの書』にはいくつかのバージョンが存在していて、バージョンごとに、内容が微妙に異なる部分があるからだ、という回答になる。

筆者が参考にした書籍は、巻末に表記したようにSamuel Wiser社から１９８６年に出版されたバージョンであり、今、日本の読者の方が手にしやすい国書刊行会出版のバージョンとは異なる点があることは確認ずみだ。

興味がある方は両方を入手して、読み比べていただくとよいだろう。

占いに使用後、カードを浄化するにはどうすればよい?

「占いに使ったトート・タロットは、どうやって浄化すればよいのですか?」

東アジア諸国では浄化を求める人が多い

西洋魔術では儀式をはじめる前に聖別を行う。これは、使う器具や場所からさまざまな悪影響を排除したのちに、天使や神々のパワーを召喚してその場や器具を満たすための作業だ。

浄化だけで終わらないのは、すべての悪しきものを排除したあとは、その分だけ、そこに一定の空白ができてしまうからだ。

自然は空白を嫌う。そのため、空いた場所には新たなものがすぐに入り込んでくる。それがよからぬものなら、また排除して……という悪循環になりかねないので、そこに神聖なパワーを充てんして、穢《けが》れが入り込むのを防ぐのである。

ただし、これはあくまでも儀式などの特別な場合に行うことであって、通常の作業のためにそこまでの聖別を行うことは、ほとんどない。

したがって、使用後のタロットについても、とくに浄化する必要はない、という結論になる。

しかし、さまざまな講座を開催して多くの国の方と話をしてみたところ、日本や台湾などの東アジア諸国では、どんな技法であっても「浄化」を求める気持ちが強いとわかってきた。理屈だけでは説明ができない、民族性の違いもあるだろう。

何より、自分が使っているタロットが穢れていると感じるようでは、よい占断が下せない。

　ということで、ここでは使いはじめの聖別や、使用中の浄化方法などについて説明しよう。

トート・タロットを下ろすときの聖別

　小五芒星の追儺儀式（↓298頁）と、天使ＨＲＵの召喚（↓299頁）を行えば十分である。その後は清潔な布に包んで、適当な箱などに収めておけばよい。すでにカードを使いはじめたという場合も、この方法を実践すれば聖別できる。

使用中のカードを浄化する簡便な方法

　繰り返し使用しているうちに、浄化が必要だと感じるようになったら、以下に述べるような方法がある。使用のつど浄化する必要はなく、あくまでも自分がそう感じたら、でよい。

　最初にひとつ注意しておきたいことがある。市販のタロット解説書では、オカルト用具店で購入できるマジカル・オイル（聖油）を塗布する方法をすすめていることが多いが、たいていの市販聖油に含まれている希釈成分のために、カードの印刷が剥げてしまうことがよくあるので、実行しないほうがよいだろう。

　安全かつ簡便なのは、インセンスやスマッジ・スティックなどを使って香りのよい煙を立て、その煙にカードを一枚ずつくぐらせていく、という方法だ。インセンスの種類に指定はないが、一般的には、サンダルウッド、ミルラ、フランキンセンスなどが使われる。この３つは代表的な浄化の香りであり、これらを混合したインセンスもよく販売されているので入手しやすい。

　手持ちのインセンスを使ってもかまわないが、フローラル系の甘い香りよりグリーン系、あるいは香木の香りのほうが浄化の効果が高いという説もあるので、選ぶときの参考にしてほしい。

クロウリー流の浄化法

カードの浄化についてもクロウリー流を貫きたいのであれば、アブラメリン香を使うとよい。

この香は市販されているが、自作する場合は、フランキンセンス、蘇合香《そごうこう》、伽羅《きゃら》を４：２：１の割合で混ぜ、乳鉢などで細かくすり潰し、その粉末をインセンス用のチャコールタブレットの上に置いて焚く。

念のためお伝えしておくが、伽羅は目が飛びでるほど高価な香木である。アブラメリン香でなければ効果がないというわけではないのだから、自分にとって無理のないアイテムを使うことを強くおすすめする。

カードが汚れたときの対処法

穢れたという感覚はないが、物理的に汚れた場合は、以下のような方法できれいにできる。

皮脂や手の汗などが付着してベタベタした状態になってしまったら、カードとベビーパウダーをビニール袋に入れてシャカシャカと振り、カードに満遍なくベビーパウダーをまぶす。そのままひと晩かふた晩おいてカードを取りだし、ガーゼのような清潔で柔らかい布でベビーパウダーを優しくこすり落とせば、かなりきれいになる。

カードの絵がくすむような感じで汚れている場合は、プラスチック消しゴムを丁寧にかければだいたいは落ちるので、試してみるとよい。

Q トート・タロットは使いつづけても大丈夫？ 使用期限はありますか？

「トート・タロットはずっと使っていても大丈夫

ですか？　あるいは一定期間が経過したら取り替えるといった決まりがありますか？」

A

決まりはないが目安はある

トート・タロットに限らず、何年か使用したら交換するべき、といった決まりはない。

自分の研究のためだけに使っているならば、それこそ10年単位で使いつづけることも可能だし、プロを目指して一生懸命、練習中の人ならば、1か月で使い潰してしまうことも珍しくない。

カードを新しいものに取り替える目安は、以下のとおり。

破れたり、折れ曲がったりした場合は、新品同様のカードであっても交換すること。破れたり折れたりしたまま使うと、カードの出方に偏りが出てしまい、適切な占断ができないからだ。

1枚、あるいは数枚のカードをなくした場合も、すぐに交換しよう。昔のタロット教本には、同じ大きさの厚紙で自作したカードを混ぜて使えばよいと書かれているものもあるが、そのころは新品のタロットを入手することが極端に困難だったからだ。今は比較的容易に手に入るのだから、新しいものに取り替えよう。

ある程度使いつづけて、カードの端がめくれあがってきたり、絵が全体的にくすんだ感じになったりした場合も替えどきだ。

魔術系タロットはクリアな色が重要

巷では、タロット・カードはボロボロのほうが迫力がある、当たる、だから破れてもセロハンテープなどで補修して使いつづけるべきだといった根拠のない俗説が流れているようだが、それは間違いである。

破れたりしたら、そこに他のカードが引っかかり、スプレッドされる確率が変わるのは想像に難くない。また、くすんだ絵柄には貫禄があるかもしれないが、タロットの作画理論からすれば大きな問題となる。

トートをはじめ、魔術師たちが作成したタロットは「魔術系タロット」と総称される。この魔術系タロットの大きな特徴のひとつは、「Flashing Colors（閃《ひらめ》く色彩）」と呼ばれる手法で彩色されていることだ。

この手法は、紫と黄色、赤と緑といった補色関係にある色を一定のルールに沿って使うことで、見ている人の精神をトランス状態に入りやすくする効果がある、とされている。そのため、当たりやすくなるともいえるだろう。

そうしたせっかくの効果が、くすんだ絵柄では発揮できなくなる。つまり、綿密にデザインされたタロットの恩恵を受けられないという、非常にもったいない事態が発生する。ぜひ、きれいなカードを使う習慣を身につけていただきたい。

なお、こうした効果のある彩色が施されているために、無意識に精神集中が過剰になった結果、トート・タロットを使うと疲れ果ててしまうというタイプの方もいるようだ。たいていの場合は、使い慣れるにつれて力の配分を加減できるようになるので、あまり心配することはない。

どうしても慣れないという場合は、トート・タロットは研究のために使用する程度にして、占うときは他のタロットを使うという方法を検討することも必要かもしれない。

あるいは、トートで占うときは薄い色のサングラスをかけて、色の影響を少しマイルドにするという折衷案を採用している人もいるので参考にするとよい。

Q　カードのサイズがいくつかあるようですが、選ぶときのポイントは？

「トート・タロットには何種類かのサイズがあるようですが、選んだり、使い分けたりするときのポイントを教えてください」

A　**小さな象徴を読みたいなら大きめのものを**

現在、市場に出回っているトート・タロットには、特殊なコレクターズ・アイテムを除けば、３種類のサイズが存在する。「デラックス」や「スーパー」と呼ばれる大ぶりなもの、手のひらに収まる「スタンダード」、よりコンパクトな「ポケット」である。

持ち運びに便利なのは「スタンダード」や「ポケット」だが、トート・タロットの構図は非常に込み入っているため、小さな象徴までをしっかりと観察したい場合には、これらのサイズでは物足りないかもしれない。

そのように感じたならば、ひと回り大きい「デラックス」サイズを購入し、使ってみることをおすすめする。

おわりに

筆者が初めてトート・タロットを手にしたのは、1981年の初夏のことだ。ネットショッピングなどない時代、アメリカに留学していた友人が、ホストファミリーの目を盗んで怪しげな書店へ出向き、こっそりと購入して持ち帰ってくれたのである。

しかし、そこまでして手に入れたトート・タロットも、数年間はただ眺めて、瞑想するくらいしかできなかった。なんの資料もなかったからだ。

そのときから、数えきれないほどのトート・タロットを使い潰してきたが、結局使えなかった初めてのデッキは、きれいなまま手元にある。今でもそれを手に取れば、封を切るときの心臓が飛びだしそうな期待と、これからどう学んでいったらよいのだろうという絶望が、ありありと甦ってくるほどだ。

あれから40年近くが経過し、今では資料もかなり出そろってはきた感はあるが、それでも日本語で読めるトートの解説書は、質量ともに心細いのが現状だ。

とはいえ、だから自分こそがトートの本を書くべきだ！　などと思い立ったわけでは決してない。プロの占い師として仕事をしながら、さまざまな資料を探索しつづけていた十数年前。英語圏で出版された、比較的わかりやすいトートの解説書を翻訳するのはどうだろう、と当時の「ムー」編集長だった土屋俊介氏に相談させていただいた。

氏はふたつ返事で了解してくれたものの、残念ながら、原書の著者の意向などから、出版まで漕ぎ着けることはかなわなかったのである。これでまた、日本のトート・タロット事情が遅れてしまう……と意気消沈した筆者を励まし、この本を書くという大事業に乗りだす勇気を与えてくれたのも、土屋氏であった。氏にはそれからずっと、画像の版権交渉に始まり、さまざまな難問を乗り越えるための力を貸していただいた。

また、ようやく執筆に取りかかれる時期になってからも、筆者の白内障が悪化して半盲状態になったり、いきなり歩けなくなって大手術をせざるを得なくなったりして、関係者の方々には、筆舌に尽くせぬほどのご面倒をおかけした。

書籍にセットするトート・タロットの準備に手を尽くしてくださった株式会社トライアングルの野崎龍之社長、土屋氏の後を引き継いでくれた学研の牧野嘉文氏と宍戸宏隆氏、開店休業状態で執筆がとまってしまった筆者に常に寄り添い、抜けの多い文章を見事に編集してまとめあげてくださった編集者の細江優子氏、そして何よりもこの長い期間、資料の翻訳を手伝ってくれたうえに、仕事にかかりきりだった筆者のサポート役に回ってくれた夫。皆さんの存在がなければ、この本は実現しなかった。とても足りるとは思えないが、せめてここに記して、心よりの感謝を捧げたいと思う。

本文中にも何度も書いたが、トート・タロットは、西洋神秘学の精髄がすべて込められた大傑作である。何十年かけて学んでも、まだまだその先には追求するべき新たな分野が出現してくる。そして、どの分野を取っても、分厚い本が何十冊も必要になるほど複雑な体系を持つものばかりで、そのすべてをこの一冊で網羅するなど、不可能な話である。正直、それほどのタロットに、どのような解説を書けばよいというのか？　と、頭を抱えたことも少なくない。

悩みに悩んで出した最後の答えは、数十年前の自分が必要としたであろう内容を書こう、というものだった。トート・タロットの美しさに惹かれてカードを手に取った人、あるいはアレイスター・クロウリーの魔術世界に魅了されて、研究の一環としてタロットと向きあい始めた人。そんな人たちが、このカードに恋い焦がれながらも、はじめの一歩が見いだせなくて途方に暮れているとき、本書が少しでも学習の助けになれば、幸いである。

２０１８年５月

ヘイズ中村

増補改訂版に寄せて

『決定版　トート・タロット入門』を出版してから、もうすぐ5年になる。

この間、世間はほぼ新型コロナ禍一色で塗りつぶされ、著者自身もまた、右足に大怪我を負って歩行に困難をきたしていた。そのため、せっかく本が出たというのに、読者の皆さんの質問に回答したり、スプレッドを実際に目の前で見ていただいたりするような機会をつくることがほとんどできず、とても悔しい思いをした。

とはいえ、そのようにだれもが気軽には交流できない環境になったせいか、非常に濃密にこの本と向かい合ってくれた読者の方々が多かったのも確かだ。ご自身で疑問点を調べ、実践したうえで詳細な質問を送って来られる方、読み込みすぎて本がもうボロボロになってしまいました、再版を待っています、といってくださる方々もいて、著者冥利に尽きる時間を過ごさせていただいた。こうした意見が寄せられるたびに、しっかりとリハビリして歩けるようになり、皆さんの質問に答えよう、と自分を奮い立たせることができた。ここに紙面を借りて、読者の皆様に心より感謝を捧げたい。

多くの方々から熱いご要望をいただいていたにもかかわらず、再版まではかなりの時間がかかってしまった。これは、昨今の事情によりタロット・カードの安定した輸入が困難となり、カード付きの書籍形式を断念せざるをえなかったことなど、主に世俗的な問題が原因であった。そうした諸問題の解決に奔走していただいたワン・パブリッシングの宍戸宏隆様、常に筆者に寄り添い続けてくださった編集者の細江優子様には、まさに足を向けて寝られない気持ちでいっぱいである。

今回、増補改訂版を作成するにあたっては、トート・タロットを使った占いの技法に関して、読者の方々から寄せられた疑問にできるだけ真摯に回答する内容を心がけた。

とはいっても、真摯＝優しい、というわけではない。ダメなものにはダメと正直に回答し、もっと個人の努力が必要だと思われる点には、そのように回答させていただいている。カチン、とくる箇所もあるかもしれないが、参考にしていただければ幸いである。

本書は、あくまでも「入門書」として書いた。その性質上、クロウリーの魔術理論や、タロットの魔術的用法などについては、ほとんど触れていない。そのような深遠な話題については、今後、機会を得て発表していきたいと考えているので、楽しみにしていただきたい。

2023年2月

読者の方々に天使HRU《フールー》の加護があらんことを祈りながら。

ヘイズ中村

主要参考文献

『聖書』日本聖書協会／『旧約聖書』1955年改訳・『新約聖書』1954年改訳
『薔薇十字の覚醒』フランセス・イエイツ著／工作舎刊
『古典西洋占星術 魔術編』ヘイズ中村著／学研マーケティング刊
『実習 占星学入門』石川源晃著／平河出版社刊
『ザ・コンプリート・ゴールデン・ドーン・システム・オブ・マジック』イスラエル・リガルディ著／ニック刊
『カバラ ユダヤ神秘思想の系譜』箱崎総一著／青土社刊
『象徴哲学大系Ⅲ カバラと薔薇十字団』マンリー P.ホール著／人文書院刊
『神秘のカバラー』ダイアン・フォーチュン著／国書刊行会刊
『トートの書』アレイスター・クロウリー 著／国書刊行会刊
『イメージ・シンボル事典』アト・ド・フリース著／大修館書店刊
『秘伝 タロット占術』木星王（鈴江淳也）著／大泉書店刊

Aleister Crowley, *Book Four Liber ABA*, Samuel Weiser
Aleister Crowley, *Book of The Law*, 93 Publishing
Aleister Crowley, *777*, Samuel Weiser
Aleister Crowley, *The Book of Thoth*, Samuel Weiser
Aleister Crowley, *The Equinox I Vol.1-Vol.10*, Samuel Weiser
Aleister Crowley, *The Vision & The Voice*, Samuel Weiser
Aleister Crowley, Israel Regardie, *The Law is for All*, Falcon Press
Brian P. Copenhaver(ed.), *Hermetica: The Greek Corpus Hermeticum and the Latin Asclepius in a New English Translation, with Notes and Introduction*, Cambridge University Press
Dolores Ashcroft-Nowicki, *The Shining Paths*, Aquarian Books
Gareth Knight, *The Treasure House of Images*, Destiny Books
Israel Regardie(ed.), *The Golden Dawn*, Llewellyn Publications
Lon Milo DuQuette, *Understanding Aleister Crowley's Thoth Tarot*, Red Wheel Weiser
Paul F. Case, *The Book of Token*, Builders of The Adytum
Paul F. Case, *The Tarot*, Builders of The Adytum
Phyllis Seckler, *The Thoth Tarot, Astrology, & Other Selected Writings*, College of Thelema of Northern California
Robert Wang, *Qabalistic Tarot*, Samuel Weiser

刊行にあたって

このたびは、「エルブックス・シリーズ」をお買いあげいただき、ありがとうございます。このエルブックス・シリーズは、占いと心理専門の単行本シリーズです。伝統的な西洋占星術、東洋占星術、タロットから、最新の占い、実用的な心理学まで、本当の自分を知り、本当の恋をつかみ、本当の才能を育て、本当の幸せを得るためのナビゲーターになればという願いを込めて刊行されました。この本を読んでのご感想、ご意見、今後のご希望、企画などございましたら、編集部までお知らせください。

［著者略歴］
ヘイズ中村
魔術師・魔女・占い師・翻訳家。魔術書や占い書の翻訳と執筆を主な活動とする。病弱な幼少時代に多くの書籍を友とし、神秘世界への憧れを募らせる。中学生時代から本格的に西洋密儀思想の研究をはじめ、成人してからは複数の欧米魔術団体に参入し、学習と修行の道に入る。魔術講座や対面での鑑定も展開中。

増補改訂 決定版 トート・タロット入門

2023年4月6日　第1刷発行

［著　　者］ヘイズ中村

［発 行 人］松井謙介
［編 集 人］長崎 有
［企画編集］宍戸宏隆
［発 行 所］株式会社 ワン・パブリッシング
〒110-0005 東京都台東区上野 3-24-6
［印 刷 所］中央精版印刷株式会社

●この本に関する各種お問い合わせ先
内容等のお問い合わせは、下記サイトのお問い合わせフォームよりお願いします。
https://one-publishing.co.jp/contact/

不良品（落丁、乱丁）については　Tel0570-092555
業務センター　〒354-0045 埼玉県入間郡三芳町上富 279-1

在庫・注文については書店専用受注センター　Tel0570-000346